DOMAINE ARABE

Collection dirigée par
René R. Khawam

Les Mille et une Nuits

☆

Dames insignes
et serviteurs galants

Les Mille et une Nuits

☆

Dames insignes et serviteurs galants

Nouvelle édition entièrement refondue

Texte établi sur les manuscrits originaux par René R. Khawam

Phébus

Introduction

Il en est des livres comme des hommes. Certains mènent une vie paisible et respectable, casanièrement retranchés dans l'espace bien arpenté que leur ont réservé les bibliographes. Tandis que d'autres, rebelles à tout ordre, continuent de vivre par-delà les siècles une existence mouvementée, aventureuse, pleine de tribulations, comme si leur caractère effervescent, dont le temps même ne pouvait venir à bout, les empêchait de tenir en place, de s'accommoder du champ étroit à quoi prétendent les cantonner la décence, la norme ou la mode. Ainsi en a-t-il constamment été des Mille et une Nuits, *chef-d'œuvre remuant entre tous, reconnu et fêté depuis près de sept siècles... et dont pourtant aucune édition sérieuse (disons, fidèle aux manuscrits anciens, les seuls dignes de confiance) n'existait de par le monde voici quelques années encore – même en arabe!*

Car enfin, ni Homère, ni Virgile, ni Dante, ni Rabe-

lais, ni Cervantès, ni Shakespeare, pour nous en tenir aux valeurs anciennes, ne sont plus publiés aujourd'hui dans des versions fantaisistes, arrangées, édulcorées ou tronquées pour les besoins d'on ne sait trop quelle cause. Alors que les plus fameuses « traductions » des Nuits, *en dépit de toutes les séductions que nous ne songeons pas un instant à leur dénier, n'ont généralement qu'un rapport distant – et dans maintes de leurs parties, pas de rapport du tout – avec le texte original supposé être leur source. Mais les hommes sont ainsi faits qu'ils sont souvent plus attachés à leurs mirages, dussent-ils s'avérer décevants, qu'à la réalité pleine de promesses qu'ils ont sous la main.*

Quarante années de recherches dans les greniers de l'histoire littéraire, lieux fertiles en surprises, nous ont appris à ne point trop nous étonner de ces bizarreries. Le cas pourtant des Mille et une Nuits, *autant en raison de la célébrité ambiguë du titre que de la somme des malentendus venus au fil du temps compliquer l'affaire, nous paraît relever d'une aberration singulièrement hors de l'ordinaire. L'histoire de ce livre, pour tout dire, a l'air d'être elle-même un conte tiré des* Mille et une Nuits. *Rien n'y manque : ni les aventures à rebondissements, ni les machinations ou les ruses, ni les épisodes indifféremment tragiques ou cocasses... ni même, le cas échéant, l'intervention opportune de quelque habile magicien. Racontons plutôt...*

Le roman commence en France, au tout début du XVIIIe siècle, avec la première édition imprimée des Nuits. *Le monde arabe, à l'époque, ne connaît ce chef-d'œuvre qu'au travers de quelques manuscrits patiemment recopiés d'âge en âge – tantôt avec scrupule, tantôt non sans un brin de désinvolture – et qui dorment sur les rayons de rares bibliothèques. Quant à la France... elle est logée pour l'heure à la même enseigne que le reste du monde occidental et n'a rien lu ou presque des littératures de l'Orient – dont quelques collectionneurs et institutions pourtant, au premier rang desquels certains ordres religieux, conservent en leur cabinet de précieux manuscrits. Le public des honnêtes gens, dans l'ensemble, n'en connaît guère plus sur l'Asie ou sur l'Afrique – et sur l'Islam par conséquent – que M. Jourdain sur les Turcs.*

Vient Antoine Galland (1646-1715)... célèbre à jamais pour être l'« inventeur » des Nuits *(au sens où ce mot s'applique à la race bénie des découvreurs de trésors) : le premier en tout cas à avoir proposé de ce texte une authentique édition – sinon une édition authentique. Grand voyageur, numismate averti, collectionneur désintéressé (la Bibliothèque Nationale a hérité des quelques merveilles qu'il rapporta ou fit rapporter d'Orient), ce sympathique personnage, membre fort actif de l'Académie des Inscriptions et Belles-Lettres, qui se plaisait à d'austères travaux dont l'audience ne dépassait guère le petit cercle des philologues du temps, était assurément à cent lieues d'imaginer que la renommée ne retiendrait de son œuvre que ce qu'il considérait lui-même comme un passe-temps indigne d'occuper durablement l'esprit d'un homme d'étude : la traduction d'après l'arabe de quelques contes et fantaisies réunis sous un titre bien fait pour séduire :* les Mille et une Nuits!

Il avait ramené d'Orient un certain nombre de manuscrits (nous y reviendrons) où se trouvaient rassemblés les principaux récits que comptait ce recueil illustre. On n'en connaissait point l'auteur, sans doute assez ancien, mais celui-ci avait imaginé, pour donner forme à son œuvre, un dessein qui parut à Galland fort « ingénieux » (selon ses propres dires). Quant aux contes eux-mêmes, Galland les définit comme « fabuleux » ce qui n'était pas un compliment à l'époque, « mais agréables et divertissants ».

S'il songea à la publication, ce fut pour complaire à des protecteurs bien en cour, qui n'avaient pas ménagé leur aide à ses travaux et qui demandaient à être remerciés (la dédicataire de la première édition, fille de l'un d'entre eux, fut une certaine marquise d'O, dame d'honneur de la duchesse de Bourgogne). Le premier volume des Mille est une Nuits, *« Contes arabes traduits en françois par Mr Galland » parut donc à Paris en 1704 « Chez la Veuve de Claude Barbin, au Palais, sur le second Perron de la Sainte-Chapelle ». Le succès fut au rendez-vous, ce qui amena Galland à continuer sur sa lancée : d'autres volumes parurent, et quand l'éditeur fut à la dernière Nuit, on continua de l'approvisionner en textes qui n'avaient rien à faire dans le recueil, au hasard des collections de manuscrits dont disposait le traducteur. Vinrent ainsi s'ajouter aux récits originaux les aventures d'Aladin et de la lampe merveilleuse, celles de Sindbad le Marin, celle encore d'Ali Baba et des Quarante voleurs (vraisemblablement empruntée à un recueil turc), etc.*

Loin de nous l'idée de jeter la pierre à l'admirable Galland. Il vivait, ne l'oublions pas, à l'époque de Louis XIV : les principes qui gouvernent la critique scientifique des textes n'avaient pas été formulés – il s'en faut de quelque deux siècles. Et puis lui-même avoue avoir œuvré pour une fois en dilettante. On ne peut donc sans mauvaise foi lui faire endosser des torts qui, si gênants soient-ils à nos yeux d'aujourd'hui, n'étaient alors, à ceux-mêmes des plus exigeants, que des peccadilles.

Plus gênante sans doute est la façon dont notre excellent érudit traite le corps même des textes – encore qu'il faille, là aussi, considérer les habitudes du temps. Il prend d'ailleurs soin de s'en expliquer dans l'Avertissement qu'il place en tête de son édition, assurant avec beaucoup d'euphémisme ne s'être écarté du texte arabe « que quand la bienséance n'a pas permis de s'y attacher »... Autant dire presque constamment, si l'on sait que l'auteur des Nuits, *fort à l'aise dans le scabreux, n'a pas l'habitude de mâcher ses mots et se fait une religion d'appeler un chat un chat. Pour la même raison, Galland a évacué de son livre les savoureux poèmes qui y avaient leur place, mais dont la lascivité sans frein n'aurait pas manqué de donner des vapeurs à l'aimable marquise d'O...*

Faisons taire ici les reproches. Le mérite de Galland est immense. C'est lui qui a fait découvrir les Nuits *au vaste monde, lui qui a ouvert à l'imaginaire occidental la porte magique de l'Orient. N'oublions pas enfin, et ce n'est pas sa moindre vertu, qu'il a œuvré, ce faisant, dans un style qui, quelque trois cents ans après, n'a rien perdu de sa grâce. C'est au reste à travers lui qu'à notre époque encore, la majorité des lecteurs français abordent les* Nuits *– même s'ils devinent entre les lignes que quelque chose d'essentiel manque au texte... un peu comme à un plat exotique dont on aurait retiré toutes les épices.*

On imagine si Galland fut pillé et copié, en France et ailleurs. On inventa de fausses Nuits, *on adapta (parfois fort librement) la version française du sage académicien, laquelle circula, plus ou moins reconnaissable, en plusieurs langues. D'autres orientalistes – anglais et allemands surtout – proposèrent des versions rivales, non moins puritaines pour la plupart. On eut ainsi des* Nuits *romantiques, victoriennes, symbolistes, etc. Jorge Luis Borges (*Histoire de l'Infamie, Histoire de l'Éternité, *trad. Roger Caillois et Laure Guille) s'est fait un malin plaisir de débusquer les pâles trahisons des « traducteurs » qui attachèrent leur nom à ces entreprises douteuses. Évoquant, entre autres, la version anglaise de Lane (qui œuvra entre 1830 et 1840), il cite le traducteur lui-même : « Je passe sous silence un épisode tout à fait répréhensible... Je supprime une explication répugnante... Ici une ligne trop grossière pour être traduite, je suis forcé de supprimer cette anecdote... A partir d'ici commencent les coupures... Ici, l'histoire de l'esclave Bujail, tout à fait impossible à traduire... » Et Borges de conclure : « Il suffit de la plus furtive et indirecte allusion charnelle pour que Lane oublie toute droiture et multiplie les entorses à la vérité et les omissions. »*

Lane, faut-il le dire, n'est pas le seul à donner dans ce travers. Le fait est que les érudits habitués à la relative décence des chefs-d'œuvre reconnus de la littérature occidentale – et ce, de Homère à Shakespeare, sans guère d'exception – avaient de quoi être désarçonnés par ce texte, si superbement ignorant de toute honte, qui prend la vie à pleins bras et n'en dissimule aucune des manifestations, fussent-elles de l'étage réputé le plus bas... et qui ne songe même pas à cacher tout le plaisir qu'un esprit sain peut prendre à de telles complaisances.

Donnons ici pour mémoire la liste des principales de ces traductions dont aucune, soulignons-le, ne s'en tient exactement au texte original de l'œuvre... Après celle de Galland, donc (1704-1717), complétée par les traducteurs de son école, viennent celle d'Henry Torrens en anglais (1838), qui s'arrête après les cinquante premières Nuits; en anglais également celles de Lane (1839-1841), de Payne (1882-1889) et de Burton (1885-1888); en allemand celle de Max Hennig (1895-1897); en français la version « osée » de Mardrus (1899-1904); de nouveau en allemand celle d'Enno Littmann, faite avec sérieux mais d'après des éditions arabes loin d'être toutes fiables; celle enfin d'Armel Guerne en France (1966), adaptée des sources allemandes...

Empressons-nous d'ajouter que les lecteurs orientaux, dans le même temps, n'étaient pas mieux traités. Il faut attendre 1814 pour que paraisse, à Calcutta, la première édition arabe des Mille et une Nuits, *conforme dans l'ensemble aux sources anciennes. Cette édition malheureusement sera largement éclipsée par celle de Boulaq (Le Caire, 1835) qui ne la vaut pas et de loin. Pour établir son texte, l'imprimeur de Boulaq, surveillé de près par les clercs de l'université islamique, choisit de se référer à des manuscrits récents (de la fin du XVIIIe siècle, entre autres) déjà copieusement édulcorés. En ce début du XIXe siècle en effet, un vent d'austérité puritaine souffle sur le monde musulman : phénomène dont les historiens ont parfois sous-évalué l'importance... et dont les retombées sont encore sensibles aujourd'hui.*

Le texte de l'édition de Boulaq s'en ressent cruellement. On arrange des passages pour ne pas montrer au pieux lecteur un khalife imprudemment déguisé en homme du commun et menacé de se faire rosser; on ne s'enivre plus de vin mais l'on boit sagement du jus de fruits, etc. Enfin, par souci de respecter la division en « Nuits » (que certains manuscrits anciens n'ont pourtant pas retenue), l'éditeur n'hésite pas à gonfler son livre d'ajouts fantaisistes empruntés sans vergogne à d'autres œuvres. Et quand cette matière même vient à s'épuiser, il prend soudain le parti d'écourter ses Nuits, qui d'une dizaine de pages et plus en début d'ouvrage passent à quelques lignes vers la fin. Or nous y avons déjà insisté à plusieurs reprises, l'expression « mille et une » en arabe signifie simplement « beaucoup ». Vouloir à tout prix diviser l'ouvrage en mille et un chapitres relève quelque peu du tour de force et n'est pas d'une grande aide au lecteur... lequel ne demande qu'à poursuivre le récit qui le tient en haleine, si possible sans être distrait.

Au même moment, des savants européens s'efforcent eux aussi d'établir un texte arabe auquel on pût se référer commodément. C'est ainsi que naît la fameuse édition arabe de Breslau, donnée par Habicht de 1825 à 1838 et complétée par Fleischer en 1842-1843. Cette édition a été fortement critiquée par D.B. Macdonald (Encyclopédie de l'Islam, 1938) : « Il est difficile de parler de cette édition sans impatience, écrit-il, Habicht ayant créé arbitrairement un mythe littéraire et apporté la plus grande confusion dans l'histoire des Nuits. Il met sur la première page : “ Nach einer Handschrift aus Tunis ” sans jamais avoir eu sous la main de manuscrit tunisien; et il n'est nullement sûr qu'une *version tunisienne ait jamais existé (...) Les meilleures textes de sa version dérivent, mais indirectement, du manuscrit de Galland... »*

Habicht au demeurant œuvrait en pure perte, puisque la seule édition arabe des Mille et une Nuits *qui se soit véritablement imposée dans le monde musulman demeure aujourd'hui encore celle de Boulaq, établie, nous l'avons dit, à partir de manuscrits égyptiens de douteuse origine. D.B. Macdonald nous le rappelle opportunément : « En juin 1807, Seetzen, alors au Caire, nota dans son journal qu'Asselin avait découvert que les manuscrits des* Nuits *qui circulaient en Égypte étaient une compilation d'un certain* shaykh *mort environ vingt-six ans auparavant, et dont Seetzen laissa malheureusement le nom en blanc dans son journal; que le recueil original ne comprenait que deux cents Nuits lorsqu'il vint aux mains de ce* shaykh, *lequel combina le reste à l'aide d'histoires séparées empruntées à des œuvres déjà connues. »*

Ainsi dès 1807, il était notoire que les sources dont allait bientôt s'inspirer l'imprimeur de Boulaq étaient des plus suspectes. Nombre de lecteurs arabes cultivés, qui ont lu comme tout le monde les Nuits *dans l'édition de Boulaq, sont aujourd'hui au fait de ces insuffisances. Mais le respect de la prétendue bienséance et le poids du dogmatisme religieux empêchent d'y rien changer. La presse internationale, au mois de mai 1985, a fait état de la diffusion au Caire d'une nouvelle édition des* Nuits, *mieux en conformité, semblerait-il, avec la leçon des manuscrits originaux (nous n'en savons pas davantage, n'ayant pas réussi à mettre la main dessus). Mais une fois de plus les religieux veillaient, qui ont obtenu par décision de justice que ladite édition fût saisie et détruite, de peur de mettre en péril l'image sourcilleuse que l'Islam actuel entend donner de lui au vaste monde. Nous doutons fort que de tels autodafés servent en quoi que ce soit la religion du Prophète. Ils témoignent en tout cas,* a contrario, *de la belle santé d'une œuvre qui, après sept siècles, fait encore trembler les cagots et le pouvoir qui les protège.*

Cela dit, la liberté dont se flatte l'Occident conduit parfois à des mésaventures inverses. Le cas des Nuits *traduites au tournant du siècle par le docteur Mardrus le montre assez. Mais laissons parler Mardrus lui-même, dans les pages qui président à son texte (paru aux Éditions de la Revue Blanche entre 1899 et 1904). Il commence, non sans raisons, par s'en prendre à Galland : « Exemple curieux de la déformation que peut subir un texte en traversant le cerveau d'un lettré au siècle de Louis* XIV*, l'adaptation de Galland, faite pour la Cour, a été systématiquement émasculée de toute hardiesse et filtrée de tout le sel premier (...) Les sultans et les vizirs et les femmes de l'Arabie et de l'Inde s'y expriment comme à Versailles ou à Marly. »*

Le point de vue est juste. Il n'est pour s'en convaincre que d'ouvrir le livre à son tout début et de voir comment Galland évoque l'infortune du roi Chahriyâr et la façon dont la sultane, son épouse, occupe son temps tandis qu'il est à la chasse. Écoutons Galland :

« Mais il fut (Chahzamane, frère de Chahriyâr) dans un extrême étonnement de voir que dans cette compagnie qui lui avait semblé toute composée de femmes, il y avait dix Noirs qui prirent chacun leur Maîtresse. La Sultane de son côté ne demeura pas longtemps sans

amant : elle frappa des mains en criant " Mas'oud, Mas'oud " et aussitôt un autre Noir descendit du haut d'un arbre et courut à elle avec beaucoup d'empressement. La pudeur ne permet pas de raconter tout ce qui se passa entre ces femmes et ces Noirs, et c'est un détail qu'il n'est pas besoin de faire. »

Le meilleur manuscrit que nous possédions – celui-là même dont Galland a dû s'inspirer pourtant! – dit tout autre chose et surtout le dit bien différemment... Écoutons encore :

« Soudain il vit s'ouvrir la porte secrète qui donnait accès au palais de son frère. L'épouse de celui-ci en sortit, entourée d'une vingtaine de servantes. Elle marchait fièrement au milieu d'elles, semblable à une gazelle dont les yeux vifs sont rehaussés par le filet noir qui les entoure. Chahzamane observa à loisir le cortège sans que les femmes eussent décelé sa présence à la fenêtre. Elles avaient l'air de se promener, et furent bientôt rendues au pied des murs du palais où il se trouvait. Elles ne l'avaient visiblement pas aperçu, convaincues qu'il était parti à la chasse en compagnie de Chahriyâr, son frère.

» Arrivées sous ses murs, toutes quittèrent leurs vêtements, et dix d'entre les suivantes apparurent comme dix esclaves noirs du sexe fort... qui ne tardèrent à se mêler aux dix dames de compagnie.

» – Mas'oud! Ô Mas'oud! cria la reine.

» Un autre esclave noir sauta alors du haut d'un arbre jusqu'à terre et la rejoignit en un instant. Il mit en l'air les jambes de la dame, se glissa entre ses cuisses et entra en elle. Ainsi les dix tombèrent-ils sur les dix tandis que Mas'oud, de son côté, tombait sur la dame.

Et ils ne cessèrent de se livrer à leurs ébats jusqu'au milieu de la nuit. »

Mardrus, fin personnage s'il en est, ne se laisse pas prendre au piège de l'euphémisme pudibond. Il aurait même tendance à en rajouter de son propre chef, car l'édition de Boulaq qu'il a décidé de prendre pour guide (on se demande bien pourquoi) le laisse quelque peu sur sa faim. Le voici dans le même passage :

« ...la porte du palais s'ouvrit et en sortirent vingt esclaves femmes et vingt esclaves hommes; et la femme du Roi, son frère, était au milieu d'eux qui se promenait dans toute son éclatante beauté. Arrivés à un bassin, ils se dévêtirent tous et se mêlèrent entre eux. Et soudain la femme du Roi s'écria : "Ô Massaoud! Ya Massaoud! " Et aussitôt accourut vers elle un solide nègre noir qui l'accola. Alors le nègre la renversa sur le dos et la chargea. A ce signal, tous les autres esclaves hommes firent de même avec les femmes. Et tous continuèrent longtemps ainsi et ne mirent fin à leurs baisers, accolades, copulations et autres choses semblables qu'avec l'approche du jour. »

Le style est habile, bien dans la manière « orientaliste » du temps, et l'on comprend qu'il ait séduit Mallarmé lui-même, juge pourtant peu complaisant. Mais que nous voilà loin de l'arabe! Que nous voilà surtout loin de la vraisemblance... Mardrus fait sortir de la fameuse porte « vingt esclaves femmes et vingt esclaves hommes », chose impensable dans le palais d'un monarque musulman où jamais un serviteur masculin – sinon réduit à l'état d'eunuque – n'était admis à servir une reine. Le travestissement des robustes Noirs en gracieuses servantes, clairement indiqué dans le manuscrit, est infiniment plus proche de la réalité.

Un peu plus loin, à l'instant où le roi lui-même découvre l'étendue de son malheur, Mardrus se borne à écrire : « Quand le roi Schahriar entra dans son palais, il fit couper le cou à son épouse et de la même façon le cou des esclaves femmes et des esclaves hommes... » Au lieu de quoi le manuscrit fournit les précisions suivantes :

« ...le sultan Chahriyâr avait manqué perdre la raison :

» – Si de tels faits se déroulent dans mon palais, au centre même de mon royaume, il me semble certain que personne, de par le monde, ne peut se vanter d'échapper à pareille aventure. Maudites soient les créatures d'ici-bas! Maudit soit le siècle! Ce qui m'est advenu n'est rien de moins qu'une terrible catastrophe!

» Puis il s'approcha de son frère et lui dit :

» – Veux-tu me donner ton accord sur un projet que je voudrais mettre à exécution?

» – Lequel? demanda Chahzamane.

» – Lève-toi et viens avec moi : nous renoncerons à notre pouvoir royal afin de parcourir le vaste monde, sans garder d'autre souci en tête que l'amour du Dieu Très-Haut. Quittons vite ces lieux où l'on nous a trahis. Nous ne regagnerons notre demeure que lorsque nous aurons rencontré quelqu'un dont l'infortune dépassera la nôtre. En attendant cette trouvaille, nous voyagerons de province en province. A quoi pourrait bien nous servir le pouvoir dans la situation où nous sommes? »

Cette crise subite de mysticisme, si bien dans la pente de l'imaginaire arabe, ne pouvait recueillir la faveur du bouillant Mardrus, trop empressé de peindre l'Islam sous le seul angle du boudoir. Le moindre mot sous sa plume est tiré dans ce sens. Ainsi ne cesse-t-on au long des pages qu'il nous livre de « tomber sur le derrière », alors que le mot arabe qafa *n'a jamais signifié autre chose que « dos ».*

Le malheur de Mardrus, et il dut le comprendre très vite, à la différence de beaucoup de ses prédécesseurs, fut d'avoir mal choisi ses sources. Citons le texte de présentation de son ouvrage, qui nous éclaire amplement sur le sujet : « Cette traduction, le docteur J.-C. Mardrus l'a exécutée sur l'édition égyptienne de Boulaq, qui lui a paru la plus riche en expressions du pur terroir arabe et, à différents points de vue, la plus parfaite (...) Mais il ne s'en est pas uniquement contenté, ayant puisé, pour certains détails dans l'édition de Macnaghten, dans celle de Breslau et surtout dans les différents manuscrits. » W.H. Macnaghten Esq. était l'auteur d'une édition arabe des Nuits *(1839-1842), publiée à Calcutta comme celle de 1814, mais d'après un ensemble de manuscrits d'origine égyptienne proches de ceux qui ont inspiré l'édition de Boulaq – dont elle partage les défauts majeurs. Logé à cette enseigne, et vraisemblablement frustré dans son appétit, Mardrus enjoliva donc, avec un talent extrême, admettons-le, et s'offrit le luxe de maint ajout; mais il fut bien obligé, dans l'ensemble, de suivre ses modèles, lesquels l'entraînent paradoxalement, au nom d'un idéal de bienséance qu'il était fort loin de partager, dans des voies tristement restrictives.*

Le khalife, chez lui aussi, refuse à l'occasion de boire le vin interdit, arguant d'un pieux prétexte. Au début du conte intitulé « Le portefaix et les dames », on s'étonne de voir la jeune fille qui parcourt les boutiques de Baghdad, achetant tout ce qu'il faut pour le festin du soir, oublier de se procurer la précieuse liqueur. Mardrus, suivant la leçon du texte de Boulaq, dit seulement ceci : « Elle frappa à la porte et tout de suite un homme nazaréen descendit et lui donna, pour un dinar, une mesure d'olives... » Tandis que le manuscrit révèle : « Ils arrivèrent ainsi à la porte d'une maison où elle frappa. Un vieux bonhomme, visiblement un chrétien, descendit de l'étage et s'en vint lui ouvrir. Elle lui remit une pièce d'or et reçut de lui en échange une jarre de celles où l'on met d'ordinaire les olives à tremper. Mais la jarre en question renfermait du vin clairet... » Cette dernière version, une fois de plus, est la seule conforme à la réalité non idéalisée : la jeune fille achète son vin chez un chrétien (autorisé à pratiquer ce commerce), mais elle le fait avec discrétion pour ne pas encourir, précisément, les foudres des censeurs hypocrites (le vin est dissimulé par prudence dans une jarre à olives).

Poursuivre l'énumération serait cruel. D'autant que c'est sa fidélité au modèle élu – attitude en soi fort louable – qui pousse ici Mardrus dans les chemins de l'erreur. Fidélité qu'il revendique avec une candeur qui en a abusé plus d'un : « Pour la première fois en Europe, proclame-t-il, une traduction complète et fidèle des " Alf Lailah wa Laila " (Mille et Une Nuits) *est offerte au public. Le lecteur y trouvera le mot à mot pur inflexible. Le texte arabe a simplement changé de caractères : ici il est en caractères français, voilà tout. » Mardrus le magicien fait ainsi passer sa belle infidèle pour un modèle de vertu. Les orientalistes peu séduits par les beautés de sa prose (en quoi ils ont bien tort) le lui reprocheront* *durement. Ainsi Macdonald, dans le Supplément de 1938 de l'*Encyclopédie de l'Islam, *juge son travail en ces termes : « Une traduction libre dans tous les sens du mot. » Et l'édition de 1960 du même ouvrage de préciser, sous la plume d'E. Littmann : « En 1899, J.-C. Mardrus commença une traduction française des* Nuits, *soi-disant d'après l'édition de Boulaq de 1835; sa traduction, qui n'est pas très digne de confiance, comprend toutes sortes de contes tirés de collections autres que les* Nuits. *»*

Pour notre part, nous ne serons pas aussi sévère, car Mardrus, comme Galland, ne voyait pas à mal de faire passer les mirages de son époque avant l'intégrité du texte qu'il prétendait défendre. Nous en jugeons différemment aujourd'hui, voilà tout. Ce qui nous surprend en revanche, c'est qu'après lui personne, jusqu'à ces dernières années, n'ait songé à y aller voir de plus près. Comme si, par un accord tacite unanime, les Mille et une Nuits *devaient se voir éternellement refuser le statut de texte à part entière (en raison de quel honteux péché?), ignominieusement vouées à un état de bâtardise qui dût exclure toute prétention à l'authenticité.*

Plusieurs considérations viennent ordinairement au secours de ceux qui, souvent avec la plus entière bonne foi, défendent cette thèse de l'origine obscure *(ou indigne)... dont on sait qu'elle justifia, depuis Galland, la plupart des épisodes du roman picaresque que nous venons de conter. Et d'abord le fait qu'il s'agit là d'une œuvre d'auteur inconnu. Mérite-t-elle vraiment, sans l'indispensable certificat de naissance, d'entrer avec ses consœurs illustres, toutes nées de parents honorables, dans le panthéon des gloires littéraires? Ce premier argument conduit bien vite à poser la question rituelle : et si l'auteur en question n'existait tout simplement pas?*

La théorie de la génération spontanée ne rend pas mieux compte de la genèse des œuvres de l'esprit que de celle des formes du vivant. Une hypothèse fréquemment avancée en histoire des littératures remplit pourtant un peu le même rôle : celle de la nature « orale » de certaines œuvres que le lecteur distrait ou mal informé persiste à prendre, abusé par les apparences, pour des œuvres « écrites ». Ainsi le texte des Mille et une Nuits *n'aurait pas été « rédigé » mais seulement « transcrit ». Mieux, la fixation par écrit d'un tel texte procéderait déjà d'une tentative de dévaluation de l'œuvre, laquelle n'aurait connu de forme authentique – changeante, par force – que sur les lèvres inspirées des conteurs.*

Théorie séduisante, que la forme « ouverte » des Nuits *(un recueil de contes à première vue disparates reliés par un fil unique) pourrait tout à fait conforter. Il en est au monde quelques illustrations, dont la plus fameuse est sans doute celle des* Contes *de Grimm. Mais si les deux Allemands se sont contentés, comme ils ne cessent de le dire, de noter et de rassembler des récits populaires dont ils se sont gardés d'inventer ou d'arranger le moindre épisode, l'auteur des* Nuits, *si hypothétique soit son existence, a fait tout autre chose. Que des légendes antiques, souvent d'origine persane, voire indienne, lui aient fourni çà et là un argument ou un motif n'enlève rien à la part de création originale qui lui revient. Dirait-on que Rabelais n'est point l'auteur de* Gargantua *sous prétexte qu'il a été chercher ses personnages dans le légendaire oral de la tradition médiévale?*

Insistons enfin sur ceci : les Nuits, *malgré la source populaire où elles puisent, sont écrites, sont composées avec un art consommé – même si leur auteur se soucie moins de préciosité que d'efficacité narrative. Quant aux schèmes caractéristiques du discours oral qui reviennent périodiquement dans le texte, ils sont, souvenons-nous-en, une constante de la stylistique orientale. La Bible et le Qoran en sont truffés – ouvrages qui relèvent, autant que nous sachions, de l'écriture la plus* écrite. *Mais il est vrai que la tradition livresque de l'Orient, et ceci vaut pour la langue arabe mieux que pour toute autre, lors même qu'elle emprunte les voies de la prose la plus rassise, fait toujours la part belle au verbe triomphant, fruit précieux que le geste d'écrire ne doit en aucun cas priver de sa spontanéité jaculatoire. Ce qui ne fait en l'occurrence, nous nous en rendons bien compte, qu'aider au malentendu...*

Essentiel demeure enfin le fait que, contrairement à ce qu'imaginent beaucoup de lecteurs, les manuscrits des Mille et une Nuits *(entendons ceux auxquels on peut raisonnablement se fier) existent, qu'ils ne sont pas inaccessibles, et qu'ils se trouvent répertoriés depuis longtemps. Leur ancienneté – pour l'un d'entre eux au moins, quasi contemporain de la rédaction du livre – permet par ailleurs de cerner d'assez près ce qu'il faut bien appeler, malgré tout, le texte originel de l'œuvre.*

Al-Qurti, grand voyageur et historien contemporain du règne d'al-'Adid (1160-1171), dernier khalife fatimide d'Égypte, fait déjà mention, à la fin du XII*e* *siècle, d'un recueil de contes, très populaires, appelé* Mille et Une Nuits. *S'agit-il, comme le pense Macdonald, du texte utilisé par Galland et dont un surgeon plus ou* *moins fidèle aurait été l'ancêtre de la recension égyptienne identifiée par Zotenberg? Il est permis de le penser. Ce qui est sûr, c'est que le manuscrit sur lequel travailla Galland (et qu'il avait ramené de Syrie) n'est pas du* XIVe *siècle comme on le crut longtemps mais du milieu du* XIIIe *siècle vraisemblablement, ainsi que le démontre catégoriquement P. Casanova (*Bulletin de l'Institut français d'Archéologie orientale du Caire, *1922*).

Ce manuscrit fort complet, que nous appellerons Ms A, pour nous conformer à la classification de Chauvin, est conservé à la Bibliothèque Nationale, fonds arabe, sous les n°s 3609-3610-3611. C'est lui que nous avons pris, aussi souvent que possible, comme guide. Il n'est pourtant pas l'unique témoin sérieux du fonds des Mille et une Nuits. *Un manuscrit du* XIIIe *ou du* XIVe *siècle contenant cinq récits, a été découvert par H. Ritter à Istanbul (nous l'appellerons A1). Le manuscrit du Vatican (*Codex Vat., *ar. 782), copié en 1592-1593, présente deux cent quatre-vingt-une Nuits, comme celui de Galland et s'arrête au même endroit (il est classé HH1 dans la* Bibl. *de Chauvin). Le manuscrit de Madrid (Académie d'Histoire, coll. Gayangos, n^{os}* XLIX, *1 et 2) suit celui de Galland jusqu'à la fin de l'Histoire du Bossu; il comporte trois tomes dont le second est perdu et ne présente pas de divisions par Nuit (nous l'appellerons A2). D'autres manuscrits se rattachent encore à celui de Galland : le manuscrit de la John Ryland's Library, Manchester, n° 647 (A3); le manuscrit du docteur Patrick Russel, daté du* XVIIIe *siècle, en provenance d'Alep (CC); le manuscrit de Sir William Jones, de même origine, dont nous ne possédons que des* *fragments (C1); le manuscrit de l'India Office de Londres (nº 2699) (T), et celui de Sir Wortheley Montague (Christ Church College, Oxford, nº 207), daté de 1765 (Y); le manuscrit de Barcelone, du commencement du* XVIIe *siècle, d'origine syrienne, dans lequel il n'est fait mention ni de Chahrazade ni des Nuits (M). Enfin un des rares manuscrits complets des* Mille et Une Nuits *est celui qui a été copié, au début du* XIXe *siècle, par un éminent orientaliste, Michel Sabbagh, dont les travaux nous sont conservés en de nombreux manuscrits autographes à la Bibliothèque Nationale (fonds arabe, nºs 4678-4679), nous l'appellerons Ms C : l'original de cette copie est un manuscrit perdu, daté de 1703, à Baghdad; Michel Sabbagh l'a transcrit avec une fidélité admirable, se conformant non seulement au format de l'original et à la disposition de ses pages, mais reproduisant toutes les gloses, y compris celles qui rendent compte des erreurs de chiffres. Enfin, nous mettrons à part le manuscrit B (Bibliothèque Nationale, fonds arabe, nº 3612), qui est de la seconde moitié du* XVIIe *siècle. Il a été apporté en France au commencement du* XVIIIe *siècle par Benoît de Maillet, consul général de France en Égypte. Ce manuscrit contient huit cent soixante-dix Nuits et représente un des derniers essais pour arriver à la recension égyptienne complète.*

On voudra bien nous pardonner cette longue énumération. Elle dit assez dans quelle forêt il nous a fallu chercher notre voie. On nous a reproché, lors de la parution de notre première édition des Nuits *(1965-1967), d'avoir travaillé à ruiner un mythe. Il nous paraît toujours, ayant passé vingt années encore à ausculter ce texte, que les seuls mythes dignes d'être défen-*

dus sont ceux qui se fondent sur une réalité vivante, fût-elle non conforme à nos habitudes les mieux ancrées. Nous avons dit pourquoi nous renoncions à la division en « Nuits », qui n'a rien d'obligatoire et qui, si elle peut séduire le lecteur au début de sa course, devient vite à la longue un accompagnement fastidieux. On nous en a voulu aussi d'avoir écarté certains contes « illustres », même si nous avions prouvé qu'ils n'appartenaient pas aux Nuits : *aventures d'Aladin, d'Ali Baba, de Sindbad le Marin (dont nous avons donné par la suite le texte intégral* [1]*, antérieur de quatre siècles à celui des* Nuits*). Nous restons fidèles, dans la présente édition, à cette façon de voir. Nous avons même persévéré encore dans cette voie, écartant définitivement un important récit épique depuis longtemps considéré comme douteux par la plupart des spécialistes (logé jusque-là dans le vol. 3 de notre première édition) et emprunté en fait à un ouvrage indépendant dont nous avons réussi à retrouver la trace. Mais surtout, nous avons le plaisir d'offrir aux lecteurs qui ont eu la patience d'attendre cette ultime édition – que nous voulons définitive et qui vient couronner trente-neuf années exactement de recherche ininterrompue – quelques authentiques inédits (rassemblés pour la plupart dans le vol. 4 de la présente édition) leur laissant le soin d'en faire eux-mêmes la découverte au fil de leur lecture.*

Dire que nous n'avons pas tenu compte des critiques qui, parmi beaucoup d'éloges réconfortants, ont salué la parution de notre premier travail serait faire injure à la vérité. Nous avions, après quelques autres, décelé

1. *Les Aventures de Sindbad le Marin*, Éditions Phébus, Paris, 1985.

dans l'organisation du recueil un certain nombre de « cycles » (celui de l'adultère, celui des monstres et des créatures inhumaines, celui des voleurs, etc.), et nous avions regroupé systématiquement les différents contes en fonction de ces pôles. Mais ce qui se justifiait dans une édition résolument « en chantier » n'avait plus lieu d'être dans un ouvrage qui prétendait à une forme définitive. On est donc revenu, sagement, à la division qui est celle du manuscrit de Galland, qui suit d'ailleurs assez exactement le rythme des cycles que nous avions établis, à de rares exceptions près.

Dernier point qui surprendra ceux qui nous ont déjà lu il y a vingt ans. Alors que la version que nous leur avions proposée « collait » parfois un peu besogneusement au texte original – ce à quoi, au reste, nous tenions –, nous nous sommes employé cette fois, dans le même esprit de fidélité, croyons-nous, à donner à notre texte, dont le détail s'est trouvé souvent transformé de fond en comble, tout le vernis, toute la patine, toute la chaleur que réclame une œuvre achevée.

On veut croire que le lecteur y trouvera son compte; comme il se plaira, espérons-nous, à emboîter une fois de plus le pas à l'énigmatique auteur de ces Nuits *qui ne nous a toujours pas révélé son visage (encore que nous ne désespérions pas d'élucider, quelque jour prochain, ce dernier mystère). Transportons-nous donc à Baghdad à la charnière du XIIe et du XIIIe siècle; le cadre historique des récits est en effet parfaitement daté... même si l'intemporel Hâroun al-Rachîd est parfois convié à jouer son rôle au détour d'une histoire. Nous y découvrirons un Islam qui n'a pas grand-chose à voir avec ce qu'on en peut observer aujourd'hui. Il répond à la crise qui le frappe (les Croisades, la menace mongole, l'insurrection des minorités) par un déploiement d'imagination, d'inventivité, de* liberté, *pour tout dire, qui proprement confond. Témoin de l'inconduite des puissants, le petit peuple, qui n'a pas les yeux dans la poche, s'apprête à prendre la relève : c'est lui qui parle ici, sans mâcher ses mots. Et derrière lui, avec lui, la Femme, ferment de tous les bouleversements : intraitable ou rusée, soumise à l'implacable destin ou révoltée contre la condition injuste que la loi lui impose, farouchement indépendante ou esclave de la passion... elle est tout cela. A l'image d'un monde qui vit ses contradictions dans une exubérance de tous les instants et que la sagesse elle-même ne détourne jamais du plaisir.*

Suresnes, 19 juin 1986
René R. Khawam

LA TISSERANDE DES NUITS

Histoire du roi Chahriyâr et de la belle Chahrazade

On raconte [1] – mais Dieu est plus savant que nous dès lors qu'il s'agit de dire le vrai sur les événements du passé et sur les chroniques des différents peuples –, on raconte donc qu'il y avait autrefois, dans l'empire des Sassanides, deux rois frères qui régnaient sur les îles de l'Inde et de la Chine intérieure [2]. Ils se nommaient, l'aîné Chahriyâr et le cadet Chahzamane.

1. Le présent récit, qui met en scène la fameuse Schéhérazade (Chahrazade), sert de cadre à l'ensemble des *Nuits*. On le retrouve dans le ms. A (tome I, fol. 1), dans le ms. B (fol. 1), dans le ms. C (tome I, fol. 1). Il sert également de préambule à l'édition arabe de Boulaq et, sous forme édulcorée ou légèrement modifiée, aux éditions françaises de Galland et de Mardrus.

2. L'origine hindo-persane du cadre et même des récits les plus anciens des *Mille et une Nuits*, indiquée ici sans ambiguïté, nous semble la plus vraisemblable (cf. E. Cosquin, *Revue Biblique*, janvier-avril 1909; J. Przyluski, *Journ. As.*, 1924, pp. 101-137). La Chine intérieure correspond en gros au Turkestan chinois, très tôt colonisé par les Turcs Ouïgours.

Chahriyâr était un cavalier puissant, un conquérant invincible, que le feu ne pouvait consumer, que le brasier d'une vengeance éclatante ne pouvait apaiser, prompt à la riposte chaque fois que l'on contestait ses droits. Il avait étendu sa domination jusqu'aux confins extrêmes de son royaume, et les habitants des provinces les plus reculées reconnaissaient son autorité. Il avait soumis tous les pays et imposé à tous ses sujets l'obéissance à ses lois. Ayant conquis la région de Samarqand [1], il y établit son frère Chahzamane. De là, il passa dans l'Inde, puis s'empara des territoires chinois qu'il fit entrer sous son obédience. Dix années passèrent de la sorte, sans qu'il cessât de jouir de la plus entière souveraineté.

Un jour, il eut envie de revoir le roi Chahzamane, son frère, et lui dépêcha son vizir [2] pour le convoquer à sa cour. Ce dernier avait deux filles, l'une appelée Chahrazade et l'autre Dounyazade...

Dès que le vizir reçut l'ordre de se porter vers le frère du Grand Roi pour lui remettre le message de celui-ci, il fit ses préparatifs de voyage et se mit en route. Il suivit son chemin durant des jours et des nuits jusqu'à ce qu'il fût arrivé en vue de Samarqand. Quand Chahzamane apprit que le vizir approchait de la ville, il sortit à sa rencontre avec de nombreuses personnes

1. Ville importante de la Transoxiane, occupée par des dynastes turcs au moment de la naissance de l'Islam. Elle fut pillée par les Mongols en mai 1220 et demeura en ruines durant cent cinquante ans, jusqu'au moment où Tîmoûr (Tamerlan) en fit sa capitale, au dernier tiers du XIVe siècle.

2. *Wazîr :* ministre. Mot de provenance iranienne. Le premier exemple du titre officiel de *wazîr* chez les Arabes date de 749. Il était cependant en usage, avant cette date, sous la dynastie des Omayyades à Damas.

de sa suite. Lorsqu'il l'aperçut, il descendit de sa monture, s'en vint l'embrasser et lui demanda des nouvelles de son frère, le grand roi Chahriyâr. Le vizir le rassura sur la santé de celui-ci et lui fit part des motifs de son voyage, à savoir que le roi invitait son frère à venir le trouver en sa cour. Chahzamane promit d'obéir. Il assigna au vizir une résidence en dehors de la ville et lui envoya toutes les provisions dont il pouvait avoir besoin, nourriture pour le chemin du retour, rations pour les hommes de l'escorte et fourrage pour les montures. Il sacrifia de nombreuses têtes de bétail en son honneur et lui offrit en présent des objets de grand prix, de l'argent, des chevaux, des chameaux. Il le traita de cette manière, avec toute la dignité convenable, durant dix jours pleins, le temps de se préparer lui-même au voyage.

Au moment voulu, il désigna l'un des hommes éminents de son pays pour exercer le pouvoir en son absence, dressa son camp en dehors de la ville et, la veille du départ, passa la soirée chez le vizir dépêché par son frère, avec lequel il s'attarda jusqu'au milieu de la nuit. Puis il rentra chez lui pour faire ses adieux à son épouse.

Lorsqu'il pénétra dans la chambre de celle-ci, il la trouva endormie à côté de l'un des adolescents préposés au service des cuisines. Ils dormaient enlacés l'un à l'autre. A cette vue, Chahzamane resta un moment frappé de stupeur, à tel point que les objets perdirent leur couleur à ses yeux et que tout sembla noir autour de lui. « Voilà, se disait-il, comment on se comporte alors que je ne suis pas encore parti en voyage et que je campe seulement aux portes de la ville. Que se passera-t-il lorsque j'aurai traversé les régions de l'Inde et que je serai parvenu auprès de mon frère? Quel traitement me vaudra alors mon absence? Mais peut-on jamais s'assurer de la conduite des femmes, même pour un bref avenir? »

Alors une colère d'une violence extrême s'empara de lui.

– Dieu! s'écria-t-il, mon infortune est totale, alors que je suis roi et que je gouverne la ville de Samarqand! Oui, c'est en cette situation que je subis de pareils outrages et me vois trahi par ma femme, au point même qu'il ne m'est pas permis d'en douter.

Sa fureur s'accrut à cette pensée. Il dégaina son sabre et tua les deux amants : le garçon de cuisine et la femme. Il traîna les deux cadavres par les pieds et les jeta du haut de son palais jusqu'au fond du fossé qui entourait les murs. Puis il quitta sur-le-champ la ville, rejoignit le vizir du Grand Roi et donna le signal du départ. On battit du tambour et la caravane se mit en route. Mais le roi Chahzamane ressentait en son cœur la morsure d'un feu qu'il ne pouvait éteindre, d'une flamme qu'il ne pouvait étouffer, au seul souvenir de l'outrage que lui avait fait subir sa femme, laquelle avait osé le remplacer par un galant choisi parmi les garçons de cuisine de son palais!

Ils ne cessèrent de faire route avec diligence, à travers les steppes et les déserts, voyageant de jour, voyageant de nuit, jusqu'à ce qu'ils fussent arrivés au pays du roi Chahriyâr. Celui-ci vint à leur rencontre, se précipita vers son frère dès que ses yeux le virent, l'embrassa, le traita avec amitié, le combla d'honneurs et l'installa dans un palais proche du sien. Le roi

Chahriyâr possédait un jardin aux abords duquel il avait fait bâtir deux splendides palais, aussi vastes que confortables. Il demeurait dans l'un avec les femmes de son harem et réservait l'autre aux hôtes de sa cour. C'est dans ce second palais qu'il établit son frère, après que les domestiques en eurent lavé et nettoyé les appartements, disposé le mobilier et ouvert toutes grandes les fenêtres qui donnaient sur le jardin.

Chahzamane eut soin de tenir compagnie toute la journée à son frère, ne regagnant sa résidence que pour y passer la nuit et s'empressant de retrouver son aîné au matin. Mais dès qu'il se retrouvait seul dans ses appartements, il ne pouvait s'empêcher de songer au tourment dont sa femme était la cause; il poussait de profonds soupirs et souffrait en secret de son infortune, sans pouvoir se résoudre à confier sa peine aux personnes de son entourage.

– Comment se fait-il que cette épreuve, ce malheur extrême m'aient frappé, moi, Chahzamane, malgré la dignité de mon rang? ne cessait-il de répéter.

Il se prit à céder à l'affliction, souhaitant de mourir. Occupé tout entier à cultiver son chagrin, il ne savait plus que clamer :

– Non! jamais un tel malheur n'est advenu à un homme!

Il ressentait un si grand trouble en son esprit qu'il en vint bientôt à perdre l'appétit. La pâleur envahit son corps, les soucis rongèrent ses forces; bref, son état empira tant et si bien qu'il en perdit bientôt toute couleur et se trouva réduit à la dernière maigreur.

Le roi Chahriyâr voyait de jour en jour son frère perdre sa belle mine, s'étioler et se consumer sous ses yeux. Il nota même d'étranges changements dans son comportement. La cause d'une telle détresse, songea-t-il, devait tenir au fait que Chahzamane regrettait son royaume et la famille qu'il avait laissée là-bas – et l'estime qu'il lui portait s'en trouva quelque peu affectée. Il se dit en lui-même : « Le climat de ce pays ne convient décidément pas à mon frère. Le mieux est encore de le combler de cadeaux sans plus attendre et de le renvoyer en son pays. »

Le sultan [1] se mit donc à réunir force objets précieux et passa un mois entier à cette tâche. Puis il convoqua son frère Chahzamane et lui dit :

– Sache, ô mon frère, que j'ai décidé d'organiser une expédition de chasse qui nous tiendra dans la campagne pendant dix jours de temps. Au retour, je te munirai du nécessaire pour que tu retournes dans ton royaume. Mais viens au moins me tenir compagnie pendant ces dix jours.

– Frère, répondit Chahzamane, je me sens triste et soucieux. Laisse-moi ici et va-t'en chasser seul – sous la protection de Dieu et avec Son aide.

A ces mots, Chahriyâr fut convaincu que l'affliction de son frère était liée à la nostalgie qu'il avait de son royaume. Il ne voulut pas le forcer et, le laissant en sa demeure, partit en campagne avec les dignitaires de sa cour et ses soldats. Ils gagnèrent les solitudes sauvages et lancèrent leurs rabatteurs en cercle devant eux, de façon à cerner le plus possible de gibier et à faire belle chasse.

1. Ce mot désigne, dans le Qoran, une autorité morale. C'est seulement, semble-t-il, à partir du XIe siècle qu'il devient, définitivement, synonyme du mot « roi ».

Quant à Chahzamane, il rentra dans son palais après le départ de son frère et s'assit près d'une fenêtre, laissant errer ses regards sur les différentes parties du jardin. Il regarda les oiseaux, il contempla les arbres : tout lui rappelait l'inconduite de sa femme. La tristesse fondit sur lui et il se prit à pousser de profonds soupirs. Pendant qu'il se livrait ainsi à ses pensées, à l'ardeur cuisante de son affliction, il portait les yeux tour à tour vers le ciel et vers le jardin aux nombreux bosquets...

Soudain il vit s'ouvrir la porte secrète qui donnait accès au palais de son frère. L'épouse de celui-ci en sortit, entourée d'une vingtaine de servantes. Elle marchait fièrement au milieu d'elles, semblable à une gazelle dont les yeux vifs sont rehaussés par le filet noir qui les entoure. Chahzamane observa à loisir le cortège sans que les femmes eussent décelé sa présence à la fenêtre. Elles avaient l'air de se promener, et furent bientôt rendues au pied des murs du palais où il se trouvait. Elles ne l'avaient visiblement pas aperçu, convaincues qu'il était parti à la chasse en compagnie de Chahriyâr, son frère.

Arrivées sous ses murs, toutes quittèrent leurs vêtements, et dix d'entre les suivantes apparurent comme dix esclaves noirs du sexe fort... qui ne tardèrent à se mêler aux dix dames de compagnie.

– Mas'oud! Ô Mas'oud! cria la reine.

Un autre esclave noir sauta alors du haut d'un arbre jusqu'à terre et la rejoignit en un instant. Il mit en l'air les jambes de la dame, se glissa entre ses cuisses et entra en elle. Ainsi les dix tombèrent-ils sur les dix tandis que Mas'oud, de son côté, tombait sur la dame. Et ils ne cessèrent de se livrer à leurs ébats jusqu'au milieu de la nuit. Lorsqu'ils en eurent fini, tous se relevèrent, procédèrent à quelques ablutions, et les dix Noirs, revêtant à nouveau leur costume féminin, eurent tôt fait de se confondre avec le reste de la bande, si bien qu'un spectateur éventuel, survenant à l'instant, n'eût pas manqué de prendre tout ce monde pour autant de personnes du sexe faible. Quant à Mas'oud, escaladant le mur du jardin, il s'en fut son chemin. Les femmes reprirent donc tranquillement leur promenade, la reine au milieu d'elles, et regagnèrent bientôt l'entrée secrète par laquelle on pénétrait dans le palais de Chahriyâr. Elles s'y engouffrèrent promptement, refermèrent la porte derrière elles et s'en furent à leurs affaires.

Tout cela s'était déroulé sous les yeux de Chahzamane qui n'avait pas cessé de regarder la scène depuis sa fenêtre. Le spectacle terminé, il se prit à songer à la mésaventure de Chahriyâr, le Grand Roi, dont il se remémora impitoyablement le détail. Quoi de plus terrible que ce malheur qui frappait son frère, que cette infortune née elle aussi dans le palais d'un roi! En ce même instant où Chahzamane se laissait aller à ses réflexions, dix esclaves noirs déguisés en femmes couchaient dans ce palais avec leurs maîtresses, les favorites du Grand Roi et l'objet de ses tendresses. En revoyant dans son imagination la reine enlacée à Mas'oud, Chahzamane sentit tout d'un coup son chagrin se dissiper et son anxiété disparaître.

« Voilà le sort qui nous est réservé, se dit-il. Mon frère règne sur la terre entière, il la gouverne dans toute sa longueur et toute sa largeur. Cela ne l'empêche pas de subir les atteintes de l'adversité, au centre même de son royaume, en la personne de sa femme légitime et de ses servantes. Le malheur habite en permanence dans sa maison. Décidément son infortune est plus grande encore que la mienne! Et moi qui me croyais le seul au monde à subir un pareil sort! Je vois que les hommes, dans leur ensemble, sont tous traités de la même manière. Par Dieu, ma disgrâce est plus facile assurément à supporter que celle de mon frère! »

Puis il considéra avec étonnement les injures auxquelles les femmes exposent ordinairement les hommes et s'en prit au destin qui n'épargne personne. Se livrant tout entier à ces réflexions, il en vint ainsi à oublier ses soucis et ne tarda pas à se consoler de sa propre mésaventure.

Quand vint le soir du second jour et que la nourriture lui fut présentée, il mangea de fort bon appétit et prit plaisir à festoyer. Lorsqu'on lui présenta la boisson, il but avec avidité. Tout ce qui tourmentait son esprit avait disparu. Il pouvait désormais se livrer sans souci aux plaisirs du manger et du boire, lesquels lui apportèrent à nouveau grande satisfaction.

« Je ne suis pas le seul à souffrir des outrages des femmes, se disait-il, le sort de tous les hommes est pareil au mien. De plus, je suis encore en vie alors que mon épouse est morte. »

Il continua dix jours durant à bien manger et bien boire. Lorsque le roi Chahriyâr son frère revint de la chasse, il se présenta devant lui, tout joyeux, le servit avec zèle, lui adressa de grands sourires et lui manifesta la joie qu'il ressentait à le revoir.

– Par Dieu! mon frère, s'écria-t-il, tu m'as beaucoup manqué pendant ton absence. J'étais sans cesse animé du désir de savourer à nouveau l'agrément de ta compagnie.

Chahriyâr le remercia de ces bons sentiments et s'assit avec lui jusqu'au soir. On servit le dîner. Ils mangèrent et burent et Chahzamane, pour sa part, de fort bon appétit. Et il fit de même les jours suivants, honorant de grand cœur chaque repas. Les soucis l'avaient quitté, les couleurs étaient revenues sur son visage, il avait retrouvé son esprit d'initiative, le sang circulait de nouveau avec force dans ses veines. Il reprit son teint rosé d'autrefois et recouvra la santé, une santé aussi bonne et même plus resplendissante encore que celle dont il avait pu jouir précédemment.

Le roi Chahriyâr ne pouvait s'empêcher de prendre acte de cette transformation, comparant l'état présent de son frère avec la faiblesse qui paralysait celui-ci avant le départ pour la chasse. Il garda d'abord ses observations pour lui; puis un jour, ne pouvant plus résister aux élans de sa curiosité, il prit à part Chahzamane et lui dit :

– Ô mon frère, je voudrais que tu m'aides à dissiper un souci qui m'importune. Réponds en toute franchise à la question que je vais te poser.

– Que désires-tu savoir, ô mon frère? demanda Chahzamane.

– Je te voyais jusque-là dans un état lamentable. Chaque jour qui s'écoulait te laissait plus maigre et plus affaibli; ta langueur, ton visage méconnaissable, ta pâleur et ta faiblesse chronique m'incitaient à croire que la cause de tes souffrances résidait dans le fait que tu vivais séparé de ta famille, loin de ton royaume. Je m'étais gardé de t'importuner par mes questions à ce sujet, et chaque fois que je constatais un nouveau dépérissement, une détérioration nouvelle de ta santé, je me forçais davantage à ne pas t'en parler. Lorsque je suis revenu de la chasse, je t'ai revu dans un état bien meilleur et me suis aperçu que tu avais repris tes couleurs. J'aimerais que tu m'expliques ce qui t'est advenu et que tu m'avoues la cause de ce qui te tourmentait lors de ton arrivée chez moi... la cause aussi du spectaculaire rétablissement de tes forces et du retour de ces belles couleurs sur ton visage. Ne me cache rien, révèle-moi tout ce qui s'est passé.

Lorsque Chahzamane entendit ce discours du roi Chahriyâr, baissant les yeux, il fixa le sol du regard et dit :

– Pour ce qui est de te révéler la cause du rétablissement de ma santé, je ne puis le faire. Je souhaite donc que tu me dispenses de répondre à ta seconde question.

Ces mots remplirent le sultan d'un grand étonnement et les flammes d'une curiosité ardente s'allumèrent dans son cœur.

– Il faut absolument que tu me racontes cela aussi, insista-t-il; mais si tu veux, parle-moi d'abord du premier changement qui s'est opéré en toi.

Alors Chahzamane lui fit part de l'infortune qui l'avait frappé le jour même de son départ. Il lui raconta tout, du commencement jusqu'à la fin.

– Ô roi du temps, conclut-il, tout au long de mon séjour chez toi, chaque fois que je me rappelais ce qui m'était advenu et le malheur qui m'avait atteint, je sombrais sous l'emprise des soucis, de l'angoisse et de l'obsession. Telle est la seule cause de l'état où tu m'as trouvé d'abord.

Il s'arrêta de parler et le roi Chahriyâr hocha la tête en constatant, avec une stupéfaction extrême, combien les femmes sont rusées. Il invoqua le secours de Dieu contre les catastrophes qu'elles peuvent provoquer et dit :

– Par Dieu ! ô mon frère, tu as bien agi en tuant ta femme et son amant. Et tu es parfaitement excusable d'avoir cédé aux soucis au point d'en perdre la santé. Je crois bien que ce qui t'est advenu n'est arrivé à personne d'autre en ce monde. Par Dieu ! Si je m'étais trouvé dans une situation semblable, je ne me serais pas gêné pour tuer une bonne centaine, voire un bon millier de femelles autour de moi. Et ce geste ne m'aurait pas dispensé de sombrer dans l'ivresse ou dans la folie. Mais rendons plutôt grâces à Dieu qui a dissipé ton angoisse et ton deuil... Et maintenant, dis-moi donc comment tes soucis ont disparu et de quelle manière ton visage a retrouvé ses couleurs...

– Ô roi, je désire que tu me dispenses, au nom de Dieu, de m'expliquer devant toi sur cette nouvelle transformation.

– Il faut absolument que tu t'en expliques.

– J'ai peur de te voir tomber dans des soucis et dans une inquiétude pires que les miens.

– Comment cela, ô mon frère ?... Allons, raconte, car je ne puis revenir sur l'ordre que je t'ai donné. Il faut absolument que tu me fasses le récit de ton aventure.

Alors Chahzamane lui raconta tout ce qu'il avait vu par la fenêtre de son palais, lui révélant l'infortune qui gîtait en la propre maison de celui-ci sous les traits de dix esclaves mâles déguisés en femmes, qui dormaient de jour comme de nuit avec ses servantes et ses favorites. Il lui rapporta tout, du commencement jusqu'à la fin (revenir sur ce sujet ne présente aucun avantage). Puis il conclut par ces mots :

– Lorsque j'eus compris l'infortune dans laquelle tu te trouvais toi-même, j'oubliai la mienne, en me disant que j'étais moins malheureux que d'autres, puisque mon frère, bien qu'il fût roi de toute la terre, abritait l'infamie dans sa propre demeure. Mes soucis se dissipèrent, j'oubliai tous les sentiments désagréables qui m'avaient habité, recouvrai ma liberté d'esprit et, avec elle, le goût du manger et du boire. Voilà pourquoi j'ai repris mes heureuses couleurs.

Lorsque Chahriyâr eut entendu ces paroles de son frère, lorsqu'il n'eut plus rien à apprendre sur ce qui lui était advenu, il fut pris d'une si violente colère que le sang faillit lui rompre les veines.

– Frère, s'écria-t-il, je n'admettrai comme vrai ce que tu viens de me raconter que lorsque j'aurai vu la chose de mes propres yeux.

Et son courroux après ces mots augmenta encore.

– Si tu désires voir ton malheur de tes yeux afin de croire à mes paroles, répondit Chahzamane, organise donc une expédition de chasse à laquelle nous participerons tous les deux avec notre escorte. Puis, lorsque nous serons hors de vue de la cité, nous laisserons nos tentes, le pavillon royal et le reste de la troupe, et nous regagnerons la ville. Tu viendras alors dans mon palais et tu pourras constater de tes propres yeux ce qui se passe dans tes jardins.

Le roi savait que son frère avait raison. Il approuva

le projet et donna l'ordre aux soldats de se préparer à une nouvelle campagne de chasse. Il passa la nuit en compagnie de son frère et, lorsque Dieu fit paraître le jour, tous les deux montèrent à cheval et quittèrent la ville au milieu des cavaliers de leur escorte. Les serviteurs chargés de dresser les tentes et de les meubler étaient partis avant eux et avaient établi leur campement loin de la ville. Ils avaient déjà planté le pavillon royal et aménagé le vaste auvent lui servant de vestibule lorsque le sultan arriva avec ses soldats. A la nuit tombante, il fit venir auprès de lui le grand chambellan, lui délégua ses pouvoirs et le chargea de surveiller avec soin les soldats, de façon qu'aucun d'eux ne pût retourner en ville durant trois jours consécutifs. Sur quoi lui et son frère, affublés d'un déguisement, s'empressèrent de regagner de nuit la capitale. Ils montèrent au palais où résidait Chahzamane et y dormirent jusqu'au matin.

A l'aube, tous deux s'installèrent aux fenêtres qui donnaient sur le jardin et bavardèrent jusqu'au moment où le jour fut complètement levé. Enfin le soleil parut, déversant sa lumière sur toutes choses. Les deux frères guettaient la porte secrète qui ne tarda pas à s'ouvrir, et l'épouse du roi Chahriyâr en franchit le seuil, selon son habitude, escortée par ses vingt servantes. Elles se promenèrent un instant sous les arbres et furent bientôt rendues sous les murs du palais où se trouvaient les deux rois. Dans l'instant les dix esclaves noirs enlevèrent leurs vêtements féminins et furent aussitôt sur les dix dames qu'ils se mirent en devoir de conjoindre. Quant à la reine, elle criait déjà :

– Mas'oud ! Ô Mas'oud !

Sur-le-champ l'esclave noir sauta de son arbre, retomba lestement sur ses pieds et la rejoignit en disant :

– Qu'as-tu donc, ô mon trou? Vois comme je vole à ton secours, moi, Sa'd-al-Dine, surnommé Mas'oud, le « Fortuné »!

Ces mots la firent rire aux éclats. Sans plus attendre, elle s'étendit sur le dos et l'esclave entra en elle, s'employant à lui faire son affaire à l'exemple des dix autres. Après quoi tous procédèrent à leurs ablutions. Les hommes revêtirent leurs habits de femmes et se mêlèrent aux servantes. Puis le cortège se reforma, reprit son chemin et s'engouffra par la porte secrète qui fut de nouveau verrouillée de l'intérieur. Quant à Mas'oud, il avait escaladé le mur pour s'en aller là où l'appelaient ses affaires.

Les deux rois quittèrent alors leur observatoire. A la vue du spectacle offert par son épouse et ses servantes favorites, le sultan Chahriyâr avait manqué perdre la raison :

– Si de tels faits se déroulent dans mon palais, au centre même de mon royaume, il me semble certain que personne, de par le monde, ne peut se vanter d'échapper à pareille aventure. Maudites soient les créatures d'ici-bas! Maudit soit le siècle! Ce qui m'est advenu n'est rien de moins qu'une terrible catastrophe!

Puis il s'approcha de son frère et lui dit :

– Veux-tu me donner ton accord sur un projet que je voudrais mettre à exécution?

– Lequel? demanda Chahzamane.

– Lève-toi et viens avec moi : nous renoncerons à notre pouvoir royal afin de parcourir le vaste monde, sans garder d'autre souci en tête que l'amour du Dieu

Très-Haut. Quittons vite ces lieux où l'on nous a trahis. Nous ne regagnerons notre demeure que lorsque nous aurons rencontré quelqu'un dont l'infortune dépassera la nôtre. En attendant cette trouvaille, nous voyagerons de province en province. A quoi pourrait bien nous servir le pouvoir dans la situation où nous sommes?

– Tu as raison, répondit Chahzamane. Je me rends de grand cœur à ta proposition.

Peu après, ils quittaient le palais par une porte secrète. Empruntant des voies peu fréquentées, ils s'éloignèrent de la ville et s'en allèrent leur chemin.

Les deux frères marchèrent jusqu'à la tombée de la nuit, dormirent sous les arbres d'une certaine forêt et se remirent en marche le lendemain matin, dès que le jour se fut levé. Ils débouchèrent alors dans une plaine étroite, au bord de la mer salée, où poussaient de nombreux arbres et toutes sortes de plantes. Ils s'assirent en ce lieu et se mirent à converser sur leur infortune, évoquant à loisir les mésaventures qu'ils avaient subies.

Ils se livraient à cette occupation lorsqu'un cri retentit tout à coup au milieu de la mer, suivi par une clameur immense. La peur les fit trembler. Ils crurent voir le ciel tomber comme un couvercle sur la surface de la terre. Puis la mer se fendit et une colonne noire émergea des flots, qui grandit à vue d'œil jusqu'à atteindre bientôt les nuages. L'épouvante qui venait de s'emparer de Chahriyâr et de Chahzamane les avait plongés dans un tel affolement qu'ils prirent aussitôt la fuite et grimpèrent se cacher dans un grand arbre. Là, assis à califourchon sur une branche et prenant soin de se dissimuler au milieu du feuillage, ils tendirent leurs regards vers la colonne sombre qui surgissait des flots. Elle se coucha alors à la surface de l'onde et se dirigea vers le rivage verdoyant où les deux rois se trouvaient cachés. Puis la forme gigantesque atteignit la rive et se hissa sur la terre ferme où elle prit l'apparence d'un *ifrite* [1], oui, d'un *djinn* [2] de couleur noire qui se dressa de toute sa taille et se mit à marcher, portant sur sa tête un coffre en verre fermé par quatre cadenas d'acier. L'être en question traversa la prairie et, voulant s'asseoir à l'ombre d'un arbre, n'en trouva à son goût que celui où étaient perchés les deux rois. Il s'arrêta dessous, posa sur le sol le coffre en verre et, à l'aide de quatre clefs différentes, ouvrit les quatre cadenas. Et voilà que surgit du coffre une adolescente de taille parfaite, aux formes harmonieusement proportionnées. Elle souriait de manière exquise et montrait un visage aussi beau que la lune en son plein. L'ifrite l'aida à sortir du coffre, la fit asseoir au pied de l'arbre et la contempla un moment avant de lui confier :

– Ô toi, la perle de toutes les favorites de la terre, celle que j'ai enlevée la nuit même de ses noces, sache que j'aimerais dormir un peu.

Puis il mit sa tête sur les genoux de la jeune femme et s'étendit de tout son long, ses pieds atteignant presque le bord de la mer. Sur quoi il sombra dans un profond

1. *Ifrite :* à l'origine, le terme désigne un être malin, rusé, qui arrive toujours à réussir dans ses projets. Plus tard, il renvoie à une variété de djinns spécialement doués sous le rapport de la malice (cf. Qoran, XXVII, 39).

2. *Djinn :* être intelligent (comp. *genius*), formé d'une matière subtile que l'homme ne peut percevoir. Il en est de bons et de mauvais.

sommeil et se mit à ronfler. A ce moment, l'adolescente leva la tête vers les branches de l'arbre, les considéra d'un œil attentif et aperçut le roi Chahriyâr et son frère Chahzamane. Elle souleva doucement la tête de l'ifrite, la reposa sur le sol, se leva et, s'approchant du tronc, fit signe aux deux frères de descendre sans bruit la rejoindre. Lorsqu'ils comprirent que la femme les avait découverts, ils furent saisis de frayeur et la supplièrent, par Celui qui soutient les cieux, de renoncer à les faire descendre de leur perchoir.

– Il faut absolument que vous veniez près de moi, leur dit-elle.

Eux cependant lui faisaient comprendre par signes que l'ifrite qui reposait près d'elle était l'ennemi implacable du genre humain, en conséquence de quoi ils la priaient, au nom de Dieu, de les laisser tranquilles.

– Je vous somme de descendre, les menaça-t-elle alors, sinon je réveillerai l'ifrite pour qu'il vous tue.

Et à force de menaces et d'avances, elle insista tant et si bien qu'ils se résolurent à descendre de leur branche, le plus doucement possible, jusqu'à ce qu'ils fussent enfin auprès d'elle. A ce moment, elle se coucha sur le dos, leva les jambes en l'air et leur dit :

– Baisez-moi, faites-moi mon affaire, sinon je n'hésiterai pas à tirer l'ifrite de son sommeil pour qu'il vous tue !

– Ô dame, implorèrent-ils, au nom de Dieu qui est au-dessus de toi, arrête ! Rien qu'à la vue de cet ifrite, nous voilà déjà sous l'autorité de la peur la plus intense.

Vois l'épouvante qui nous tient! Fais-nous donc grâce de cette affaire.

– Non, il faut absolument que vous vous exécutiez, répondit-elle.

Et de les presser d'entrer en action en faisant serment de les dénoncer s'ils refusaient d'obéir :

– Par Dieu, conclut-elle, par Celui qui soulève la voûte des cieux, si vous n'agissez pas comme je vous le demande, je jure de réveiller mon époux l'ifrite, et j'aurai à peine le temps de me plaindre de vous qu'il vous aura déjà mis à mort et aura jeté vos cadavres à la mer.

Devant pareille insistance, ils ne purent s'empêcher d'obéir. Ils la conjoignirent donc tous les deux, d'abord l'aîné et ensuite le cadet. Enfin, quand ils eurent terminé leur affaire, ils se levèrent de dessus l'adolescente, et celle-ci en retour leur ordonna :

– Et maintenant, passez-moi vos anneaux.

Elle sortit de l'intérieur de ses vêtements un petit sac, l'ouvrit et, le renversant, fit tomber à terre tout ce qu'il contenait, soit quatre-vingt-dix-huit anneaux, tous de couleurs et de modèles différents.

– Savez-vous ce que sont ces anneaux? demanda-t-elle.

– Non, confessèrent-ils.

– Leurs possesseurs ont tous couché avec moi. Sachez en effet que chaque fois qu'un homme me baise, je lui prends son anneau. Donc, puisque vous m'avez baisée tous les deux, vous n'avez plus qu'à me donner les vôtres. Ils viendront s'ajouter à ma collection, qui atteindra de la sorte le chiffre de cent. Ainsi cent hommes m'auront connue, sous la tutelle de ce sale ifrite cornu qui m'a enfermée dans ce coffre sous quatre serrures, oui, de ce monstre qui m'a gardée jalousement dans une demeure au fond de l'océan, cet océan qui ne cesse de se fustiger de ses vagues mugissantes! Il a voulu que je ne fusse qu'à lui, après avoir cru me vaincre. Mais il ne savait pas que les décrets du destin, on ne peut ni les changer ni s'opposer à leur accomplissement. Lorsque la femme veut quelque chose, il n'est personne au monde qui puisse l'empêcher de l'obtenir.

Les deux rois Chahriyâr et Chahzamane, à ce discours de l'adolescente, furent saisis d'étonnement. Vacillant sur leurs jambes sous l'effet de la stupeur, ils s'écrièrent :

– Allah! Allah! Il n'y a de puissance et de force qu'en Dieu le Très-Haut, le Très-Grand! Les ruses des femmes sont décidément plus fortes que tout!

Puis chacun d'eux retira son anneau et le tendit à l'adolescente. Celle-ci s'empara prestement des deux joyaux, les mêla aux autres et remit le tout dans son petit sac. Revenant alors auprès de l'ifrite, elle s'assit de nouveau à ses côtés, souleva sa tête géante et la fit reposer, tout comme avant, sur ses genoux. Et elle signifia aux deux rois qu'ils eussent à s'éloigner promptement et à poursuivre leur chemin, faute de quoi elle ne manquerait pas de réveiller son terrible époux et de l'exciter contre eux.

Ils tournèrent donc les talons et reprirent leur route. Tout en marchant, Chahriyâr disait à son frère :

– Ô Chahzamane, mon frère, considère le cas de cette adolescente. Par Dieu! L'infortune dont elle est la cause dépasse encore la nôtre. Voilà un djinn qui a enlevé une pucelle la nuit de ses noces, qui l'a enfermée dans un coffre en verre dont le couvercle est maintenu par quatre cadenas, qui l'a déposée dans une demeure sise au fond de la mer. Il a cru, par ces moyens, la protéger contre les coups du sort et de la destinée. Tu as constaté toi-même que, malgré ces précautions, cette adolescente a été conjointe par quatre-vingt-dix-huit hommes, et ensuite par nous deux, pour compléter le nombre et en venir à cent! Retournons donc en notre royaume et dans notre ville, ô mon frère, et renonçons aux femmes. Quant à moi, je te ferai voir bientôt la conduite que j'ai décidé d'adopter.

Ils prirent donc le chemin du retour et ne cessèrent de marcher jusqu'à la tombée de la nuit. Le matin du troisième jour, ils atteignirent leur campement, pénétrèrent dans le pavillon royal et s'assirent chacun sur son trône. Les chambellans se présentèrent devant le roi Chahriyâr, ainsi que les délégués, les émirs [1], les vizirs. Et le souverain se mit à donner ses ordres, signifiant hautement les interdictions et les décisions qu'il lui plaisait de décréter et distribuant autour de lui manteaux d'honneur et récompenses en argent. Puis il ordonna de lever le camp, impatient de regagner la capitale. Toute la troupe fut donc bientôt de retour en ville et Chahriyâr, une fois dans son palais, s'empressa de convoquer son grand vizir – le père de Dounyazade et de Chahrazade, ces deux jeunes filles dont nous avons déjà eu l'occasion de parler.

– Tu emmèneras cette femme, mon épouse, lui dit-il, et tu la feras mettre à mort.

1. *Amir :* chef. Le mot est à l'origine du terme français « amiral ».

Il s'en alla ensuite trouver la coupable, la fit entraver à l'aide de cordes et la confia à son vizir qui veilla lui-même à son exécution. Puis le roi prit son sabre, le dégaina et parcourut les pièces de son palais en massacrant toutes les servantes vraies ou fausses qui s'y trouvaient. Après quoi il prit la résolution suivante : il ne garderait désormais aucune de ses femmes au-delà de la première nuit de noces; dès le lendemain, il les ferait périr. Ainsi il n'aurait plus à supporter les effets de la méchanceté des femmes et de leurs ruses.

– Il n'y a pas une seule femme sur toute la surface de la terre qui soit loyale à son mari, disait-il.

Il s'employa enfin à préparer le voyage de son frère Chahzamane, qu'il comptait renvoyer dans ses États après l'avoir muni des provisions nécessaires pour la route, et le combla de cadeaux, d'argent, d'objets précieux et de biens de toute sorte. Et lui ayant fait ses adieux, il le laissa regagner ses terres.

Cela fait, Chahriyâr fit mander son vizir, le père des deux jeunes filles, et lui ordonna de lui choisir une épouse parmi les filles des émirs de son royaume. Ce dernier lui en trouva une et conclut les fiançailles. Le soir des noces, Chahriyâr entra dans la chambre nuptiale, s'étendit auprès de l'élue et lui fit promptement son affaire. Le lendemain, lorsque le jour se leva, il donna ordre à son vizir de la faire mettre à mort. Il épousa de même la fille d'un de ses soldats, la conjoignit et la confia, le jour suivant, aux bons soins de son ministre en lui enjoignant de la tuer. Celui-ci ne put enfreindre ses ordres et la fit périr. Le troisième jour, Chahriyâr prit la fille d'un marchand de la ville. Il dormit avec elle jusqu'au matin, et donna cette fois encore le même ordre à son vizir. Et le vizir cette fois encore s'exécuta.

Le roi Chahriyâr ne cessa de prendre ainsi, chaque nuit, une fille parmi celles des marchands ou des hommes du peuple, pour dormir avec elle et la tuer le lendemain matin. Mais il se fit à la fin grand bruit par toute la ville de ces disparitions. Les matrones se lamentaient, les femmes, les pères, les mères, tous vivaient dans une inquiétude continuelle et ne tardèrent pas à appeler les pires maux sur la tête du roi, présentant leurs supplications au Créateur des cieux, demandant aide et protection à Celui qui entend la voix des affligés et répond à leurs prières.

Le vizir chargé de veiller à l'exécution des épouses du roi avait, on le sait, deux filles : l'aînée avait nom Chahrazade, et la plus jeune Dounyazade. Chahrazade avait lu des livres et des écrits de toutes sortes, allant jusqu'à étudier les ouvrages des Sages et les traités de médecine. Elle avait retenu en sa mémoire quantité de poèmes et de récits, elle avait appris les proverbes populaires, les sentences des philosophes, les maximes des rois. Elle ne se contentait pas en effet d'être intelligente et sage; il lui fallait encore être instruite et formée aux belles-lettres. Quant aux livres qu'elle avait lus, il ne lui avait pas suffi de les parcourir : elle les avait tous étudiés avec soin.

Un jour, elle dit à son père :

– Ô père, je voudrais te faire part de mes pensées secrètes.

– Quelles sont-elles? demanda le vizir.

– Je désire que tu arranges mon mariage avec le roi Chahriyâr : ou bien je grandirai dans l'estime de mes semblables en les délivrant du péril qui les menace, ou bien je mourrai et périrai sans espoir de salut, partageant le sort de celles qui sont mortes et ont péri avant moi.

Lorsque le vizir entendit les paroles de sa fille, il s'écria d'une voix courroucée :

– Sotte que tu es, ne sais-tu pas que le roi Chahriyâr a juré de ne dormir qu'une seule nuit avec chacune de ses épouses pour la tuer le lendemain matin ? Tu veux que je te donne à lui ! Ignores-tu qu'après avoir passé une nuit avec toi, il m'ordonnera dès le jour suivant de te faire périr ? Et tu sais bien que je serai obligé de te tuer sans pouvoir m'opposer à ses ordres !

– Ô mon père, il faut absolument que tu me donnes à lui, répondit-elle. Laisse-le me tuer.

– Peux-tu me dire ce qui te pousse à pareille conduite, ce qui te presse de t'exposer à un tel danger ?

– Mon père, il faut absolument que tu me donnes à lui. Ma décision est irrévocable, mon choix est définitif.

Le vizir son père, cette fois fort en colère, s'écria à la fin :

– Celui qui ne sait pas s'adapter aux réalités du monde tombe immanquablement dans les dangers qu'il veut éviter. Celui qui ne prévoit pas les conséquences de ses actes ne peut garder les faveurs du siècle. Le proverbe populaire ne dit-il pas : « Si j'étais resté assis à ne rien faire, aucun indiscret ne serait venu troubler ma quiétude. » J'ai bien peur qu'il n'en advienne de toi comme il en est advenu de l'âne et du taureau avec le laboureur...

– Ô mon père, qu'est-il donc advenu à l'âne et au taureau avec le laboureur?

– Voici leur histoire [1], fit le vizir.

HISTOIRE DE L'ÂNE DU TAUREAU ET DU LABOUREUR

Un marchand vivait dans une confortable aisance, possédant de l'argent, des domestiques, des troupeaux de moutons, des chameaux – sans compter une épouse et des enfants en bas âge. Il habitait la campagne et s'occupait de faire valoir ses terres. Il comprenait le langage des animaux, qu'ils fussent bêtes sauvages ou domestiques, mais ne pouvait révéler son secret à personne sous peine de mourir. Ainsi avait-il reçu des bêtes maintes confidences qu'il se gardait bien de dévoiler, car il avait peur de la mort.

Dans son étable se trouvaient un âne et un taureau attachés chacun devant sa mangeoire, l'un à côté de l'autre. Un jour qu'il se trouvait assis près d'eux, regardant ses enfants jouer à quelques pas de là, il jeta un coup d'œil sur le taureau et sur l'âne, et il entendit le premier parler au second en ces termes :

– Ô toi, Père-l'Éveillé, bon appétit et bonne santé! Tu as bien de la chance de te reposer ainsi toute la journée. On te soigne, on te cajole, on asperge d'eau le sol où tu reposes tes pieds. On s'occupe de toi sans cesse, on te donne à manger de l'orge passée au tamis,

1. Ms A, t. I, fol. 6; Ms B, fol. 3; Ms C, t. I, fol. 6; éd. Boulaq, t. I, p. 5. L'histoire figure dans la traduction de Galland et dans celle de Mardrus.

on te donne à boire de l'eau limpide et fraîche. Alors que moi, on me traîne, à l'heure où il fait encore nuit, vers les champs que je dois labourer. On me passe au cou cette chose qu'ils appellent « collier », on l'attache à la charrue et je travaille, tout au long de ma journée, à fendre le sol. La peine que j'endure est insupportable, et il me faut recevoir encore les coups dont ne cessent de me gratifier le laboureur et les valets. La peau de mes flancs s'use, celle de mon cou est tout arrachée. Et malgré cela, on m'emploie à tirer la charrue depuis la nuit jusqu'à la nuit suivante. Car c'est dans l'obscurité qu'on me ramène à l'étable. Là, on jette pour mon usage des fèves sur le sol boueux, avec un peu de paille mélangée à du fourrage encore vert. Et je passe toute ma nuit couché sur de la merde mélangée d'urine, pendant que toi, tu ne cesses d'être l'objet de petits soins assidus : on te lave, on t'essuie, on te présente un picotin propre avec beaucoup de paille. Tu ne bouges pas de ta place, tout entier à ton repos, et rarement notre maître le marchand s'avise de te monter pour aller faire ses commissions. D'ailleurs, en ces occasions-là, il ne tarde guère et revient aussitôt. Tu es toujours dispos, alors que la fatigue ne cesse de m'accabler. Tu dors toujours, et moi je suis toujours à veiller.

Lorsque le taureau eut fini de parler, l'âne se tourna vers lui et dit :

– Ô geignard, il n'a pas menti celui qui t'a surnommé « Père-l'Agité »; car tu t'échines inutilement sans savoir qu'il te suffirait d'un peu de ruse, de malice et d'habileté pour te tirer d'affaire. Mais ces qualités, tu ne les possèdes point, et de plus, tu ne cherches pas à prendre conseil auprès de ceux qui en sont pourvus.

Tu déploies tous les efforts dont tu es capable et tu meurs à la peine afin que d'autres puissent se reposer! N'as-tu pas entendu citer ce proverbe : « Celui qui ne s'adapte point aux circonstances risque de ne pas arriver au terme de sa route? » Tu es dehors depuis l'heure de l'appel à la prière jusqu'au moment où la chaleur du jour atteint sa plus grande intensité; tu peines, tu laboures, tu reçois des coups; puis, lorsque tu reviens à l'étable et que le laboureur te lie devant ta mangeoire, tu ne cesses de piétiner, de donner des coups de corne, de ruer, de mugir, comme si tu craignais que l'on oublie de te jeter ta portion de fèves... Écoute, voici plutôt la conduite que je te conseille de tenir : demain, tu ne mangeras pas le moindre brin de ton fourrage, tu te contenteras de le renifler en ayant bien garde de n'y pas toucher. Contente-toi de quelques menus brins de paille hachée... Si tu agis comme je te le dis, tu verras tes désirs se réaliser et obtiendras, à ton avantage, d'agréables loisirs qui te permettront de goûter enfin quelque repos.

Le taureau sut grand gré à l'âne de son discours, persuadé que les conseils qu'il venait de recevoir ne pouvaient que lui être utiles. Il le remercia donc en sa langue, invoqua le ciel en sa faveur et lui souhaita de recevoir mille bienfaits en récompense de son amabilité. Bref, pleinement persuadé de la justesse des propos qu'il venait d'entendre, il s'écria :

– Que les malheurs de la vie te soient épargnés, ô Père-l'Éveillé! J'ai la ferme intention de suivre les conseils que tu m'as donnés.

Or le marchand comprenait tout ce qu'ils disaient. Le lendemain, le garçon de labour vint à la ferme, prit le taureau, l'attela à la charrue et le fit travailler. Mais l'animal se retenait visiblement de déployer tous ses efforts pour tirer l'instrument et labourer. L'homme lui donna des coups; le taureau rusa pour obtenir le moins possible de résultats, conformément aux conseils de l'âne. Le garçon de labour le frappa de nouveau, mais l'animal ne cessait de tomber et de se relever à chaque pas. Lorsque vint la nuit, on le ramena à l'étable et on l'attacha devant sa mangeoire. Là, il veilla bien à s'abstenir de mugir, de frapper du pied, de ruer. Il détourna même la tête de son fourrage, au grand étonnement du garçon. Ce dernier lui apporta les fèves et le foin. Le taureau renifla le fourrage, refusa de manger et se coucha ostensiblement à bonne distance de la nourriture. Il passa le reste de la nuit à grogner et à remuer jusqu'à l'aube dans la paille hachée et les bottes de foin. Tant et si bien que lorsque le garçon de labour s'en revint le lendemain à l'étable, il trouva la mangeoire pleine de fèves et de paille, exactement telle qu'il l'avait laissée la veille : le taureau n'y avait pas pris le moindre brin. L'animal dormait, tournant le dos au fourrage. Enfin, sitôt qu'il vit le garçon, il s'appliqua à retenir son souffle et à gonfler son estomac tout en remuant faiblement les pattes... au vu de quoi l'autre ne manqua pas de le prendre en pitié et déclara :

– Par Dieu ! Cette bête est malade. Sa faiblesse ne lui permet même plus de manger tout son soûl.

Il s'en alla trouver le marchand.

– Maître, lui dit-il, le taureau n'a pas mangé sa ration de fourrage, cette nuit. Il n'en a pas touché le moindre brin...

Le marchand connaissait l'affaire. Il répondit au garçon :

– Va prendre l'âne et attelle ce fourbe à la charrue... Et n'hésite pas à forcer sur le labour. Je veux qu'il accomplisse exactement la tâche dévolue au taureau...

Le laboureur, faisant aussitôt sienne l'irritation où il avait vu son maître, alla donc chercher l'âne, l'attacha à la charrue, le roua de coups et le força à labourer le même nombre de sillons que le taureau. Il ne cessa de le frapper jusqu'à ce qu'il lui eût usé la peau des flancs, écorché celle du cou. Et à la tombée de la nuit, il reconduisit à l'étable l'animal qui ne pouvait remuer ni les pattes de devant ni celles de derrière, tant il était épuisé, et laissait ses oreilles pendre lamentablement de part et d'autre de sa tête.

Quant au taureau, il avait passé sa journée à se reposer, à dormir et à ronfler. Il avait mangé tout son fourrage, en prenant bien son temps, il avait bu et s'était octroyé du repos – et n'avait pas oublié d'adresser ses invocations au ciel en faveur de l'âne tout le long du jour, après s'être félicité d'avoir suivi ses conseils. Lorsque vint la nuit et que l'âne fut de retour à l'étable, il se mit debout en son honneur et lui dit :

– Que cette soirée te procure tous les biens désirables, ô Père-l'Éveillé. Par Dieu! tu m'as rendu un fier service et je ne puis choisir de mots assez forts pour célébrer dignement tes bienfaits. Non, jamais je n'arriverai à trouver les termes capables de louer ton mérite. Je te prie d'agréer mes profonds sentiments de respect pour ta personne. Que Dieu te récompense à ma place en t'accordant les dons les plus précieux, ô Père-l'Éveillé!

L'âne était si courroucé contre lui qu'il s'abstint de

lui répondre. Il se disait en lui-même : « Tout cela n'est arrivé qu'à cause de la sottise de ma conduite. Le proverbe a raison de dire : “ Si j'étais resté tranquille à ne rien faire, aucun indiscret ne serait venu troubler ma quiétude. ” Il me faut vite trouver quelque ruse qui me permette de rendre ce taureau à ses habitudes, sinon je risque fort de mourir à la tâche. » Sur quoi il se dirigea vers sa mangeoire et s'étendit sur le sol, pendant que son compagnon s'employait à multiplier les invocations au ciel en sa faveur...

Arrivé à cet endroit de son histoire, le vizir s'interrompit pour avertir Chahrazade :

– Ma fille, tu ne te conduis pas autrement que ce sot. Si tu n'acceptes pas de rester tranquille en ta maison, tu risques de périr en prenant des initiatives malheureuses, faute d'avoir su évaluer les circonstances présentes... Tais-toi donc et ne va pas t'exposer pour rien à un danger mortel. Sache que je ne te donne ce conseil que parce que j'ai pitié de toi.

– Ô père, répondit Chahrazade, j'insiste malgré tout pour faire la connaissance du sultan : je veux que tu me donnes à lui !

– Et moi je veux que tu renonces à ce projet !

– Je tiens à sa réalisation.

– Si tu ne restes pas tranquille, j'en userai avec toi comme fit le marchand propriétaire de la ferme avec son épouse...

– Et puis-je savoir ce qu'il fit à cette malheureuse ?

– Écoute la fin de mon histoire...

L'âne souffrait amèrement des suites de la mésaventure que lui avaient value les conseils imprudemment prodigués au taureau. Comme la lune brillait dans le ciel, le marchand et sa femme étaient sortis un moment et s'étaient dirigés vers l'étable. L'homme put ainsi entendre l'âne s'exprimer en ces termes en s'adressant à son compagnon :

– Ô Père-l'Agité, as-tu pris une décision quant à la conduite qu'il va te falloir tenir, pas plus tard que demain, lorsque le garçon de labour t'apportera ton fourrage ?... Écoute, je vais te dire ce qu'il faut à présent que tu fasses.

– Que ferai-je d'autre que suivre ton conseil ? répondit le taureau. Je suis décidé à ne pas m'écarter du plan que tu m'as tracé. Lorsque le fourrage me sera présenté, j'emploierai la même ruse. Je simulerai la maladie et gonflerai mon estomac...

L'âne hocha la tête et dit :

– N'en fais rien. Sais-tu seulement ce que notre maître disait tout à l'heure à son garçon de ferme ? J'ai écouté ses paroles tout exprès pour te les rapporter.

– Et que disait-il ?

– Il s'exprimait en ces termes : « Si le taureau refuse encore une fois de manger sa ration de fourrage, s'il n'est plus capable de se lever et d'aller labourer, tu appelleras le boucher pour qu'il vienne l'abattre : qu'il prépare la viande et nettoie bien la peau, dont on tirera toujours un peu de cuir... » Voilà pourquoi j'ai si grand-peur pour toi... Or toute créature pieuse a le devoir de prodiguer ses conseils... Voici les miens : lorsqu'on t'apportera ton fourrage, tu le mangeras comme à l'habitude et ne joueras plus les endormis, sinon ils t'égorgeront et te prendront la peau...

A ces mots, le taureau lâcha un pet et se mit à mugir, tandis que le marchand se levait et partait d'un grand éclat de rire, fort réjoui de cette intrigue que venaient de lui offrir les deux animaux.

– Pourquoi ris-tu ainsi ? lui demanda sa femme. Te moquerais-tu de moi par hasard ?

– Pas du tout, répondit le marchand.

– Dis-moi alors pourquoi tu as ri.

– Je ne puis te révéler la cause de ce rire. C'est un secret, et je crains de m'exposer au malheur en le divulguant. Sache seulement que je suis capable de comprendre le langage des animaux, mais que je ne puis révéler à d'autres personnes ce que j'ai entendu.

– Qu'est-ce qui t'empêche de me le dire ?

– Ce qui m'empêche de révéler mon secret ? Eh bien, c'est la peur de la mort.

– Par Dieu ! tu mens ! s'écria la femme. C'est un prétexte que tu invoques pour ne pas me faire connaître le fond de ta pensée. Par Dieu ! je le jure, par le Seigneur des cieux ! si tu ne me dis pas la cause de ce rire, si tu ne me donnes pas l'explication de ta conduite, je ne resterai pas une seconde de plus en ta compagnie. J'exige que tu me communiques ton secret !

Ayant parlé ainsi, elle regagna la maison et se mit à pleurer. Elle ne cessa de verser des larmes toute la nuit et pleurait encore le lendemain matin. Son compère commença à s'impatienter :

– Malheur ! Mais qu'est-ce qui te fait donc pleurer ?

Allons, parle! Et d'abord écoute bien ceci : espère en Dieu, repens-toi, oublie cette question qui te tourmente et laisse-nous en paix!

– Il faut absolument que je sache ton secret! insista la femme. Je ne puis me résoudre à oublier.

Lassé de ses pleurs, le marchand s'écria à la fin :

– Tu veux absolument savoir?... Eh bien! Sache que si je te révèle ce que j'ai entendu, cette conversation entre l'âne et le taureau qui a provoqué mon rire, je mourrai sur l'heure.

– Pourtant, il faut absolument que tu me rapportes cette conversation, s'entêta la femme. Quant à mourir...

– Fort bien! Si c'est ainsi que tu prends les choses, convoque ici toute notre famille...

Elle appela ses deux filles, sa mère, son père, ses proches. Des voisins accoururent, et quand tout ce monde fut sur les lieux, le marchand leur annonça qu'il était sur le point de mourir. La compagnie entière se prit à sangloter. Les petits enfants pleurèrent, les fils du marchand pleurèrent, les garçons de ferme pleurèrent, les esclaves pleurèrent. On échangea des condoléances. Puis le maître de la maison appela des témoins assermentés, et quand ils furent devant lui, il dicta son testament. Il légua à sa femme la somme qui lui était due et à ses fils leur part d'héritage. Il affranchit ses esclaves et fit ses adieux à sa famille. La compagnie entière redoubla alors de larmes; les témoins assermentés eux-mêmes y allaient de leurs pleurs. Ce que voyant, le père et la mère du marchand prirent la femme à part et lui dirent :

– Reviens sur ta décision en cette affaire. Si ton mari ne savait pas avec certitude qu'il mourrait en révélant son secret à quelqu'un, certes il n'aurait pas agi de cette manière avec toi.

– Je ne reviens pas sur ma décision, trancha-t-elle.

Sur quoi toute la compagnie fondit en pleurs, et chacun vint présenter ses ultimes condoléances...

Le vizir s'arrêta dans son récit et déclara :

– Et maintenant, écoute bien ceci, ô Chahrazade, ma fille...

Il y avait dans leur ferme cinquante poules mais un seul coq... Or voilà que le marchand, tout triste à l'idée de devoir quitter cette vie où il laissait sa famille et ses enfants, était allé se retirer un instant dans la cour. Et tandis qu'il songeait à son malheur, bien décidé pour finir à révéler le détail de son secret, il entendit soudain un chien de la maison parler en son langage en s'adressant au coq. Celui-ci, battant des ailes comme pour applaudir de joie, avait sauté sur une poule, l'avait couverte... et sitôt redescendu, s'était empressé de monter sur une autre. Le marchand prêta l'oreille et saisit ces mots :

– Ô coq, disait le chien, n'as-tu pas honte de te conduire de la sorte? Crains plutôt ton Seigneur et abstiens-toi de manifester tant de fougue en un jour comme celui-ci. On n'entreprend pas de tels actes dans les circonstances où nous nous trouvons.

– Pourquoi ? Que se passe-t-il de si extraordinaire aujourd'hui ? s'étonna le coq.

– Ne sais-tu pas que notre seigneur et maître reçoit en ce jour les condoléances de ses proches et de ses amis ? Son épouse exige qu'il lui révèle son secret, alors qu'il est sûr de mourir s'il consent à le faire. Ils en sont là et nul n'en veut démordre, et notre maître a l'air bien décidé à leur livrer son secret... le secret du langage des animaux. Nous sommes déjà en deuil de sa disparition prochaine et, pendant ce temps, tu bats des ailes, tu montes sur une poule, et à peine redescendu, tu montes sur une autre, sans la moindre vergogne...

A quoi le marchand entendit le coq répondre :

– Ô fou ! Ô stupide ! Notre maître n'est décidément pas très malin, bien qu'il se croie tel. Comment se fait-il que n'ayant qu'une seule femme à gouverner, il n'ait toujours pas compris de quelle manière il fallait en user avec elle ?

– Et comment doit-il en user avec elle, à ton avis ?

– Qu'il choisisse à son intention un solide bâton de chêne, qu'il la traîne dans le cellier, qu'il referme bien la porte derrière lui, et qu'il lui fasse une bonne fois tâter de ce bâton ! Qu'il n'épargne ni les horions ni les coups, qu'il aille jusqu'à lui briser les mains et les pieds, pour qu'elle s'écrie à la fin : « Je ne veux plus rien entendre ! je renonce à connaître le secret ! » Oui, qu'il la batte jusqu'à ce qu'elle prenne cette résolution pour toute la vie et qu'elle soit décidée à ne jamais plus s'opposer à son mari en quoi que ce soit. S'il agit ainsi avec elle, il assurera sa tranquillité, conservera sa vie... et mettra fin à toutes les condoléances dont il est l'objet. Mais cet homme ne sait pas s'adapter aux circonstances, parce qu'il n'est pas assez intelligent pour cela.

Sache, ô Chahrazade, ma fille, que le marchand, à peine eut-il prêté l'oreille à cette conversation du chien et du coq, se leva sans tarder, alla chercher un bon bâton de chêne, traîna sa femme dans le cellier où il s'enferma avec elle... et la roua proprement de coups sur les épaules et sur les flancs. Oui, il ne cessa de la frapper jusqu'à ce que son bras en fût tout engourdi. Et pendant toute l'opération, la femme n'arrêta pas un instant d'appeler au secours et de crier à voix bien haute :

– Non! Non! Je ne demanderai plus rien... Laisse-moi! Laisse!... Je ne demanderai plus rien...

Puis il ouvrit la porte du cellier et la fit sortir. Elle était cette fois toute repentante, déplorant si bien sa conduite que toute la compagnie s'en alla en présentant à l'hôte force compliments en lieu et place de condoléances. Et la joie ayant succédé au deuil, tous tirèrent de l'événement d'excellentes leçons pour la bonne marche de leurs affaires en cette vie.

Ayant terminé son récit, le vizir dit à sa fille :

– Toi aussi, tu ne reviendras sur ta décision que lorsque j'aurai employé à ton endroit les mêmes moyens dont le marchand sut si bien user avec sa femme...

– Par Dieu! répondit-elle, je ne renoncerai pas pour cela à mon projet. Et ton histoire ne m'empêchera pas de réitérer ma demande, car si je voulais, je t'en conterais d'autres qui conduisent à des conclusions différentes. En fin de compte, je t'avertis que si tu ne te décides pas à me présenter au roi Chahriyâr de ton plein gré, j'irai le trouver en ton absence pour lui dire que tu as refusé de consentir à ce mariage par dédain pour sa personne et par crainte de donner à ton maître une fille aussi riche que moi...

– Tu exiges donc que j'obéisse à tes injonctions? conclut le vizir.

– Oui.

Ayant épuisé tous ses arguments pour la dissuader de son projet et lassé à la fin par tant d'entêtement, le ministre se rendit donc au palais. Il se fit introduire en présence du roi Chahriyâr, baisa la terre à ses pieds, présenta la requête de sa fille et annonça à son souverain son intention de lui offrir les faveurs de celle-ci pour le soir même. Le roi s'en étonna et dit :

– Comment as-tu consenti à me céder ta fille? Sache, par Dieu! par le prix de Celui qui a élevé le ciel au-dessus de la terre! que demain, à peine le jour aura-t-il paru, je te donnerai l'ordre de la tuer... et que si tu refuses, je veillerai à ce que tu sois exécuté pareillement.

– Ô sultan, notre maître, répondit le vizir, j'ai essayé de lui faire abandonner son projet en lui rappelant le sort qui l'attendait. Je l'ai avertie en termes clairs de son destin. Malgré cela, elle a maintenu sa décision; elle désire se trouver chez toi cette nuit même.

Ces mots eurent l'air de fort réjouir le roi.

– Va lui préparer tout ce qui est convenable, ordonna-t-il au vizir, et amène-la-moi au début de la nuit.

Le vizir s'en alla porter la nouvelle à sa fille :

– Que Dieu me garde, dans l'avenir, de regretter ton absence! déclara-t-il en conclusion de toutes ses paroles.

Chahrazade ressentit une très vive joie en apprenant la réussite de son projet. Elle fit ses préparatifs, disposa tout ce dont elle avait besoin pour ses noces; puis elle s'en vint trouver sa sœur Dounyazade et lui dit :

– Ma sœur, retiens bien les conseils que je vais te donner. Lorsque je serai chez le roi, il te fera demander. Tu viendras le trouver aussitôt, et lorsque tu constateras que nos ébats auront pris fin, tu me diras : « Ô ma sœur, si tu ne dors pas, raconte-moi une petite histoire. » Alors je commencerai un récit... dont l'issue coïncidera avec ma délivrance et avec celle de toute la communauté! Oui, entends-tu, c'est ainsi que je compte faire oublier au roi ses habitudes sinistres...

Dounyazade approuva ces paroles et promit de seconder les projets de son aînée.

La nuit arriva. Le vizir prit Chahrazade et l'emmena auprès du Grand Roi Chahriyâr. Celui-ci la fit entrer dans son lit et se livra avec elle à mille jeux. A la suite de quoi la belle enfant se prit à pleurer.

– Pourquoi ces larmes? s'étonna le roi.

– J'ai une sœur cadette, expliqua Chahrazade, et je voudrais la faire venir ici pour lui faire mes adieux et recueillir les siens avant l'apparition de l'aube.

Le roi envoya chercher la sœur cadette. Dounyazade arriva dans la chambre et s'étendit au pied du lit. Lorsque l'obscurité fut complète, elle ouvrit l'œil et attendit patiemment que le roi eût fini de mener son affaire avec sa sœur. A la fin, comme les deux conjoints reprenaient leurs esprits, elle se risqua à toussoter et murmura :

– Ô ma sœur, si tu ne dors pas, raconte-moi une de tes belles histoires, de celles qui nous aidaient à passer nos veillées. Ensuite, dès avant l'aube, je te ferai mes adieux, car je ne sais trop ce que demain te réserve...

Chahrazade demanda au roi :

– Me permets-tu de lui raconter une histoire?

– Oui, fit le roi.

Chahrazade, toute à sa joie secrète, s'adressa alors à sa sœur :

– Écoute, lui dit-elle...

Elle n'avait pas terminé son récit que le jour vint à paraître. Chahrazade se tut. Le roi, visiblement fort embarrassé, se demandait de quelle manière il devait s'y prendre pour connaître la fin de l'histoire. Lorsque Dounyazade aperçut la lumière de l'aube, elle s'écria :

– Ô ma sœur, que ton récit est beau et merveilleux!

– Ce que vous venez d'entendre, insinua alors la conteuse, n'est rien en comparaison de ce que je me propose de vous révéler la nuit prochaine... si je reste en vie et si le roi m'accorde un délai pour le raconter. Mon histoire comporte en effet nombre d'épisodes plus beaux et plus merveilleux encore que ceux dont je vous ai régalés.

Alors le roi se dit en lui-même : « Par Dieu! Je ne la tuerai que lorsque j'aurai entendu la suite. Me voilà bel et bien obligé de reporter sa condamnation au lendemain... »

Enfin l'aube céda la place au jour, et le soleil brilla de tout son éclat.

Le roi s'en alla régler les affaires de son royaume,

soucieux qu'il était du bon gouvernement de ses sujets. Quant au père de Chahrazade, son vizir, il fut bien étonné de ce que son maître n'envoyât pas à la mort sa nouvelle épousée, et ne laissa pas de s'en réjouir beaucoup. Chahriyâr cependant vaquait à ses fonctions royales, décrétant de sa bouche tout ce qu'il lui semblait bon de décréter, ce qui le tint affairé jusqu'au soir. Il regagna alors son palais, se retira dans ses appartements et admit Chahrazade dans son lit. Au cœur de la nuit, la voix de la sœur cadette se fit entendre à nouveau :

– Par Dieu! ô ma sœur, si tu ne dors pas, raconte-moi donc une de tes belles histoires, afin d'agrémenter notre veillée.

– Oui, conte-nous vite la suite de ton récit d'hier, renchérit le roi. Qu'est-il donc arrivé à notre héros? Je brûle de le savoir.

– Volontiers, ô roi fortuné, répondit Chahrazade. Avec amour et respect je t'obéirai.

Et elle continua à dérouler ainsi le fil de ses histoires, l'interrompant à la fin de chaque nuit et le reprenant au cours de la nuit suivante, toujours avec la permission du roi Chahriyâr... Et mille et une nuits s'écoulèrent.

La reine Chahrazade avait pendant ce temps donné le jour à trois enfants du sexe masculin. Lorsqu'elle fut rendue au terme de sa dernière histoire, elle se leva, se présenta à la face du roi, baisa le sol devant lui et dit :

– Ô roi du temps, ô roi unique en son époque et en son siècle, sache que je suis ta servante et que, durant mille et une nuits, je t'ai rapporté tous les récits de ceux qui nous ont précédés sur cette terre, toutes les exhortations de ceux qui ont vécu avant nous. Puis-je après cela me prévaloir de quelque crédit auprès de ta seigneurie et te présenter un vœu auquel je souhaite que tu puisses répondre d'une manière favorable?

– Demande une grâce, elle te sera accordée, répondit le roi.

Alors elle appela les nourrices et les eunuques du palais et leur dit :

– Amenez ici mes enfants.

Ils s'empressèrent d'aller les chercher. Or ces enfants étaient au nombre de trois, tous de sexe masculin. Le premier commençait à marcher, le second allait à quatre pattes, le troisième était encore à la mamelle. Lorsqu'ils furent devant elle, elle les prit tous les trois dans ses bras et les déposa devant le roi. Puis elle baisa la terre et dit :

– Ô roi du temps, voici tes enfants. Je souhaite maintenant que tu m'accordes la grâce d'échapper à la mort que tu avais prévue pour moi, et cela par égard pour eux. Car si tu me fais mourir, ils seront sans mère et ne trouveront aucune femme capable de les élever avec plus de tendresse que moi-même.

A ces mots, le roi pleura et serra ses trois fils sur sa poitrine.

– Ô Chahrazade, s'écria-t-il. Par Allah! J'étais décidé à épargner ta vie avant même que tu me présentes ces enfants, car je t'ai vue chaste, pure, fidèle et pieuse. Que Dieu t'accorde ses bénédictions, qu'Il les accorde aussi à ton père, à ta mère et à tous ceux de ton lignage et de ta race. Je prends Dieu à témoin que j'écarterai désormais de toi tout ce qui peut te nuire.

Elle lui baisa les mains et les pieds et s'écria, débordante de joie :

– Que Dieu prolonge ta vie ! Qu'Il augmente la crainte et le respect que tu inspires à tes sujets.

L'allégresse se répandit partout, depuis le palais du roi jusqu'aux quartiers reculés de la ville. Oui, le souvenir de cette nuit-là fut unique dans la mémoire de tous ceux qui la vécurent... nuit plus brillante même que le visage resplendissant du jour.

L'aube trouva le roi heureux et comblé par la fortune. Il fit venir tous ses soldats et accorda à son vizir, le père de Chahrazade, un somptueux manteau d'honneur dont la seule vue imposait à tous le respect. Puis il lui déclara :

– Tu as bénéficié de la protection de Dieu lorsque tu m'as donné pour épouse ta fille aux nobles qualités. Elle a été la cause de ma repentance et m'a fait renoncer à mon habitude de tuer les filles de mes sujets. Je l'ai vue fidèle, pure, chaste, honnête, et Dieu m'a octroyé la faveur d'avoir de cette épouse trois enfants mâles. Qu'Il soit loué pour cette grâce magnifique !

Puis il gratifia de vêtements d'honneur tous les grands personnages de son royaume sans exception, tous les vizirs, tous les émirs. Il ordonna d'orner la ville durant trente jours et de mettre à son compte les dépenses de tous les habitants au cours de ces réjouissances publiques, en ayant bien soin pour cela de ne faire tirer d'argent que sur son trésor personnel, de façon à épargner le moindre débours à ses sujets. On décora donc la ville d'une manière splendide, telle que jamais elle ne l'avait été dans le passé. On battit du tambour, on joua de la flûte. Les baladins les plus habiles donnèrent des représentations gratuites devant la foule et le roi les combla eux aussi de faveurs et de cadeaux. Il fit de larges aumônes aux pauvres et aux indigents, et sa générosité étendit ses bienfaits jusqu'au dernier des habitants de son royaume.

Ainsi vécurent-ils, lui et les siens, dans le bien-être, le plaisir, le bonheur et la gaîté... jusqu'à ce qu'ils fussent rejoints par celle qui efface toute jouissance et disperse les assemblées...

Loué soit Celui que le déroulement du temps ne peut anéantir, que les changements ne privent d'aucune qualité, qu'un état déterminé ne distrait d'aucun autre, Celui qui seul possède la perfection totale.

Que la bénédiction et le salut soient sur le premier en dignité parmi ses préposés, sur la meilleure de ses créatures, notre maître Mouhammad, le Maître de l'humanité entière. Que par lui arrivent jusqu'à Dieu les prières que nous formulons en mettant bonne fin à ce récit.

LE MARCHAND ET LE DJINN

On raconte qu'il était une fois un marchand fort riche, pourvu en abondance de toutes sortes de biens [1]. Il disposait de revenus satisfaisants, de serviteurs et d'esclaves, et avec cela d'un bon nombre de femmes et d'un bon nombre d'enfants.

Du fait de son commerce, on lui devait de l'argent dans des pays lointains, et lui-même à son tour n'hésitait pas à emprunter parfois à l'étranger. Ainsi dut-il un jour quitter sa maison pour se rendre en une contrée éloignée où il avait affaire. Il enfourcha sa monture et plaça sous l'arçon de sa selle un bissac dans les poches duquel il avait logé, en guise de provisions de route, quelques petits pains ronds de conserve et des dattes.

1. Ms A, t. I, fol. 9 à 15, Nuits 1 à 8 *a* (manque le récit du 3e vieillard). Ms B, fol. 4 à 6, Nuits 1 à 6; Ms C, t. I, fol. 10 à 20, Nuits 1 à 8 *a;* éd. Boulaq, Nuits 1 à 3 *a*. Dans la traduction de Galland, ce conte correspond aux Nuits 1 à 8 *a;* dans celle de Mardrus, aux Nuits 1 à 3 *a*.

Il voyagea ainsi plusieurs jours et plusieurs nuits. Et Dieu avait décrété qu'il irait en sécurité, car il atteignit à la fin le lieu qu'il s'était fixé pour but et y eut bientôt réglé ses affaires. Il reprit donc la route, impatient de retrouver son pays et sa famille, et chemina d'abord trois jours de temps. Le quatrième jour, l'ardeur du soleil et la réverbération de la chaleur sur le sol commencèrent à le faire souffrir. Et voilà qu'il aperçut au loin un jardin dont les ombrages pouvaient lui offrir un abri. Il y dirigea ses pas et parvint ainsi au pied d'un noyer non loin duquel coulait une source d'eau courante. Il attacha sa monture qu'il soulagea de son bissac et vint s'asseoir près de la source. Prenant ensuite une poignée de dattes et un pain rond de sa provision, il se mit à manger de bon appétit, jetant les noyaux des dattes au loin, tantôt à droite, tantôt à gauche. Puis il se leva, procéda à ses ablutions rituelles et fit ses dévotions.

Lorsqu'il eut prononcé les paroles de salutation qui marquaient la fin de sa prière, le spectacle qui s'offrit à sa vue ne fut rien de moins que celui d'un djinn gigantesque, qui avait l'aspect d'un vieillard. Les pieds de ce personnage touchaient le sol et sa tête atteignait les nuages. Tenant à la main un sabre dégainé, il s'avançait vers le marchand et vint se planter en face de lui.

– Lève-toi, ordonna-t-il, que je te tue avec ce sabre comme tu as tué mon fils.

Sur quoi il poussa un grand cri qui ne faisait pas mystère de ses intentions hostiles. Le marchand avait entendu ses paroles et considérait sa physionomie : la crainte respectueuse cédait en lui devant l'épouvante, car il n'était que trop clair que le djinn lui voulait du mal.

– Ô mon maître, s'étonna-t-il, pour quelle faute veux-tu me tuer?

– Je vais te tuer parce que tu as tué mon fils, annonça le djinn.

– Qui donc a tué ton fils, dis-tu? insista le marchand.

– C'est toi qui as tué mon fils, répondit le djinn.

– Par Dieu! s'écria l'autre, ce n'est assurément pas moi! Peux-tu me dire à quel moment et de quelle manière exactement cela s'est passé?

– N'est-ce pas toi qui t'es assis en cet endroit, qui as tiré de la poche de ton sac des dattes, qui t'es mis à manger ces dattes et à en jeter les noyaux au loin vers la droite et vers la gauche?

– Oui, dit le marchand, c'est bien moi qui ai fait cela.

– Donc c'est toi qui as tué mon fils. Voilà exactement ce qui s'est passé : lorsque tu t'es mis à jeter au loin tes noyaux vers la droite et vers la gauche, mon fils qui marchait par là s'est vu atteint par un noyau. Ce noyau l'a tué. Donc il faut absolument que je te tue.

– Ne fais pas cela! ô seigneur, supplia le marchand.

– Il faut absolument que je te tue comme tu as tué mon fils. Ne doit-on pas répondre au meurtre par le meurtre?

Le marchand s'écria :

– Nous appartenons à Dieu et c'est à Dieu que nous retournerons! Il n'y a de puissance et de force qu'en Dieu le Très-Haut, le Très-Grand! Si j'ai tué ton fils, je ne l'ai tué qu'à la suite d'une erreur. Je souhaite que tu me pardonnes.

– Par Dieu ! il faut absolument que je te tue comme tu as tué mon fils, clama une fois de plus le djinn.

Puis il s'empara du marchand, l'étendit sur le sol et leva son sabre avec la ferme intention de le tuer. Le malheureux tout en larmes plaignait déjà le sort de sa femme, de ses enfants et de tous les siens après sa mort. Lorsque le djinn brandit bien haut son sabre, l'habit de l'infortuné était trempé de larmes. Il eut tout de même la force de s'écrier :

– Il n'y a de puissance et de force qu'en Dieu le Très-Haut, le Très-Grand !

...et de réciter ces vers :

Le temps est composé de deux jours,
l'un offrant la sécurité et l'autre la menace;
la vie est faite de deux parts égales,
l'une offrant la joie limpide et l'autre les déboires.

Dis à celui qui a pris pour motif
les vicissitudes du siècle pour nous discréditer :
la Fortune l'a-t-elle quelquefois aidé
sans l'exposer en même temps au danger ?

Ne vois-tu pas que le vent,
lorsqu'il souffle en tempête,
ne brise que la partie la plus élevée
des arbres ?

Que de contrées d'aspect divers, sur la terre,
les unes vertes, les autres desséchées !
N'y est épargné par le malheur que celui
dont la bouche ouverte attend la nourriture.

Dans le ciel, les étoiles
sont innombrables, et pourtant
il n'y a que le soleil et la lune
qui soient sujets aux éclipses.

Tu te fais une opinion excellente des jours
dès qu'ils te sont bénéfiques,
et tu ne crains pas
ce que le sort te réserve ensuite.

Les nuits ont fait la paix avec toi,
et par elles tu t'es laissé tromper;
c'est quand elles ont établi la sérénité
qu'arrive le trouble.

Lorsque le marchand eut fini de pleurer et de débiter ses vers, le djinn lança une dernière fois :

– Par Dieu ! Il faut absolument que tu sois tué, même si tu verses des larmes de sang, car tu as tué mon fils !...

– En quoi ma mort t'est-elle nécessaire ? voulut savoir le marchand.

– Elle m'est absolument nécessaire, se borna à répondre le djinn.

Puis il brandit son sabre pour en frapper le marchand qui eut tout juste le temps de s'écrier :

– Ô toi, le révolté contre Dieu ! tu oses proclamer qu'il est nécessaire de me tuer ?

– Oui !

– Ne m'accorderas-tu pas au moins un délai, que j'aille faire mes adieux à ma famille, à mes enfants, à ma femme; que je puisse partager entre eux les biens que je leur laisse en héritage et nommer un tuteur qui en prenne soin... avant de revenir vers toi me faire mettre à mort?

– Si je t'accorde ce délai et que je te laisse partir, déclara l'ifrite, j'ai bien peur que tu n'en profites pour vaquer à tes affaires et ne reviennes plus jamais ici.

– Je m'engagerai par un serment solennel à revenir vers toi, je conclurai avec toi un véritable pacte et prendrai pour témoin de mes paroles le Seigneur du ciel et de la terre, affirma le marchand.

– Et de quel délai au juste as-tu besoin? s'enquit l'ifrite.

– Une année entière, afin que je me rassasie de la vue de mes enfants, que je prenne congé de mon épouse, et que je me libère des divers engagements que j'ai conclus autour de moi. Sitôt l'année écoulée, jour pour jour je serai de retour.

– Prends-tu Dieu pour garant de ta promesse de revenir au bout d'un an, si je te laisse partir? demanda le djinn au marchand.

– J'accepte que Dieu soit garant de ce que je viens de dire.

Ce serment prononcé, le djinn rendit la liberté à son prisonnier qui enfourcha sur-le-champ sa monture et reprit sa route, le cœur en proie à l'affliction.

Le marchand ne cessa de cheminer jusqu'à se retrouver à nouveau en son pays. Il retrouva sa maison, ses enfants, sa femme, mais ne put se tenir à leur vue de pleurer. Et plus le temps passait, plus ses larmes coulaient, tant le pauvre homme laissait éclater son chagrin et son désespoir – ce qui ne tarda pas à lui valoir la désapprobation de son entourage. Sa femme à la fin lui dit :

– Ô toi, l'homme ! Qu'as-tu donc à te conduire de la sorte ? Que signifient ces pleurs, alors que joie et fête sont notre lot depuis que nous t'avons revu. Que signifie cette mine que tu prends : on jurerait quelqu'un qui reçoit des condoléances après la perte d'un être cher !

– Pourquoi ne m'offrirait-on pas des condoléances, alors qu'il ne me reste qu'une seule année à vivre ? répliqua le marchand.

Et il livra à sa femme le détail de son aventure avec le djinn, faisant ensuite savoir à chacun les termes du serment qu'il avait prêté et qui l'engageait à revenir se livrer au bout d'un an à une mort certaine.

Lorsqu'ils entendirent ses paroles, tous versèrent des larmes. La femme se frappa le visage et s'arracha les cheveux, les fillettes se mirent à crier, les bambins à pleurer. Chacun y allait de ses condoléances, tandis que les enfants s'excitaient les uns les autres à répandre mille pleurs autour de leur père. Et il en alla ainsi tout le jour, tous s'apprêtant déjà à échanger les paroles de l'adieu.

Le lendemain, dès son lever, le père commença à partager les biens qu'il laissait en héritage et à établir son testament. Il se libéra des obligations financières qui le liaient à diverses personnes et distribua autour de lui legs, cadeaux, aumônes et dons de toute sorte. Il reçut chez lui des lecteurs du Qoran, qu'il chargea de réciter en son nom les versets de la bonne mort. Puis il fit venir des témoins dont la parole était agréée en justice, affranchit devant eux ses esclaves des deux sexes, remit à ses enfants majeurs la part de fortune qui leur était destinée, désigna des tuteurs chargés de veiller sur ceux qui étaient encore en bas âge et versa à sa femme une somme qui lui permît de survivre après leur séparation – outre celle qui lui revenait de droit aux termes de leur contrat de mariage.

Le règlement de toutes ces affaires occupa le marchand jusqu'à ce que l'année fût accomplie – en en retranchant le nombre de jours nécessaires au voyage. A la fin, il procéda à ses ablutions, récita ses prières, prit avec lui son linceul et fit ses adieux aux siens. Ses enfants se pendaient à son cou, ses filles pleuraient à qui mieux mieux, sa femme poussait de grands cris. Tant de pleurs remplirent son cœur de crainte et ses yeux à leur tour laissèrent échapper des larmes. Il embrassa ses enfants entre deux sanglots, les couvrit tous de baisers et leur fit ses adieux en ces termes :

– Mes enfants, ce qui m'arrive est le fruit d'un jugement de Dieu : tel est Son décret, tel est le destin qu'Il a fixé pour moi. L'homme n'a été créé qu'en vue de la mort !...

Puis il prit congé d'eux, enfourcha sa monture et s'en alla son chemin.

Il voyagea de jour et de nuit et se trouva rendu au jardin qui était le but de son voyage à l'instant même où l'année arrivait à son terme. Il fit halte à l'endroit où il avait mangé les dattes et s'assit, attendant le djinn, l'œil humide, le cœur en peine.

Tandis qu'il se trouvait en cet endroit, un vieillard s'approcha de lui, menant une gazelle qu'entravaient des chaînes, et le salua. Il lui rendit son salut.

– Mon frère, s'étonna le vieillard, pourquoi te

trouves-tu en ce lieu? Ne sais-tu pas qu'il s'agit là d'un endroit fréquenté par les djinns rebelles et par les descendants du diable [1]? Sache que ce jardin mis en culture n'a donné jusque-là aucun produit utile à celui qui a cherché à le mettre en valeur.

Le marchand lui raconta son aventure avec le djinn depuis le commencement jusqu'à la fin. Le vieillard s'émerveilla de la fidélité de son interlocuteur à tenir ses engagements et s'apitoya sur son sort :

– Tu n'as rien d'autre pour toi, à présent, que ce serment héroïque!...

Puis il s'assit près de lui et déclara :

– Par Dieu! je ne cesserai pas de me tenir ici jusqu'à ce que je voie ce qu'il adviendra de toi avec ce djinn!

Il demeura donc à ses côtés et tous deux se mirent à converser. Mais leur échange de propos fut bientôt interrompu par la venue d'un second vieillard qui menait deux lévriers noirs. Celui-ci s'approcha, les salua, et ils répondirent à son salut. Comme il les interrogeait sur la raison de leur présence en cet endroit, l'homme à la gazelle lui rapporta par le détail l'aventure du marchand. Il lui apprit ainsi que ce dernier avait fait au djinn le serment de venir le retrouver au bout d'une année écoulée afin de recevoir la mort de sa main... et qu'il n'attendait plus à présent que cette opération fatale.

1. Iblîs, le diable, appartient à l'ordre des djinns (Qoran, XVIII, 80) (origine : probl. le mot grec *diabolos*). Iblîs est le père d'une progéniture nombreuse. Il procrée, suivant l'écrivain al-Qalyoûbî, qui utilise les mêmes sources anciennes que *les Mille et une Nuits*, par le moyen d'un organe mâle fixé sur sa cuisse droite et d'un organe femelle ouvert dans sa cuisse gauche... et donne ainsi naissance à une centaine de diables mâles et femelles chaque jour.

– Comme je passais près d'ici, conclut-il, il m'a fait le récit de son histoire et je me suis promis de ne pas quitter ce lieu avant d'avoir vu ce qu'il adviendrait de lui et de ce djinn.

Lorsque l'homme aux deux chiens eut entendu ces propos, il s'émerveilla du fait et fit le serment à son tour de ne pas quitter les deux personnages avant de voir ce qui allait se passer. Puis il voulut entendre de la bouche même du marchand la relation de sa rencontre avec le djinn – ce à quoi l'intéressé acquiesça de bonne grâce.

Pendant qu'ils conversaient ainsi se présenta à eux un troisième vieillard menant une mule grise au pas vif. Il les salua et les trois hommes lui rendirent le salut.

– Ô vous deux, honorables vieillards, commença le nouveau venu, comment se fait-il que je vous trouve installés en ce lieu? Et comment se fait-il que je voie ce marchand assis entre vous deux, triste, affligé, portant sur sa figure toutes les marques de l'humiliation?

Les deux vieillards le mirent au courant de l'aventure du marchand, ajoutant qu'eux-mêmes se tenaient là afin de voir quel allait bien pouvoir être le sort de cet homme riche entre les mains du djinn. Dès qu'il eut compris de quoi il retournait, le troisième vieillard s'assit auprès d'eux et s'écria à son tour :

– Moi non plus, par Dieu! je ne quitterai pas ce lieu avant de voir ce qui arrivera à cet homme. Je reste donc avec vous.

Ils engagèrent la conversation, et un certain temps s'écoula... Enfin un nuage de poussière se leva à l'horizon de la steppe désolée, lequel nuage se dissipa et laissa apparaître le djinn. Celui-ci fut bientôt auprès d'eux, brandissant son sabre d'acier dégainé. Il ne les salua pas; empoignant le marchand de sa main libre, il lui lança :

– Lève-toi, que je te tue!

Le marchand pleura, les trois vieillards pleurèrent. Tous laissèrent couler abondance de larmes, tous donnèrent libre cours au tumulte de leurs lamentations.

Puis comme le djinn s'apprêtait à en finir avec le marchand, le premier vieillard, celui qui tenait en laisse la gazelle, s'interposa et baisa respectueusement les mains et les pieds du djinn.

– Ô Satan [1]! s'écria-t-il. Ô couronne de ceux qui règnent sur les djinns! Si je te raconte mon histoire et ce qui m'est advenu avec cette gazelle, et que tu constates que mes aventures ne sont pas moins étranges, pas moins merveilleuses, pas moins étonnantes que celles du marchand que voici, m'accorderas-tu en don gracieux le tiers de la peine exigée par le crime de cet homme et par la faute qu'il a commise?

– Je veux bien, déclara le djinn.

Alors le vieillard propriétaire de la gazelle raconta l'histoire suivante :

UN CŒUR STÉRILE

Sache, ô djinn, que cette gazelle est la fille de mon oncle paternel, formée de la même chair que la mienne,

1. Satan est un djinn supérieur aux autres par sa force et son savoir. Il préside les milices du Mal, mais peut aussi, dans certains cas, s'attacher au sort d'un homme, voire inspirer un poète – ce qui le distingue relativement du Satan de la tradition judéo-chrétienne.

du même sang que le mien. Elle m'était promise depuis mon jeune âge et devait devenir ma femme. Elle m'avait été offerte alors qu'elle n'était encore qu'une fillette de douze ans. C'est sous mon toit qu'elle parvint à l'âge de la maturité. Ainsi ai-je vécu en sa compagnie trente années de temps. Mais je n'ai pas obtenu de Dieu d'avoir d'elle aucun enfant, ni garçon ni fille, car jamais elle ne put se retrouver enceinte. Cependant, durant ces trente années, je me suis toujours bien conduit avec elle, lui servant de domestique et la traitant avec honneur.

Puis je pris une concubine et Dieu me fit obtenir d'elle un enfant mâle, qui ressemblait à un fragment brisé du disque brillant de la lune. Or ma cousine ne tarda pas à devenir jalouse de ma concubine et de son enfant... Celui-ci grandissait. Quand il atteignit l'âge de dix ans, une occasion de voyager me fut offerte par les circonstances. Je partis donc, après avoir confié ma servante et mon fils à ma femme (qui était aussi, je l'ai dit, ma cousine) et confirmé cette tutelle d'une manière indubitable.

Je restai absent, loin d'eux, une année durant. Ma cousine se mit alors, pendant mon absence, à s'instruire des procédés en usage dans la divination et la magie et jeta pour finir son dévolu sur mon fils, à l'intention duquel elle prépara un sort. Elle le transforma en veau, fit venir le pâtre qui était à mon service et lui confia l'animal en disant :

– Va faire paître ce veau avec les bœufs et les vaches du troupeau.

Le pâtre accueillit cette nouvelle tête de bétail et s'en occupa avec soin. Là-dessus, ma femme jeta un sort à la mère du garçon, qu'elle transforma en vache et qu'elle confia au pâtre pareillement.

A la suite de ces événements, je revins de voyage et demandai à voir ma seconde épouse et mon fils. Ma cousine me répondit :

– Ton épouse est morte. En ce qui concerne ton fils, il s'est enfui de la maison il y a deux mois et je n'ai reçu depuis aucune nouvelle de lui.

A ces mots, la peine de ne plus voir mon fils fut comme un feu dans mon cœur; la disparition de ma seconde épouse m'affligea aussi beaucoup. Je demeurai toute l'année chez moi, passant le plus clair de mon temps à me lamenter sur le sort de mon enfant. Quand vint le jour commémoratif de la plus grande Fête de Dieu [1], je fis venir le pâtre et lui donnai l'ordre de m'amener une vache grasse afin de l'immoler selon le rite prescrit en cette occasion.

La bête qu'il me présenta n'était autre que mon épouse ensorcelée. Lorsqu'il l'eut liée, comme je m'approchais d'elle par-derrière afin de l'immoler [2], j'eus la surprise de l'entendre pleurer et crier :

– Ann-bou! Ann-bou!

Ses larmes ruisselaient sur ses joues. Mon étonnement cédant la place à de la compassion, je m'abstins de la frapper de mon couteau et lançai au pâtre :

– Amène-moi donc une autre vache.

1. La Fête du Sacrifice ('Id al-Adhâ), célébrée le 10 du mois de Dhou'l-Hidja (le dernier de l'année musulmane, qui est, rappelons-le, une année lunaire). Le croyant y sacrifie une brebis pour lui-même; parfois aussi un animal plus important s'il y a beaucoup de monde à nourrir.

2. On ne doit immoler rituellement un animal qu'en l'approchant par-derrière.

Mais ma cousine s'interposa en criant :

– Non ! c'est celle-ci qu'il faut sacrifier. Il n'y en a pas de meilleure, ni de plus grasse. Ne nous prive pas de cette chair en une telle fête !

Je m'approchai donc à nouveau de la vache, résolu à la tuer, mais voilà qu'elle se mit encore à crier :

– Ann-bou ! Ann-bou !

Je me détournai et dis au pâtre :

– Immole-la toi-même.

Il la tua et la dépouilla, mais ne récolta ni viande ni graisse : rien que de la peau et des os.

Je regrettai d'avoir fait tuer cette bête pour rien et dis au pâtre :

– Prends-la tout entière pour toi, ou bien donne-la comme aumône à qui tu voudras. Et trouve-moi à présent, parmi les bêtes du troupeau, quelque veau bien gras.

Il fit disparaître la dépouille de la vache immolée. Je ne sais trop ce qu'il en fit. Puis il m'amena mon fils, le sang de mes entrailles, sous la forme d'un veau gras.

Dès que celui-ci m'aperçut, il rompit la corde attachée à son cou, courut dans ma direction, se laissa choir à mes pieds et tendit vers moi son museau sali par la poussière. Je m'étonnai de le voir ainsi, et des sentiments de pitié, de compassion et de miséricorde s'emparèrent de moi, en même temps que je cédais à l'attendrissement suscité par la voix du sang, fruit de l'action secrète de la puissance divine. Mes entrailles s'émurent lorsque je vis les larmes du veau – les larmes de mon fils – couler sur ses joues, tandis qu'il grattait fébrilement la terre de son pied. Je le laissai là et dis au berger :

– Ramène ce veau au milieu du troupeau et soigne-le bien car je l'affranchis désormais de toute servitude. Tu m'en présenteras un autre, que je sacrifierai à sa place.

Alors ma cousine (la voici, cette perfide : car elle est devenue à présent cette gazelle qui me suit partout)... or donc ma cousine s'écria :

– Nous ne tuerons pas d'autre bête que ce veau!

Je me fâchai et lui déclarai :

– J'ai agi comme tu m'as conseillé de le faire pour cette malheureuse vache. Nous l'avons immolée et nous n'avons tiré aucun profit de sa chair. Je ne t'écouterai pas pour ce qui est de ce veau. Je l'ai affranchi de tout service; il n'est plus question de l'abattre.

Elle me tint tête et insista :

– Il faut absolument que ce veau soit immolé!

Tant et si bien que je pris le couteau, entravai les pieds de l'animal et me mis en devoir de l'égorger. Mais il redoubla de mugissements, versa des torrents de larmes et se traîna à mes pieds en laissant pendre sa langue, cherchant visiblement à attirer mon attention. Devant un spectacle si étrange, mon cœur trembla de pitié. Je lui rendis sa liberté et déclarai à ma femme :

– Je te le confie, tu en es responsable. Cet animal, sache-le, est affranchi de toute servitude.

Sur quoi je me mis à plaisanter avec elle – oui, avec cette gazelle que vous voyez là! –, soucieux d'employer tous les moyens susceptibles de me valoir à nouveau son agrément, résolu surtout à la persuader d'immoler une autre bête. Je lui promis même de sacrifier ce veau à l'occasion de la prochaine fête. Après quoi nous passâmes ensemble la nuit qui suivit ce pénible incident.

Lorsque Dieu fit lever le jour, le pâtre vint me trouver en se cachant de ma femme et me dit :

– Maître, je t'apporte une nouvelle, et je retiens la récompense au cas où la nouvelle en question serait bonne.

– Dis-moi ce qu'il en est et tu seras récompensé.

– Maître, reprit-il, j'ai une fille qui s'est beaucoup intéressée à l'art de la divination, de la magie, des enchantements et des exorcismes. Or pas plus tard qu'hier, comme je venais de rentrer au logis avec ce veau que tu as dispensé de tout service et que je m'arrangeais pour lui faire prendre ses aises parmi les bœufs du troupeau, ma fille me dévisagea un long moment, puis se prit à rire et ensuite à pleurer. Je lui demandai : « Quelle est la cause de ce rire et de ces pleurs ? » Elle me répondit : « Ce veau est en réalité le fils de notre maître, le propriétaire du troupeau. Il est simplement victime d'un sort que lui a jeté la femme de son père. Voilà pourquoi j'ai ri. Quant à mes larmes, elles ont pour cause le fait que la mère de ce garçon a été immolée par notre maître. » J'en crus d'abord à peine mes oreilles, mais dès que j'ai vu couler la lumière de l'aurore, j'ai tenu à venir t'apporter moi-même la nouvelle... et à te rassurer peut-être sur le sort de ton enfant.

A ces mots, ô djinn, sache que je poussai un grand cri et que je tombai évanoui. Dès que je revins à moi et fus en mesure de me lever, je suivis le berger jusqu'à son logis. A peine fus-je introduit auprès de mon fils que je m'élançai pour l'étreindre, l'embrassant et pleurant à la fois. Il tourna sa tête vers moi, ses yeux laissèrent couler des larmes sur ses joues, et il laissa pendre sa langue comme pour me dire : « Vois en quel état je suis. »

Alors je me tournai vers la fille du pâtre et la questionnai :

– Peux-tu le sauver? Je te donnerai en échange tout ce qui se trouve en ma possession, bêtes du troupeau et argent.

Elle sourit et déclara :

– Je ne convoite ni ton argent, ni tes dons, ni les bêtes de ton troupeau. Je ne le délivrerai qu'à deux conditions : la première, que tu me maries à lui; la seconde, que tu me permettes de jeter un sort et de ravir sa liberté à celle qui l'a ensorcelé, de façon à ne pas vivre sans cesse dans la crainte du mal qu'elle pourrait me faire ensuite.

– Je te l'accorde, répondis-je, et mieux encore que tu ne le demandes. Ma fortune vous appartient à tous deux : toi et mon enfant. Quant à ma cousine, qui s'est conduite ainsi envers mon fils et m'a tyrannisé jusqu'à me faire immoler la mère de mon enfant, je te l'abandonne : pourvu que ce soit de façon licite, tu feras d'elle ce que tu jugeras bon de faire.

– Elle goûtera les tourments qu'elle a infligés à d'autres. Rien que cela.

La fille du pâtre remplit alors d'eau un bol, prononça dessus une formule de conjuration et d'exorcisme, et s'adressa à mon fils en ces termes :

– Ô toi, veau, si telle est la forme que tu as reçue du Tout-Puissant qui possède autorité sur toutes choses, conserve-la et ne change pas; mais si tu es ensorcelé par traîtrise, sors de cette forme et prends celle d'un être issu d'Adam, avec la permission de Celui qui a fait toutes les créatures [1].

Puis elle l'aspergea de l'eau contenue dans le bol : l'animal trembla soudain de tous ses membres et, de veau qu'il était, devint un être humain. Je n'eus pas la patience d'attendre davantage : à demi hors de mes sens, je m'élançai vers mon enfant.

Lorsque nous fûmes rendus à la claire conscience des choses, il me conta comment ma cousine – oui, cette gazelle que vous voyez là – en avait agi avec lui et avec sa mère.

– Ô mon fils, m'écriai-je, Dieu a voulu que nous reprenions nos droits sur cette femme : le tien, celui de ta mère et le mien!

Et je lui donnai pour épouse la fille du pâtre, ô djinn. Et celle-ci ne prit aucun répit avant d'avoir jeté un sort sur la perfide et de l'avoir métamorphosée en gazelle.

– C'est là un animal de bel aspect, me fit-elle observer. Puisqu'elle est destinée à vivre en notre compagnie et à partager notre vie, il vaut mieux qu'elle se présente sous la plus agréable apparence, afin que nous ne tirions pas mauvais augure de la forme nouvelle qu'elle aura prise et des regards que nous pourrions jeter sur elle.

Ainsi ce bel animal demeura chez nous au long des jours et des nuits, au long des mois et des années.

Plus tard, la fille du pâtre mourut et mon fils partit en voyage vers le pays de ce marchand à qui tu as eu

1. Il s'agit là d'une formule de magie licite. Les manuscrits arabes traitant de cet art sont nombreux.

affaire. Et me voilà parti à mon tour pour prendre des nouvelles de ce fils, ce qui m'a conduit jusqu'à vous, toujours accompagné par ma cousine – cette gazelle que vous voyez là...

Telle est mon histoire. N'est-elle pas étrange et merveilleuse?

Le djinn voulut bien en convenir et proclama :

– Je t'accorde en don le tiers de la vie de ce marchand!

Puis il se tourna vers le second vieillard, celui qui possédait les deux chiens noirs, et prêta l'oreille à son discours.

– A mon tour, commença le vieil homme, je vais te raconter ce qui m'est advenu et ce qui est arrivé à mes frères, ces deux chiens que tu vois là, et tu constateras que mon histoire est plus étonnante, plus étrange encore que celle que cet homme vient de relater. Cela dit, si tel est bien le cas, me donneras-tu en cadeau à moi aussi le tiers de la vie de ce marchand?

– J'y consens, répondit le djinn.

Sur quoi le deuxième vieillard, s'étant installé comme il convenait, se mit à raconter son histoire...

CŒURS INGRATS

Ô djinn, comme préambule à mon récit et pour en donner à l'avance un mot d'explication, je tiens d'abord à insister sur le fait que ces deux chiens sont mes frères. Oui, nous étions trois frères, trois héritiers de sexe mâle, et notre père à sa mort nous avait laissé en héritage la somme de trois mille dinars [1]. Avec ma part, j'ouvris une boutique où je me mis à faire commerce de produits de toute sorte, et mes deux frères agirent de même. A peine étions-nous établis de la sorte que mon frère aîné – l'un des deux chiens que vous voyez là – se prit à vendre les effets de sa boutique pour mille dinars, acheta des marchandises et des produits pouvant trouver facilement preneur dans les pays lointains, et se prépara pour un long voyage. Nous ne le vîmes plus durant une année entière.

Après cette période de temps, je me trouvais un jour dans ma boutique lorsqu'un mendiant s'arrêta dans la rue en face de moi pour me demander l'aumône.

– Que Dieu ouvre pour toi la porte de ses dons! lui dis-je.

L'homme se mit à pleurer puis s'écria :

– Tu ne me reconnais plus!

Je dévisageai le mendiant avec attention : c'était mon frère! Je m'approchai de lui, l'entourai affectueusement de mes bras, lui fis gravir les marches qui menaient à la boutique et m'enquis de ce qui avait bien pu lui arriver.

– Ne pose pas de questions! s'écria-t-il, car le soleil de ma fortune s'est incliné sur son horizon et n'a pas tardé à disparaître. Vois : ma condition est passée de l'état de prospérité à celui de misère.

Je m'empressai de l'emmener au bain public, l'invitai à revêtir l'un de mes habits et l'installai dans ma propre maison. Puis j'examinai ma situation financière.

1. Monnaie d'or pesant 4,25 g; du latin *denarius*, « denier ».

Je fis la balance des comptes de ma boutique et pus constater que mes gains avaient atteint la somme de mille dinars. Ma fortune pouvait donc être évaluée à deux mille dinars. Je partageai le tout entre mon frère et moi et lui dis :

– Supposons que tu ne sois pas parti en voyage et que tu n'aies pas séjourné dans les pays étrangers...

Il accepta avec plaisir la part que je lui offrais et s'en alla aussitôt ouvrir une nouvelle boutique. Et nous demeurâmes en cet état au long des jours et des nuits.

Puis mon second frère – l'autre chien que vous voyez devant vous – se prit lui aussi à vendre ce qui se trouvait chez lui. Il rassembla son argent et voulut partir en voyage à son tour. Nous cherchâmes à le retenir, mais il refusa de suivre notre avis. Il prit conseil d'autres personnes, acheta des marchandises en grand nombre et prit la route avec un groupe de voyageurs. Nous ne le vîmes plus durant une année entière. Il nous revint ensuite dans le même état que son frère aîné. Je lui dis :

– Ô mon frère, ne t'avais-je pas conseillé de ne pas te risquer à ce voyage ?

Il pleura et me répondit :

– Ô mon frère, c'est le destin qui m'a traité ainsi. Me voilà pauvre à présent : je ne possède pas un seul dirhem [1], je suis nu et n'ai pas même une chemise à me mettre sur le dos.

Il ne me restait plus, ô djinn, qu'à le recueillir, qu'à le conduire aux bains, à le revêtir d'un bel habit tout

1. *Dirhem* (du grec *drachmè*) : monnaie d'argent pesant en moyenne 2,97 g.

neuf pris parmi les miens et à l'installer dans ma boutique. Tandis que nous étions attablés, occupés à nous restaurer, je lui déclarai :

– Frère, je m'en vais faire la balance des comptes de mon commerce et voir quelles ont été mes rentrées d'argent pour l'année écoulée. Quel que soit le capital, nous le mettrons à part; quel que soit le bénéfice, je le partagerai entre toi et moi.

J'établis donc le passif et l'actif, je calculai mon avoir net, et m'aperçus que j'avais gagné quelque deux mille dinars. Je m'en trouvai fort aise et ne manquai pas d'en remercier le Dieu Très-Haut; puis, ayant partagé ce bénéfice avec mon frère, je lui remis mille dinars, gardant le reste pour moi. Il employa cette somme à ouvrir une boutique. Et nous retrouvant de la sorte tous trois fermement établis, nous profitâmes de notre prospérité durant bon nombre de jours.

Puis quelque temps ayant passé, mes frères revinrent me trouver pour m'inviter cette fois à partir en voyage avec eux. Je refusai en leur disant :

– Quel bénéfice avez-vous fait tous les deux de vos voyages, pour que je puisse en escompter un à mon tour?

Je ne voulus pas en entendre davantage, et chacun resta dans sa boutique à vendre et à acheter. A partir de là, ils ne cessèrent de me proposer, année après année, de partir avec eux; et je n'eus moi-même de cesse de m'opposer à leur projet. Je mis six ans à leur céder, et leur déclarai à la fin :

– Mes frères, voici que je suis disposé à partir en voyage avec vous. De quelle somme d'argent disposez-vous?

Ils m'avouèrent alors qu'ils n'avaient plus derrière eux la moindre ressource. Ils avaient mangé, bu et dilapidé tous les biens qu'ils possédaient. Je ne fis là-dessus aucun commentaire et ne leur adressai aucun reproche. Je dressai le compte de mon avoir, je rassemblai tous les biens que j'avais dans ma boutique, je vendis le tout et me retrouvai en possession de six mille dinars. J'en fus fort satisfait et partageai la somme en deux parties égales.

– Ces trois mille dinars, leur dis-je en désignant l'un des lots, sont pour vous et pour moi. Nous les emploierons à faire du commerce et à payer les frais de notre voyage, les vôtres et les miens. Quant aux trois mille dinars qui restent, je les enterrerai quelque part, pour le cas où m'arriverait ce qui vous est arrivé. Ainsi à notre retour aurons-nous toujours assez d'argent pour ouvrir chacun une boutique.

– Quelle bonne idée que la tienne! se récrièrent-ils.

Et je procédai comme j'avais dit, ô djinn, au partage de ma fortune. Je mis à part trois mille dinars que j'enfouis dans la terre, et je répartis les trois mille autres entre nous trois, mille dinars exactement revenant à chacun. Sur quoi je fermai à clef ma boutique.

Nous étant procuré ce qu'il fallait de marchandises de toute sorte propres au commerce avec les pays lointains, nous nous transportâmes au bord de la mer. Nous n'avions plus qu'à louer un navire aux cales profondes, à transporter tous nos biens à bord, à y adjoindre quelques provisions de route et à prendre le large.

Notre périple dura bien des jours et bien des nuits. Il devait y avoir un mois entier que je voguais sur l'océan salé [1] en compagnie de mes frères – ces deux chiens que vous voyez là – lorsque nous parvînmes en vue d'une ville où nous pûmes aborder. La vente de notre cargaison nous permit d'y faire un bénéfice important : un dinar nous en rapporta dix. Et nous eûmes de la sorte tout loisir de nous procurer de nouvelles marchandises.

Je me préparais déjà à reprendre ma place à bord quand, sur le rivage de la mer, une servante vêtue d'habits fort méchamment usés et déchirés se présenta à moi. Elle me baisa la main et me dit :

– Maître, acceptes-tu de profiter d'une occasion de faire le bien et de rendre service ? Je pense que je t'en récompenserai un jour.

– J'accepte toujours de profiter d'une occasion de faire le bien, répondis-je ; ne songe pas à m'en récompenser.

– Maître, reprit-elle, manifeste-moi ta bonté : donne-moi des habits convenables et prends-moi avec toi dans ce navire. Je suis prête à te suivre dans ton pays et à devenir ta femme. Bref, je te fais don de ma personne. Sache en effet qu'en me prenant avec toi, tu me fais du bien et me rends grand service – ce dont je te récompenserai, avec la permission du Dieu Très-Haut. Que mon état présent et mon aspect de femme humiliée ne t'induisent pas en erreur.

Lorsque j'entendis ses paroles, mon cœur eut pitié

1. Il s'agit de l'océan Indien, voie royale du commerce arabe à partir du IXe siècle (se reporter à ce sujet aux deux grandes classiques du roman de voyages, *les Aventures de Sindbad le Marin* et *les Aventures de Sindbad le Terrien*, dont nous avons établi le texte intégral et publié la traduction, éd. Phébus, 1985 et 1986).

d'elle et, soumis d'avance à la volonté du Dieu Très-Haut, je lui répondis :

– J'accepte.

Et la priant de me suivre, je lui fis don de riches vêtements, lui proposai un contrat de mariage honorable et l'invitai à monter à bord, où je la rejoignis dans la chambre que j'avais fait aménager à son intention. Sur quoi nous reprîmes notre voyage, voguant au long des jours et au long des nuits.

Mon cœur l'ayant aimée, je passais désormais mes journées et mes nuits auprès d'elle, négligeant la compagnie de mes frères, tant j'étais occupé du soin de sa personne. Quant à mes frères – oui, ces chiens que vous voyez là ! – ils ne tardèrent pas à manifester tous les signes de la jalousie. Mais ce qu'ils convoitaient surtout, c'était ma fortune et le lot respectable de mes marchandises. Bref, leurs yeux se mirent à considérer avec avidité tout ce que je possédais. Ils en vinrent bientôt à comploter de me tuer, et Satan sut embellir à leur intention ce projet d'assassinat en le parant de couleurs séduisantes.

Ils décidèrent d'agir avec perfidie : une nuit que j'étais endormi auprès de ma femme, ils nous empoignèrent par surprise, nous firent passer par-dessus bord... et nous nous réveillâmes au milieu des flots. C'est alors que mon épouse m'apparut sous les traits d'une ifrite de la race des djinns, qui me soutint au-dessus des vagues et m'aida à prendre pied sur une île. Comme le jour se levait, elle m'adressa ce discours :

– Ô toi, l'homme, vois comme je t'ai récompensé pour ta bonté. Je t'ai sauvé la vie : sans moi, tu te noyais. Sache en effet que je suis du nombre de ceux qui prononcent la formule « Au nom de Dieu! »[1]. Oui, dès que je t'ai aperçu sur le rivage de l'océan, mon cœur s'est épris de ta personne et j'ai pris l'apparence que tu sais dans l'intention de t'aborder. Je t'ai manifesté mon amour et tu m'as acceptée... Nous n'avons plus à présent qu'à retrouver tes frères et à les tuer.

On imagine mon étonnement à entendre de tels propos. Je tins d'abord à la remercier de ce qu'elle avait fait pour moi; puis j'ajoutai :

– Quant au projet de tuer mes frères, sache que je ne puis y souscrire. Je ne veux pas leur ressembler.

Et je lui narrai mon histoire et la leur depuis les premiers jours jusqu'aux derniers... ce qui ne fit que redoubler sa colère à leur encontre.

– A l'instant même, s'écria-t-elle, je vais voler vers tes frères, faire sombrer leur bateau et provoquer leur perte sans rémission.

– Par Dieu! protestai-je, n'agis pas ainsi. Le proverbe ne dit-il pas : « Ô bienfaiteur, ce sont tes procédés envers celui qui t'a offensé qui montreront si l'on peut te donner ce nom »? Quoi qu'il arrive, ce sont mes frères.

Je m'approchai d'elle et calmai son courroux. Alors elle me prit dans ses bras et s'envola avec moi dans les airs, m'emportant à une telle hauteur que mon œil ne pouvait plus distinguer le moindre objet à l'horizon... Et c'est ainsi que je me retrouvai peu après sur la terrasse de ma propre maison! Je n'avais plus qu'à me dresser sur mes deux pieds et à pousser ma porte : j'étais chez moi! Je m'empressai d'aller déterrer mon

1. L'ifrite en question a donc reçu la révélation de l'Islam.

or et, après avoir salué les vendeurs du marché, je m'employai à dégager l'accès de ma boutique.

Comme je regagnais ma demeure, les bras chargés de provisions destinées à notre dîner, je remarquai deux chiens qui se trouvaient attachés dans la cour. Dès qu'ils m'aperçurent, ils se levèrent et se mirent à geindre en cherchant à s'agripper à moi. Je n'étais pas encore remis de la surprise où me plongeait leur comportement, que mon épouse apparut et me dit :

– Seigneur, les animaux que tu vois là, ce sont tes frères.

– Qui donc leur a donné cette apparence ? m'étonnai-je.

– J'ai envoyé un message à ma sœur : c'est elle qui leur a imposé cette forme. Ils n'en seront délivrés que lorsque dix années se seront écoulées.

Sur quoi elle prit congé de moi, non sans m'avoir fait connaître le lieu secret de sa résidence.

Dix ans ont passé sur ces incidents. Voilà que je me dirigeais justement vers cet endroit où je suis convié à rejoindre cette femme du peuple des djinns, car l'heure est venue de délivrer mes frères. Et c'est sur ces entrefaites que j'ai fait la rencontre de cet homme et de ce vieillard à la gazelle. Comme je m'informais auprès du premier, il me conta son aventure avec toi... et je n'ai pas voulu quitter ce lieu sans en savoir l'issue. Voilà mon histoire. N'est-elle pas étonnante elle aussi ?

Le djinn en convint volontiers et s'exclama :

– Par Dieu ! oui, elle est décidément étonnante et

étrange! A toi aussi j'accorderai donc gracieusement le tiers de la peine encourue par cet homme.

Sur ce, le troisième vieillard demanda :

– Ô djinn, ne m'humilie pas en rejetant ma requête. Si je te raconte à mon tour une histoire étrange et surprenante... plus étrange encore et plus surprenante que ces deux histoires que tu viens d'entendre, me feras-tu aussi grâce, par faveur, du tiers du châtiment de cet homme?

– J'y consens, déclara le djinn.

– Dans ce cas, écoute ce que je m'en vais te conter...

CŒUR GOURMAND

Apprends, ô sultan, ô roi suprême des djinns, que cette mule que tu vois là était ma femme [1]. Je l'avais prise vierge et j'avais obtenu d'elle, par un bienfait de Dieu, seize enfants, garçons et filles. Cependant aucun de ces enfants ne resta en vie. Et voilà que Dieu décréta – qu'Il soit exalté et glorifié! – qu'il me fallait partir en voyage. Je parcourus ainsi villages et bourgs, et demeurai absent deux années complètes. Sur le chemin du retour, j'eus soin d'acheter pour l'offrir à ma femme tout ce que je pus trouver de plus coûteux – pourvu que ce ne fût pas trop difficile à transporter. Et je me retrouvai un soir, à la nuit tombée, de retour dans ma ville. J'avais encore le temps d'écouler quelques-unes des marchandises que je rapportais, avant de regagner ma demeure.

1. Cette histoire manque dans le manuscrit A et dans la traduction de Galland. On la trouve dans le manuscrit B.

Comme j'allais frapper à ma porte, je constatai qu'elle n'était pas fermée – ainsi en avait décidé un décret du Dieu Très-Haut. J'entrai donc et montai aussitôt à l'étage... où je découvris mon épouse au lit avec un serviteur noir hideux à faire peur, tous deux fort occupés à jouer, à rire, à minauder, à s'embrasser et à s'exciter mutuellement au plaisir [1].

Lorsque ma femme me vit et comprit que c'était bien moi qui me tenais là, elle se dressa d'un bond et se précipita sur moi en poussant un cri terrible tout contre mon visage. J'en fus si effrayé que, saisi soudain de stupeur, je perdis à demi le sens des choses, tout prêt à croire que le spectacle que j'avais sous les yeux se déroulait dans un autre monde. Ma femme en effet, profitant de mon hébétude, s'était saisie d'un cruchon d'eau et bredouillait dessus des paroles incompréhensibles. Puis prenant un peu d'eau de ce vase, elle m'en aspergea en hurlant :

– Sors de cette forme humaine, et prends donc la forme d'un chien!

Et je pris aussitôt la forme d'un chien, après quoi elle me chassa en vociférant :

– Quitte ces lieux, toi qui apportes le mauvais sort!

Je franchis la porte et me mis à errer dans la ville. Chaque fois que des chiens me voyaient, ils aboyaient contre moi, ils hurlaient, m'assaillaient férocement et me mordaient. Les gens les chassaient et j'avais toutes les peines du monde à leur échapper. Je fus ainsi en proie à la peine la plus cruelle, aux épreuves les plus

1. Où l'on constate une fois de plus que la beauté des Noirs, si elle n'était pas du goût des hommes, était loin de laisser insensibles les dames – ce que confirment de nombreuses sources de l'époque.

pénibles, et ne cessai de me trouver dans cette situation, livré aux tourments de la faim et de la soif, ne buvant que dans des écuelles, jusqu'à ce que je fusse parvenu, un jour, devant la boutique d'un boucher.

J'eus l'idée d'y entrer. Les chiens qui me poursuivaient sans relâche faillirent en faire autant. Mais le propriétaire de la boutique les éloigna de moi et me jeta quelques os. Je les rongeai consciencieusement, et fus admis par la suite à me nourrir des restes de ses repas. Puis je pris l'habitude de l'accompagner dans ses sorties, veillant à lui faire escorte jusqu'à ce qu'il fût de retour en sa boutique. Quand il me vit agir ainsi, il me prit en affection et se mit à me donner lui-même à manger et à boire. Et chaque fois qu'il me laissait pour regagner son logis, je restais à l'intérieur de l'échoppe où je m'installais pour dormir.

Un jour qu'il s'en était brusquement retourné chez lui pour une affaire qu'il devait régler sur-le-champ, je le suivis jusqu'au seuil de sa demeure et trouvai le moyen de me faufiler à l'intérieur du logis. C'est ainsi que je me retrouvai en présence de son épouse et de sa fille. Cette dernière était dévoilée; à peine m'eut-elle aperçu qu'elle se cacha le visage avec sa manche.

– Père, dit-elle au boucher, ce que tu fais n'est ni juste ni convenable. Depuis quand laisse-t-on entrer chez nous des hommes à l'improviste [1]?

– Et où vois-tu donc des hommes, ma fille? s'étonna le boucher, son père.

– Ce chien qui est entré chez toi, répondit-elle, est

1. Les hommes ne doivent entrer dans une maison où se trouvent des femmes qu'après avoir averti de leur présence en frappant à la porte. Les femmes alors se voilent le visage avant d'ouvrir.

en réalité un homme auquel sa femme a jeté un sort, le livrant à mille tourments et l'exposant cruellement aux morsures des autres chiens. Par Dieu! ô mon père, je suis capable de le sauver. Oui, je dois pouvoir le délivrer, par la toute-puissance du Dieu Très-Haut, de cette situation horrible qui est la sienne!

Lorsque son père entendit ces mots, il abonda généreusement en son sens :

– Par Dieu au-dessus de toi, ô ma fille! par le prix que tu attaches à ma vie, tu ne peux en effet te dispenser de le sauver. Ce sera une aumône dont le mérite ne reviendra qu'à toi. Sois généreuse envers lui, ne serait-ce que pour moi, car, par Dieu, je l'ai pris en affection, pitié et compassion, ayant aussitôt décelé chez lui un caractère enclin à l'amitié.

– Avec amour et respect je t'obéirai, répondit-elle.

Et sans attendre, elle alla chercher un bol en cuivre qu'elle rempli d'eau et prononça dessus des paroles que nous fûmes bien en peine de comprendre, son père, sa mère et moi tous tant que nous étions. Mais ses bredouillements devaient être des formules de conjuration, car à la fin elle s'écria :

– Avec hâte!... avec hâte!... oui, sur l'heure!... sur l'heure!... Et vite!... vite!... Ah!... faites vites!... Et que Dieu vous accorde sa bénédiction!

Puis elle ajouta en s'adressant à moi :

– Si tu es l'objet d'un sort, si tu es en réalité un être issu d'Adam, reviens à ta forme première, par la toute-puissance du Dieu Très-Haut, qui n'a qu'à dire à une chose : « Sois telle » pour qu'aussitôt elle le devienne.

Et dès qu'elle m'eut aspergé d'eau, je revins à ma

forme première. Dans l'instant je me précipitai vers elle et, lui baisant les mains, le front et les pieds, je m'écriai :

– Par Dieu au-dessus de toi, ô dame! il faudrait à présent que tu jettes un sort à ma femme, oui, que tu m'aides à lui faire enfin connaître mon droit!

– Avec amour et respect je le ferai! s'écria-t-elle. Par Dieu! je la rétribuerai en lui infligeant le même traitement qu'elle t'a infligé.

Et s'approchant d'un cruchon rempli d'eau, elle prononça à nouveau force conjurations et paroles confuses; puis se tournant vers moi, elle me dit :

– Pars aujourd'hui même afin d'être auprès de ta femme à la nuit. Tu la trouveras endormie, noyée dans le sommeil. Approche-toi d'elle, asperge-la de cette eau et précise bien à ce moment-là la forme que tu souhaites lui voir prendre. Elle se transformera aussitôt selon ta volonté, et prendra l'aspect que tu auras choisi.

Je pris l'eau et me dirigeai donc vers le logis de ma femme, poursuivit le troisième vieillard. J'arrivai à notre porte et la trouvai ouverte. J'entrai et me précipitai jusqu'à la chambre de ma femme. Elle était en effet endormie, semblable à une morte. Je m'approchai d'elle et l'aspergeai avec l'eau en disant :

– Sors de cette forme, et prends celle d'une mule grise au pas vif!

Aussitôt elle devint une mule. Je la saisis par la crinière et la fis descendre au bas de la maison où je l'attachai.

Le lendemain, j'achetai pour elle un mors en fer, un bât, une sangle, et pour moi une cravache en lanières de cuir tressées. Je fixai enfin des éperons à mes souliers... et c'est dans cet équipage que je la monte depuis ce jour chaque fois que je vaque à mes affaires.

C'est d'ailleurs au cours d'un déplacement commandé par mon travail que j'ai fait la connaissance des deux vieillards et du marchand assemblés ici. A mon tour je leur posai la question :

– Qu'attendez-vous donc, assis en ce lieu?

Et c'est ainsi qu'ils m'ont raconté ton aventure avec ce marchand, ô sultan et roi suprême des djinns!

Puis, s'adressant à la mule :

– Peux-tu confirmer la véracité de mon récit?

Elle remua la tête, montrant clairement par ce signe que toute l'histoire était vraie [1].

– Mon discours est terminé, conclut-il. Vous avez entendu ce qui m'est advenu. Mon histoire n'est-elle pas encore plus étonnante, encore plus étrange que les deux précédentes?

Le djinn, à l'écoute de ce récit, n'avait caché ni sa surprise ni son émerveillement : un frisson de plaisir lui parcourait tout le corps.

– Je t'accorde à toi aussi, en don gracieux, le tiers du châtiment de ce marchand, déclara-t-il.

Puis rendant ce dernier à la liberté, il le remit entre les mains des trois vieillards et prit congé d'eux. Le marchand se précipita vers ses trois bienfaiteurs et leur offrit ses remerciements. Eux, de leur côté, ne laissèrent pas de le féliciter de s'être tiré sain et sauf d'un tel danger. A la suite de quoi chacun fit aux autres ses adieux et reprit son chemin.

1. L'humour a ses droits, même dans les récits les plus dramatiques. La mule est un témoin commode.

On raconte que le marchand s'en revint bientôt dans son pays. Il y retrouva son épouse, sa famille, ses enfants... et ne les quitta plus avant d'avoir atteint le terme de sa vie.

LE PÊCHEUR ET LE DJINN

Un vieux pêcheur, fort avancé en âge, avait une épouse, un fils et deux filles à nourrir [1]. Il était si pauvre qu'il avait peine à se procurer la pitance dont ils avaient besoin, n'ayant pas l'habitude de lancer son filet à plus de quatre reprises chaque fois qu'il s'en allait pêcher à la mer.

Un jour qu'il était sorti de la ville avec son filet dès l'appel de la prière de l'aube [2], il gagna le rivage, déposa son panier à terre, retroussa les pans de sa longue tunique, puis entra dans l'eau. Il avança jusqu'à mi-distance de l'endroit où

1. Ms A, t. I, fol. 16 à 34, Nuits 8 *b* à 27; Ms B, fol. 6 à 19, Nuits 7 à 23; Ms C, t. I, fol. 20 à 44, Nuits 8 *b* à 27; éd. Boulaq, Nuits 3 *b* à 9 *a*. Dans la traduction de Galland, ce conte correspond aux Nuits 8 *b* à 27; dans celle de Mardrus, aux Nuits 3 à 9 *a*.

2. Appel lancé à la fin de la nuit, alors que la lune est encore au ciel.

l'on perdait pied, et lança son filet le plus loin possible.

Il attendit que l'instrument tombât au fond, puis se mit en devoir de le ramener en tirant vigoureusement sur la corde. Mais les mailles devaient s'être accrochées quelque part, car ses efforts restaient vains. Il revint donc sur la rive, ficha un pieu dans le sol et y attacha l'extrémité de la corde; puis quittant ses habits, il plongea tout nu dans la mer et se dirigea vers le filet. Tirant dessus dans tous les sens et le roulant tant bien que mal, il parvint ainsi à le remonter jusqu'au rivage.

Il avait tout lieu de se réjouir. Dès qu'il eut remis ses vêtements et que le filet fut au sec, il entreprit de l'ouvrir... mais trouva dedans un âne mort dont la masse avait déchiré les mailles. A cette vue, saisi de tristesse, il regretta sa peine et s'écria :

– Il n'y a de puissance et de force qu'en Dieu le Très-Haut, le Très-Grand!

Avant d'ajouter aussitôt :

– Il est pour le moins surprenant de recevoir pareil présent en guise de provision de bouche [1]!

Puis il récita ces vers :

Toi qui t'enfonces dans les ténèbres de la nuit
et de la mort ignominieuse, cesse de t'agiter :
on n'obtient pas sa nourriture
à force de se mouvoir en tous sens.

Ne vois-tu pas la mer et le pêcheur,
statue dressée guettant sa subsistance,

1. Il s'agit en effet de viande non licite.

et les étoiles de la nuit
tissées avec soin dans la trame du ciel?

Il s'est enfoncé au milieu des flots,
la vague le frappant;
son œil reste fixé
sur les nœuds du filet.

S'il peut dormir sous le toit de sa maison,
content de sa nuit,
c'est que le fer fatal
aura percé les lèvres du poisson.

Quant à l'acheteur, assoupi la nuit
sous son toit, hors d'atteinte du froid,
peut-il connaître autre chose
que la prospérité?

Gloire au Seigneur mien,
qui donne à celui-ci et prive celui-là!
l'un pêche...
et l'autre mange le poisson!

Lorsque le pêcheur eut fini de dire ces vers, il débarrassa son filet de la dépouille de l'âne et s'assit à terre pour le raccommoder. Son travail terminé, il le lava, le tordit pour en exprimer l'eau puis le mit à sécher.

Un peu plus tard, il retourna à la mer, prononça la formule : « Au nom de Dieu! » et lança une nouvelle fois son filet. Il patienta un moment jusqu'à ce que l'instrument reposât calmement sur le fond. Après quoi il tira précautionneusement sur la corde. Le filet était lourd, plus lourd encore que la première fois. Il crut un instant que les mailles, cette fois, avaient dû emprisonner une bonne quantité de poissons, ce qui lui mit un peu de joie au cœur. Quittant ses habits, il plongea donc à nouveau par le fond, dégagea le filet et ne cessa de le rouler jusqu'à ce qu'il l'eût mis au sec. Mais il ne trouva dedans qu'une grande jarre remplie de sable et de limon. A cette vue, il versa des larmes et laissa éclater son affliction :

– Voilà décidément un jour qui ne ressemble pas aux autres ! s'écria-t-il.

A quoi il s'empressa d'ajouter :

– Mais nous appartenons à Dieu et c'est à Dieu que nous retournerons !

Puis il chercha à nouveau sa consolation dans les vers :

Ô puissance de frustration exercée par le siècle,
cesse donc d'agir contre moi !
Ou sinon, efface tout d'un seul coup !
Je suis sorti en quête de ma pitance : on m'a dit
qu'elle avait disparu de ce monde !

Je ne reçois pas
au nom de ma chance;
je ne reçois pas non plus grâce au métier
où s'exerce ma main...

Que d'ignorants
vivent dans l'opulence !
Que d'hommes instruits en revanche
dont la misère est le seul lot !

Il ne lui restait plus qu'à jeter la jarre, à laver son filet, à le tordre, à le faire sécher et, après avoir demandé pardon de ses fautes au Très-Haut, à revenir à la mer... Il lança donc le filet pour la troisième fois, attendit qu'il touche le fond et tira à nouveau vers lui. Mais il ne ramassa rien de plus que quelques tessons, quelques flacons de verre, quelques cailloux, quelques débris d'os et divers détritus de même acabit. Et la pauvreté de ce butin lui inspira ces tristes vers :

Il ne t'est donné, toi qui cherches à subsister,
ni de résoudre les difficultés
ni de t'en accommoder. Ni les lettres
ni la belle écriture ne sauraient te nourrir.

La chance et les moyens de subsistance
ne sont qu'un lot échu en partage;
accepte ce qu'il comporte
de récoltes abondantes et de disette.

Les revers du siècle abaissent l'homme
de bonne trempe, alors qu'ils élèvent
l'homme vil qui mériterait d'être logé
encore plus bas que sa triste place.

Frappe donc, ô Mort, car la vie
est digne de blâme : oui, les faucons
sont cloués au sol alors que les canards
prétendent accéder au ciel!

Ne t'étonne pas de voir l'homme de mérite
dans la pauvreté, lors même que le vaurien

se pavane en son royaume
tel un cheval de race.

Nos provisions de route sont autant de parts
distribuées par avance à l'un ou à l'autre :
nous ne gagnerons jamais plus de miettes
que ne font les oiseaux grappilleurs.

L'un parcourt la terre
de l'orient à l'occident;
l'autre reçoit les morceaux délicieux
sans bouger de sa place...

Le pêcheur leva son regard vers le ciel : l'aurore apparut, et à sa suite la lumière annonciatrice du lever du jour.

– Ô Dieu, notre Dieu! s'écria-t-il, tu sais que je ne jetterai pas mon filet plus de quatre fois. Je l'ai lancé trois fois déjà et il ne me reste que cette fois-ci. Ô Dieu, notre Dieu! rends la mer déférente à mon égard, comme tu as rendu la mer déférente à l'égard de Moïse.

Il éleva bien haut son filet et le lança une dernière fois dans les flots. Il attendit qu'il ait atteint le fond, et quand il le sentit enfin peser d'un bon poids, il tira. Mais il avait beau s'acharner, le filet à nouveau restait accroché. Une fois de plus il s'écria :

– Il n'y a de puissance et de force qu'en Dieu le Très-Haut, le Très-Grand!

Et ayant dépouillé ses vêtements, il plongea et peina tant et si bien qu'il parvint à ramener au rivage le filet, lequel contenait à l'évidence un objet fort lourd. Lorsqu'il l'eut, non sans peine, dégagé des mailles, il constata qu'il s'agissait d'un vase de cuivre jaune dont l'orifice était scellé de plomb fondu frappé par le cachet d'une bague : rien n'indiquait ce qu'il pouvait contenir. Il y avait malgré tout de quoi se réjouir : « En vendant cet objet à quelque chaudronnier, se dit-il, je pourrais toujours en tirer de quoi m'acheter deux irdabs [1] de blé. »

Il remua le vase en tous sens : la matière pesante qu'il semblait contenir n'était animée par aucun mouvement. Comme le plomb bouchait hermétiquement le goulot, il se dit : « Le mieux est encore d'ouvrir ce vase, si je veux pouvoir le transporter; dès que j'en aurai versé le contenu, je n'aurai plus qu'à le faire rouler jusqu'au marché des vendeurs de cuivre. » Il tira donc un couteau de sa ceinture, incisa profondément le pourtour du bouchon en enfonçant bien la lame, et parvint à faire sauter celui-ci. Il le ramassa et, le tenant entre ses dents, inclina des deux mains le vase vers le sol. Mais il eut beau le secouer, à son grand étonnement, rien n'en sortit.

Il attendit un instant et fut alors surpris de voir s'échapper du récipient une fumée épaisse qui s'éleva telle une colonne dans le ciel, laquelle se mit soudain à se déplacer à la surface du sol. Prenant rapidement du volume, elle se répandit bientôt sur la mer, s'éleva jusqu'à atteindre la voûte du ciel et ne tarda pas à intercepter jusqu'à la lumière du soleil. Au bout d'une heure de temps, le vase ayant fini de dégorger tout son contenu, on put voir la nuée se condenser jusqu'à former une masse compacte agitée de violentes turbu-

1. Mesure de grains (en Égypte, 197 litres environ).

lences, d'où finit par émerger la forme d'un ifrite dont les pieds foulaient le sol alors que sa tête se perdait dans les nuages. Il arborait une tête semblable à celle d'un loup; ses canines, qu'on eût prises pour autant de grappins, garnissaient une bouche vaste comme une caverne, les autres dents pouvant se comparer à des sortes de meules; deux narines s'ouvraient par là-dessus telles des trompes taillées dans des cornes, encadrées par des oreilles larges comme des boucliers de cuir; l'encolure qui soutenait cet édifice avait la largeur d'une rue; et pour couronner le tout, deux yeux aussi brillants que les feux d'une lampe! Bref, c'était là l'assemblage le plus hideux et le plus hétéroclite dont un monstre pût rêver.

Quand le pêcheur lui vit cette vilaine figure, il fut pris d'un tremblement qui le secoua des épaules jusqu'aux côtes, se mit à claquer des dents et sentit sa salive sécher dans sa bouche.

– Ô Salomon! ô prophète de Dieu! Le pardon! le pardon! s'écria alors l'ifrite. Je ne m'opposerai plus jamais à toi dans mes paroles. Je ne refuserai plus d'obéir à tes ordres!

Le pêcheur ne cacha pas son étonnement :

– Que dis-tu, ô révolté? Le prophète de Dieu Salomon est mort; cela fait mille huit cents et quelques années qu'il n'est plus de ce monde, et nous nous acheminons vers la fin des temps. Que t'est-il arrivé? Et que faisais-tu donc dans ce vase?

L'ifrite, à ces paroles du pêcheur, se borna à répondre :

– Reçois la bonne nouvelle!

– Jour de bonheur! s'écria le pêcheur.

– Reçois la bonne nouvelle de ta mort imminente, précisa l'autre, et par le moyen le plus expéditif!

– Tu mériterais, pour cette bonne nouvelle que tu m'annonces, de voir disparaître le voile qui cache aux autres tes crimes! répliqua le pêcheur. Pourquoi veux-tu me tuer, alors que je t'ai sauvé, que je t'ai délivré des profondeurs de la mer et que je t'ai ramené à la surface de la terre?

– Demande-moi une faveur, lança l'ifrite.

– Quelle faveur pourrais-je te demander? s'enquit le pêcheur à cette bonne parole.

– Celle de choisir le genre de mort qui te plaira, reprit l'ifrite, et de m'indiquer la méthode que tu souhaites me voir employer pour arriver à cette fin.

– Quel est donc mon crime? s'écria le pêcheur. Est-ce là ta façon de me récompenser? Est-ce ainsi que tu rétribues le service que je t'ai rendu en te sauvant?

– Écoute mon histoire, ô pêcheur.

– Soit, mais sois bref, car mon âme est sur le point de quitter mon corps.

– La voici...

Apprends que j'appartiens au groupe des djinns indociles, hostiles à toute obéissance. Je me suis révolté, avec Sakhr le rebelle, contre le prophète de Dieu Salomon, fils de David, lequel envoya contre moi Asaf, fils de Baroukhia. Celui-ci s'empara de ma personne par la force, me condamna après jugement et me conduisit malgré ma résistance, réduit au dernier état de l'humiliation, devant le prophète Salomon lui-même.

Lorsque celui-ci me vit, il déclara aussitôt qu'il cherchait refuge en Dieu contre moi et contre ma figure. Puis il me proposa d'entrer dans son obéissance. Je refusai. Il fit alors apporter ce vase en cuivre, m'y emprisonna, apposa son cachet sur le plomb qui en scellait le couvercle et y inscrivit ces mots : « Au nom de Dieu, le plus Grand ! » Puis il lança un ordre aux Djinns, et ceux-ci me soulevèrent et me jetèrent à la mer. Je souffris d'abord mon mal en patience pendant deux cents ans. J'avais décidé en moi-même : « Quiconque me sauvera avant que ces deux cents ans ne soient écoulés, je l'enrichirai, lui et ses descendants ! »

Les deux cents ans s'écoulèrent et je ne fus délivré par personne. Je me préparai donc à endurer encore deux siècles de réclusion, m'arrêtant cette fois à cette résolution : « Quiconque me sauvera, je lui ouvrirai tous les trésors de la terre ! »

Quatre cents ans au total étaient passés et j'attendais toujours ma délivrance. Je fus patient cent ans encore, allant jusqu'à proclamer à part moi : « Quiconque me sauvera au cours de ces cent ans, je le ferai sultan ! Mieux, je prendrai la forme d'un jeune garçon, j'entrerai à son service et mènerai pour lui à bonne fin trois affaires chaque jour ! »

Mais ces cent années, qui succédaient à beaucoup d'autres, ne m'apportèrent pas davantage la liberté. Alors je me mis en colère, tempêtai, jurai, crachai et pris à la fin la résolution que voici : « Quiconque me sauvera désormais, qu'il soit nomade ou sédentaire, je le ferai périr de malemort et ne lui accorderai qu'une faveur : celle de choisir lui-même la façon dont il lui plaira de quitter cette vie. »

Et voilà que le jour même où je prends cette décision,

tu viens me délivrer! Je n'ai donc qu'une chose à te dire : choisis toi-même ta mort...

Lorsque le pêcheur eut entendu ce discours de l'ifrite, il s'écria :

– Nous appartenons à Dieu et c'est à Lui que nous retournerons! Pourquoi l'occasion de te délivrer ne m'a-t-elle été offerte qu'à présent, en ces malencontreuses années? Décidément, mon destin est plus funeste encore que je ne pensais! Cependant fais-moi grâce, et que Dieu te pardonne tes fautes! Ne me tue pas, car Dieu ne manquera pas de susciter quelqu'un qui te fera subir le même sort...

– Il faut absolument que cela s'accomplisse, se borna à répéter l'ifrite. A toi maintenant de choisir, par faveur, la façon dont il te faudra mourir.

Le pêcheur comprit alors que sa mort était certaine. Submergé par la tristesse, il céda aux larmes et s'écria :

– Ô mes enfants! Que Dieu ne vous abandonne pas, qu'Il ne vous laisse pas en proie à la solitude et à la faim!

Puis il se remit à supplier l'ifrite :

– Par Dieu! s'écria-t-il, fais-moi grâce!... N'oublie pas le service que je t'ai rendu en te délivrant de ce vase et en te rendant la liberté...

– Justement, argua l'ifrite, je ne te ferai mourir que pour te rétribuer du service que tu m'as rendu en me délivrant et en me sauvant...

– Mais en te sauvant, j'agissais selon le bien, et tu me réponds selon le mal! Le proverbe en vers ne ment donc pas quand il dit :

Nous leur avons rendu service, en échange de quoi
ils nous ont payé de la monnaie inverse.
Un tel comportement, par ma vie,
est celui des hommes pervers.

Celui qui fait du bien
aux gens qui n'en sont pas dignes
trouvera en partage
ce qu'a trouvé Moudjîr, fils de 'Amir...

– N'allonge pas le discours, l'interrompit le djinn, il faut absolument que tu sois tué, comme je l'ai déclaré.

Le pêcheur se fit alors cette réflexion : « Cet individu est assurément un djinn, mais moi je suis un être humain! Dieu m'a pourvu d'une intelligence et m'a préféré aux djinns eux-mêmes. Il me faut vite trouver un stratagème dont son esprit obtus ne puisse déceler la ruse. »

Sur quoi il demanda brusquement à l'ifrite :

– Est-il absolument nécessaire que tu me donnes la mort?

– Oui, répondit l'autre.

– Eh bien! par le prix du « Nom le plus Grand [1] », par ce Nom qui se trouvait ciselé sur la bague de Salomon, fils de David, si je te pose une question, me répondras-tu avec sincérité?

L'ifrite, à la seule mention du « Nom le plus Grand », fut agité d'un tremblement de tous ses membres et ressentit un grand trouble.

– Pose ta question et sois bref, dit-il.

1. C'est le nom secret de Dieu, par lequel toute prière est exaucée.

– Par le « Nom le plus Grand », dis-moi si tu te trouvais vraiment tout entier dans ce vase que j'ai sorti de la mer.

– Oui, j'affirme par le « Nom le plus Grand » que je me trouvais emprisonné tout entier dans ce vase.

– Tu mens, répliqua le pêcheur, car ce vase n'est pas assez grand pour contenir seulement tes mains ou tes pieds; comment aurait-il pu te contenir tout entier?

– Par Dieu! j'y étais pourtant tout entier. Tu ne me crois donc pas?

– Non, je ne te crois pas!

A ces mots l'ifrite fut pris comme d'une convulsion et se transforma en fumée. Il s'éleva d'abord dans les airs, glissa sur la mer, rampa sur le sol, puis se condensa et se contracta si bien qu'en peu de temps il parvint à se loger tout entier dans le vase. Quand l'opération fut terminée, quand toute la fumée eut trouvé sa place entre les parois du récipient, l'ifrite s'écria de l'intérieur :

– Ô pêcheur, me voici maintenant tout entier dans le vase. Me crois-tu à présent?

Mais déjà le pêcheur s'était saisi du bouchon de plomb et l'appliquait solidement à l'orifice.

– Ô ifrite, lança-t-il, demande-moi par faveur à ton tour par quelle méthode tu voudrais mourir! Je m'en vais te jeter au fond de cette mer et j'établirai ma demeure sur ce rivage; et à quiconque s'avisera de venir pêcher en ce lieu, je délivrerai cette mise en garde : « Attention! il y a dans cette mer un ifrite qui a promis de tuer toute personne qui l'en ferait sortir, lui donnant seulement à choisir par faveur la façon dont il souhaiterait périr... »

Lorsque l'ifrite entendit les paroles du pêcheur et constata qu'il était bel et bien prisonnier, il fit mille efforts pour sortir du vase, mais ne put rien contre le bouchon sur lequel était gravé le sceau de Salomon, fils de David. Comprenant que le pêcheur lui avait servi une ruse de sa façon, il se mit à le supplier :

– Ô pêcheur, ne me traite pas de cette façon, car je ne faisais que plaisanter avec toi.

– Tu mens, ô le plus vil des ifrites... et le plus dépourvu d'intelligence.

Et le pêcheur se mit à rouler le vase vers la mer.

– Non! non! hurlait l'ifrite.

– Que oui! que oui! répondit le pêcheur.

L'ifrite y alla alors de ses larmes, implorant humblement :

– Que veux-tu donc faire, ô pêcheur?

– Te jeter dans la mer, répondit l'autre. Et toi qui as déjà tâté de ce séjour pendant quelques siècles, il te faudra cette fois y patienter jusqu'à l'heure du Jugement! Ne t'ai-je pas dit, il y a un instant : Laisse-moi en vie, que Dieu te conserve longtemps en bonne santé? Ne t'ai-je pas dit : Ne me tue pas, car alors Dieu te tuera? Tu as refusé, ne songeant qu'à me trahir et à me tuer. Eh bien! c'est moi à présent qui joue le rôle du trompeur!

– Ô pêcheur, supplia l'ifrite, ouvre seulement ce vase, et je te couvrirai de richesses et de bienfaits.

– Tu mens! Tu mens! cria le pêcheur. Notre histoire répond exactement à celle du roi des Grecs et de Doubane le Sage...

– Et quelle est donc cette histoire, ô pêcheur? s'enquit l'ifrite.

– Je m'en vais te la conter...

HISTOIRE DU ROI DES GRECS ET DU MÉDECIN DOUBANE

Apprends, ô ifrite, qu'il y avait dans la ville des Perses, au pays de Zoumane, un roi qui commandait à des Grecs [1]. Ce roi portait les marques de la lèpre sur tout le corps. Les médecins et les sages s'étaient lassés de le soigner sans résultat; ils n'avaient pu le guérir de ce mal. Le roi avait bu un grand nombre de potions; on l'avait frotté de pommades. Rien de tout cela ne s'était avéré pour lui de la moindre utilité.

Un jour, un sage appelé Doubane fit son apparition dans cette ville : il avait lu des livres écrits en langues grecque, persane, turque [2], arabe, latine, syriaque, hébraïque. Il avait appris tout ce qui s'y trouvait et s'était instruit des diverses sciences dont traitaient ces ouvrages, des principes supérieurs dont celles-ci relevaient et des applications pratiques auxquelles elles pouvaient donner lieu. Il connaissait ainsi toutes les plantes, toutes les herbes nuisibles et toutes celles dont on pouvait tirer profit. Il avait enfin appris la philosophie, qui préside à elle seule à tous les savoirs possibles.

1. A l'époque hellénistique, les princes Séleucides, héritiers d'Alexandre, régnaient sur la Perse, la Mésopotamie et la Syrie.

2. Les premiers monuments littéraires de la langue turque n'ont été transcrits que vers le XIᵉ siècle. Nous voici, pour le coup, fort loin des temps hellénistiques qui sont censés servir de cadre historique à ce récit. Mais on sait que l'art du conte se complaît à de tels anachronismes.

Ayant résolu de séjourner quelques jours en cette cité, il ne manqua pas d'entendre parler de ce roi qui la gouvernait... ni de la lèpre qui lui couvrait tout le corps. Il sut aussi que les médecins et les sages s'étaient montrés incapables de le soigner d'une manière efficace. Il laissa la journée s'écouler sur ces nouvelles et passa la nuit dans son logis. Lorsque Dieu eut fait se lever et resplendir l'astre du jour, Doubane le Sage mit ses habits les plus précieux, se fit annoncer chez le roi des Grecs et se présenta à lui.

– Ô roi, lui dit-il, j'ai appris ce que tu as supporté de tourments par la faute de cette maladie qui s'est déclarée dans ton corps. J'ai appris que de nombreux médecins ont soigné ton mal et n'ont pas su le faire disparaître. Je me propose, ô roi, de t'appliquer un traitement que je prescris d'ordinaire avec succès à mes malades. Je ne te donnerai pas de potion à boire, ni ne t'oindrai de la moindre pommade.

Ce qu'ayant entendu, le roi déclara :

– Fort bien, si tu réussis, je te donnerai tant de richesses qu'elles suffiront à tes descendants et à ceux qui seront issus d'eux jusqu'à la limite la plus lointaine du déroulement des années. Tu seras à jamais l'objet de mes bienfaits et je te ferai mon commensal et mon compagnon familier.

Sur quoi il lui accorda une tenue d'apparat, le traita avec honneur et lui demanda à la fin :

– Ainsi donc tu vas me guérir de cette lèpre sans recourir aux médicaments, sans même me prescrire une potion à boire?

– C'est cela même, répondit le sage, je te guérirai du dehors.

Le roi s'en étonna et ressentit en son cœur une grande affection et un grand respect pour cet homme.

– Prépare donc, ô sage, le traitement que tu vas me faire subir, ainsi que tu l'as annoncé.

– Oreille attentive et bon vouloir, répondit le médecin. Cela se fera demain matin, avec la permission du Dieu Très-Haut.

Puis Doubane le Sage se leva, prit congé du roi et redescendit en ville où il loua une maison. Il y rassembla des médicaments et des simples dont il tira diverses essences médicinales. A la suite de quoi il façonna une sorte de battoir qu'il évida soigneusement, lequel il munit d'une poignée, elle aussi évidée avec soin, et mit à tremper l'instrument dans un liquide composé à partir d'onguents divers et de simples, jusqu'à ce qu'il en fût bien imprégné. Cette opération achevée, il mit la dernière main à la fabrication de l'ustensile, auquel il adjoignit encore une boule qu'il façonna lui-même, tout cela réalisé avec une habileté consommée et selon les meilleures règles de l'art.

Lorsqu'il en eut fini, il attendit le lendemain et, dès le matin, se fit introduire auprès du roi des Grecs, baisa le sol à ses pieds et lança mainte invocation en sa faveur, lui souhaitant puissance et fortune. Le roi lui ordonna de s'asseoir à ses côtés, alors que les émirs, les chambellans, les fonctionnaires de l'administration et les notables du royaume demeuraient debout dans l'attitude de la soumission. Lorsque les membres du Conseil se virent enfin autorisés à s'asseoir en ordre, chacun selon son rang, Doubane le Sage sortit l'instrument qu'il avait préparé et le tendit au roi en lui disant :

– Ô roi fortuné, prends ce battoir par la poignée et va t'en servir de ce pas sur l'hippodrome. Serres-en bien la poignée en ta main, et frappes-en cette balle de toutes tes forces en la poursuivant sans relâche où qu'elle aille, jusqu'à ce que la paume de ta main et tout ton corps soient trempés de sueur. La substance dont se trouve imprégné cet ustensile passera de la poignée jusque dans ta main, puis de ta main jusque dans ton bras, avant de s'insinuer par tout ton corps.

» Quand tu auras ainsi bien sué et que le baume en question aura bien pénétré en toi, tu n'auras plus qu'à rentrer en ton palais, siège de ton pouvoir, qu'à plonger dans un bon bain, à te laver et à t'endormir. En te levant, tu te verras guéri, voilà tout! Reçois, en attendant, le salut que je t'adresse...

Le roi des Grecs enfourcha donc son cheval le plus rapide à la course et prit en main le battoir que lui avait offert Doubane le Sage. Parvenu sur la piste de l'hippodrome, il fit lancer au loin la boule et se mit à la poursuivre avec entrain, la frappant et la rattrapant sans relâche, la paume toujours serrée sur la poignée du battoir. Et il ne cessa de se dépenser ainsi jusqu'à ce que sa main et tout son corps fussent baignés de sueur. Quand Doubane le Sage se fut assuré que le baume avait suivi le chemin prévu et que le corps du roi s'en trouvait bien imprégné, il ordonna au monarque de regagner son palais et d'aller aussitôt prendre un bain. Le roi ne se fit pas prier, se lava avec le plus grand soin et, passant dans l'antichambre, revêtit de riches habits avant de se retirer en ses appartements. Quant à Doubane le Sage, il s'en retourna passer la nuit chez lui et attendit le matin.

Le jour suivant, il se leva de bonne heure, monta au palais et demanda à être admis auprès du roi. On le lui accorda. Sitôt qu'il fut en présence du souverain, il baisa la terre et, se redressant, lui offrit ces vers :

Les vertus ont ressenti de l'honneur
lorsqu'on t'a appelé leur père;
oui, tout autre que toi se doit de refuser
pareille paternité.

Toi qui portes un visage
dont les rayons
effacent le noir souci
qui ronge l'âme,

sache que ta face irradie
de toute sa clarté limpide
lors même que le siècle
demeure plongé dans la ténèbre.

Ton mérite est déjà pour nous
une faveur, dont les effets
agissent comme autant de nuages de pluie
sur les collines arides.

Ta libéralité t'a mis en grand danger
de perdre le fruit d'un héritage précieux,
soucieux que tu es de ne progresser
que dans les voies de la noblesse acquise...

Lorsque Doubane le Sage eut fini de réciter ces vers, le roi se mit debout, vint le serrer dans ses bras et l'invita à prendre place à ses côtés. Il se pencha vers lui pour l'entretenir familièrement, le gratifia de maints sourires, s'informa de ses besoins et lui fit présent d'une tenue d'apparat et de toutes sortes de cadeaux.

Le monarque en effet, lorsqu'il s'était levé dès le matin qui avait suivi sa séance de bain, avait examiné son corps et n'y avait trouvé aucune trace de lèpre. Sa peau était devenue comme de l'argent pur! Cette constatation l'avait grandement réjoui, et il avait senti aussitôt l'air circuler plus librement dans sa poitrine délivrée. Dès les premières heures de la journée, il s'était dirigé vers la salle du service royal, s'était assis sur son trône, et ses esclaves et ses chambellans s'étaient empressés de le servir. Puis étaient venus lui tenir compagnie les vizirs et les grands personnages de l'administration... et c'est à ce moment-là que Doubane le Sage avait fait son entrée et reçu si honorable accueil : le roi s'était levé, l'avait serré dans ses bras, l'avait fait asseoir à ses côtés, s'était penché vers lui en lui faisant la conversation et l'avait même convié à partager son repas...

Enfin pour couronner le tout, à la tombée de la nuit, le royal patient fit remettre une somme de mille pièces d'or à Doubane le Sage, qui prit congé de lui sur ces entrefaites en le laissant émerveillé de l'habileté de son nouveau médecin.

– Cet homme m'a guéri, ne cessait de répéter le roi, en agissant seulement sur l'extérieur de mon corps. Il ne m'a pas fait boire de potion, il ne m'a frictionné d'aucune pommade. Voilà pourtant une médication qui a atteint son but! Il faut que cet homme reçoive toutes les marques d'honneur, tous les signes tangibles de la richesse! Oui, je vais en faire mon compagnon familier, mon commensal, mon ami!...

Et toute la nuit en son palais, le roi ne cessa de se féliciter de se trouver enfin guéri, tout au plaisir de se sentir l'hôte d'un corps sain débarrassé du moindre mal.

Quand le matin se leva, clair et brillant, il gagna la salle d'audience, s'assit sur le trône, symbole de son pouvoir, et les chefs de ses domestiques se présentèrent pour le service; puis ce fut le tour des émirs, des vizirs et des grands de son royaume, qui vinrent prendre chacun sa place à sa droite et à sa gauche. A la fin, le roi fit mander auprès de lui Doubane qui se présenta peu après, baisa le sol à ses pieds et se releva en lui manifestant toutes les marques du respect. Le souverain le fit asseoir à ses côtés, partagea avec lui son ordinaire en l'invitant à se rapprocher de sa personne et, le traitant avec autant d'honneur que d'affection, lui fit remettre une nouvelle robe d'apparat et de nouveaux cadeaux. Ainsi se plurent-ils à bavarder jusqu'à la nuit, et le médecin regagna une fois de plus sa demeure après avoir reçu mille pièces d'or – ce dont il ne manqua pas de se réjouir en compagnie de son épouse, tous deux adressant leurs plus ardents remerciements à leur royal bienfaiteur, juge incomparable des hommes.

Le matin suivant, le roi s'installa une fois de plus en sa salle d'audience, centre de son pouvoir, et les émirs et les vizirs vinrent se mettre une fois de plus à sa disposition. Or ce roi des Grecs avait un vizir qui incarnait à lui seul l'image de toutes les malchances, un homme avare, envieux, rancunier à longue échéance.

Quand ce vizir avait vu le roi rapprocher de sa personne le médecin, à qui il venait d'offrir au surplus riches présents et vêtements d'apparat, il avait craint que le souverain ne le destituât et ne nommât à sa place le nouveau venu. Il l'avait donc pris pour objet de sa jalousie et avait conçu en son esprit le projet de lui nuire, ne cessant de lui porter envie d'une circonstance à l'autre.

Le vizir jaloux se présenta au roi, baisa la terre devant lui et dit :

– Ô roi digne de respect! ô seigneur de grand mérite! j'ai grandi au milieu de tes bienfaits et de ta prospérité... Je suis prêt à te livrer un bon conseil, un conseil de grande importance. Si je ne t'en donnais pas communication, je serais vis-à-vis de toi un fils dénaturé. Mais si tu m'ordonnes de le faire, ô roi magnifique, ô seigneur généreux, je m'exécuterai.

Ces paroles déplurent au roi qui répondit :

– Malheur à toi! Quel est donc ce conseil que tu prétends me donner?

– Ô roi, reprit le vizir, celui qui ne sait pas évaluer les conséquences d'un acte, le siècle ne lui servira pas d'ami... J'ai vu en effet le roi agir d'une manière qui ne m'a paru ni juste ni droite : n'a-t-il pas accordé ses bienfaits à son ennemi, à celui qui cherche à lui ôter le pouvoir, à lui arracher ses dons de vive force? Oui, tu l'as favorisé de tes grâces, tu l'as rapproché de ta personne jusqu'à la limite du possible! Je crains fort que les machinations de cet homme ne nuisent au bout du compte gravement au roi...

– Et à qui penses-tu? A qui fais-tu allusion? Qui désignes-tu de la sorte? s'étonna le roi.

– Si tu dors, réveille-toi, répondit le vizir. Je parle de Doubane le Sage, qui est venu vers toi de la terre des Romains.

– Malheur à toi! s'écria le roi. Celui-là, mon ennemi? C'est, de tous les hommes, le plus sincère à mon égard, le plus cher à mes yeux et le plus digne de ma considération. L'homme qui m'a guéri par le simple contact d'un objet qu'il m'a suffi de saisir de ma main, l'homme qui m'a délivré de mon mal, ce mal que les médecins avaient renoncé à guérir et que les sages eux-mêmes s'étaient avérés incapables de soigner! Un homme qui n'a pas son pareil à notre époque en Orient ni en Occident, dans les pays proches ni dans les contrées lointaines! Et voilà ce que tu trouves à dire de lui! Sache qu'à compter de ce jour, je m'en vais lui fixer un traitement de mille dinars à toucher chaque mois, avec tous les appointements et les revenus d'un fonctionnaire officiel. Sache enfin que si je partageais avec lui mes richesses et mon pouvoir, ce serait encore peu de chose en regard de ce qui lui est dû. J'imagine que tu ne te conduis ainsi que poussé par la jalousie... Tiens, ce que tu me conseilles là me remet en mémoire les paroles du vizir dans le *Livre d'al-Sindabâd*, au moment où le roi s'apprête à faire périr son fils, victime de la jalousie...

– Pardonne-moi, ô roi du temps, hasarda le ministre, mais j'ignore quelles sont les paroles que prononça le vizir dont tu parles...

– Eh bien sache que le vizir dont je parle a dit à son roi : « Garde-toi de commettre un acte dont tu risques de te repentir plus tard. » Et connais-tu cette autre histoire?...

Le jaloux et la perruche

Il était une fois un homme extrêmement jaloux, marié à une femme pourvue de formes délicieuses, qui avait pour elle la beauté, l'éclat et mille perfections. Mais ces qualités mêmes, jointes à sa propre jalousie, empêchaient notre homme de partir en voyage comme il l'aurait voulu, tant il craignait de laisser seule son épouse. Un jour que la nécessité l'obligeait absolument à partir, il eut l'idée de se rendre au marché aux oiseaux et d'y acheter une perruche, qu'il chargea d'observer en son absence tout ce qui se passerait dans la maison et de lui en tenir la chronique fidèle à son retour.

Or la perruche en question se trouvait être intelligente et fort instruite, douée de sagacité autant que de vigilance...

L'homme put ainsi s'en aller au loin et y mener ses affaires. A son retour, il se ménagea un entretien seul à seule avec la perruche et lui demanda de lui raconter tout ce qu'avait fait sa femme pendant son absence. La perruche lui apprit ainsi à quels jeux se livrait la donzelle avec son ami et ne lui cacha rien du détail des ébats dont ils faisaient leur quotidien en l'absence du maître de maison. Lorsqu'il eut entendu la chose, le mari, au comble de la colère, ne manqua pas d'aller trouver son épouse et de la rassasier de coups.

La femme crut d'abord qu'elle avait été victime de

l'indiscrétion d'une des servantes de la maisonnée et se mit en devoir de les confesser l'une après l'autre. Toutes lui jurèrent avoir surpris les confidences de l'oiseau à son mari : c'était la perruche et elle seule qui avait tout rapporté.

Ayant constaté de diverses sources que c'était bien le volatile qui l'avait trahie, la femme décida alors de recourir à un stratagème. Une nuit que son mari avait dû quitter la maison, elle ordonna à l'une de ses servantes de recouvrir d'une étoffe noire la cage de l'oiseau puis de tourner par là-dessus la manivelle d'une meule à bras, cependant qu'une autre servante aspergeait d'eau la cage, qu'une autre s'employait à renverser bruyamment de droite et de gauche divers objets en fer, et qu'une autre enfin s'occupait de manœuvrer un miroir devant la lampe...

De retour au lever du jour, le mari interrogea la perruche et lui demanda ce qui s'était passé en son absence cette nuit-là.

– Maître, répondit l'oiseau, reçois mes excuses car je ne puis rien te dire. De toute la nuit en effet je n'ai rien pu voir ni entendre, tant j'étais aveuglée par l'épaisseur des ténèbres et abasourdie par la violence de la pluie et par l'insistance des coups de tonnerre mêlés d'éclairs qui se sont succédé sans relâche jusqu'au matin.

Or on était au mois le plus sec de l'année, au cœur même de l'été...

– Malheur à toi! s'irrita l'homme. Ignores-tu que nous ne sommes pas encore à la saison où il pleut!

– Par Dieu! tout ce que je t'ai rapporté, je l'ai pourtant bien vu et entendu cette nuit, insista l'oiseau.

Ce qu'entendant, le mari fut persuadé que la perruche avait l'habitude de mentir et qu'elle n'avait fait que l'abuser en lui rapportant les prétendues aventures de sa femme. Fort en colère contre l'oiseau, il introduisit sa main dans la cage, s'empara de celui-ci et le jeta par terre avec la dernière violence.

Ainsi mourut la perruche...

Plus tard, l'homme apprit par des voisins que tout ce que lui avait dévoilé l'oiseau était vrai. Comprenant enfin à quel stratagème avait eu recours son épouse, il se repentit – mais trop tard – d'avoir fait disparaître un informateur si précieux.

Le roi reprit :

– Je suis dans le même cas, ô vizir. La jalousie s'est insinuée en toi et te fait médire de cet homme. Voudrais-tu que je le fasse mettre à mort et qu'après cela je sois pris de repentir, comme s'est repenti le possesseur de la perruche?

A ces paroles du roi des Grecs, le vizir répliqua :

– Ô roi de rang élevé! ce médecin ne m'a rien fait de mal; je n'ai éprouvé personnellement aucun dommage de son fait. Non, je ne te parle ainsi que poussé par la sollicitude que j'éprouve pour ta personne et par peur de te voir aller à ta perte. Si tu constates la fausseté de ce que je te dis, fais-moi mourir comme on fit jadis mourir ce vizir qui s'était servi d'une ruse pour provoquer la perte d'un certain fils de roi...

– Et que lui arriva-t-il donc? s'enquit le roi des Grecs.

– Il lui arriva ceci...

Le prince et la goule

On raconte, ô roi fortuné, qu'un certain souverain avait un fils passionné de chasse et de gibier. Le père avait chargé l'un de ses vizirs d'accompagner le jeune homme et de le suivre partout où il irait. Un jour, le fils du roi partit chasser, toute la cour lui faisant escorte par monts et par vaux, et parvint ainsi à débusquer une bête sauvage.

– Sus à elle! ne la laisse pas échapper, lui cria le vizir.

Et le jeune homme se lança à la poursuite de l'animal... Il alla d'un tel train que l'on perdit sa trace et qu'il se retrouva bientôt seul en plein désert, ne sachant trop que faire, incapable de décider vers quels lieux diriger les pas de sa monture.

Soudain, au sommet d'un chemin montant, lui apparut une femme au visage tout en pleurs. Le jouvenceau l'interrogea :

– De quelle contrée es-tu?

– Je suis la fille d'un des rois de l'Inde, répondit-elle. Je me trouvais seule, chevauchant dans ces solitudes, quand le sommeil m'a prise. J'ai dû tomber de cheval et perdre conscience. Je me suis réveillée étendue par terre, séparée de mes gens.

Lorsqu'il eut entendu ces paroles de la femme, le fils du roi compatit à son malheur, la prit en croupe et poursuivit sa route jusqu'à ce qu'il arrivât en vue d'une maison en ruine.

– Maître, lui dit-elle, laisse-moi entrer en ce lieu : j'ai besoin de me retirer un instant.

Il la fit descendre de cheval et la vit pénétrer dans la maison. Comme elle tardait à revenir, il prit sur lui d'y entrer à son tour en veillant à ne pas être vu... et fut fort surpris de découvrir qu'elle avait pris la forme d'une goule. Elle disait à ses petits :

– Je vous ai amené un jouvenceau de bel aspect, un jouvenceau bien gras...

– Fais-le venir ici, maman, suppliaient-ils, afin que nous fassions de son ventre notre pâturage.

Lorsque l'adolescent entendit leurs paroles, il fut saisi d'une frayeur intense. Un tremblement convulsif lui parcourut les épaules et les côtes et, craignant pour sa vie, il retourna sur ses pas.

– Qu'as-tu à trembler? fit la goule qui était sortie derrière lui.

Il répondit que s'il tremblait, c'était qu'il s'était égaré, et il lui conta son histoire...

– Je suis un homme malheureux, conclut-il à la fin, livré à l'injustice du monde...

– Si tu as l'impression d'avoir été traité injustement, lui conseilla-t-elle aussitôt, demande donc conseil au Dieu Très-Haut : il saura te mettre à l'abri de toute crainte!

Alors le jouvenceau, levant son regard au ciel, lança bien haut :

– Ô Dieu, notre Dieu, fais que je triomphe de l'ennemi, toi qui as puissance sur toutes choses!

A cette invocation, la goule s'en alla sans demander son reste et le jeune homme put reprendre son chemin.

Lorsqu'il fut de retour, sain et sauf, au palais de

son père, il lui rapporta que c'était poussé par le vizir qu'il s'était lancé sur les traces de ce gibier qui l'avait conduit jusqu'à la goule. Sur quoi le roi s'empressa de mander le vizir en question et le fit proprement mettre à mort.

Et le vizir du roi des Grecs poursuivit :

– Il en va de même pour toi, ô roi ! car chaque fois que tu fais confiance à ce médecin, chaque fois que tu lui accordes tes dons, chaque fois que tu le rapproches de ta personne, sache qu'il en profite pour travailler à ta perte et préparer ta mort.

» Apprends en effet, ô roi, que j'ai des preuves authentiques de ce que l'individu en question n'est qu'un espion dépêché vers toi par une puissance étrangère qui cherche à se débarrasser de ta personne ! Ne vois-tu pas quels sont ses pouvoirs ? Il a réussi à te guérir en se contentant de te faire toucher un objet de la main !...

Ces paroles réussirent à incliner les sentiments du roi vers la colère.

– Tu as raison, ô vizir, en vint-il à admettre. Il doit en être comme tu l'annonces : cet homme est bel et bien venu pour me faire périr ! Tu l'as dit : un homme qui m'a guéri en se bornant à me faire empoigner un instrument de sa fabrication peut aussi bien me faire passer de vie à trépas en me faisant respirer un simple parfum !...

» Mais dis-moi à présent, ô ministre de bon conseil, comment il me faut en agir avec lui ?

– Ô roi, conseilla le vizir, tu n'as qu'à l'envoyer

chercher dans l'instant; et sitôt qu'il sera devant toi, tu lui feras trancher le col – pour ta plus grande sécurité et ton plus grand avantage.

– Voilà donc la décision juste et vraie! Voilà une action dont nul ne saurait dire qu'elle entache le moins du monde mon honneur! approuva le roi.

Et il fit mander sans plus tarder le médecin Doubane qui s'empressa de se présenter à lui, encore tout au bonheur des présents, richesses et bienfaits qu'il avait reçus du roi... et de lui offrir quelques vers encore à cette occasion :

Puisque je dois m'acquitter de ma dette
à ton égard en te comblant de remerciements,
à qui d'autre que toi pourrais-je dédier
mes vers ou ma prose?

Tu t'es montré si généreux!
Sans que j'en fasse la demande, tes bienfaits
sont parvenus jusqu'à moi,
sans réticences ni atermoiements.

Pourquoi ne donnerais-je pas à ton éloge
sa pleine mesure, équitablement?
Pourquoi ne te louerais-je pas à voix haute
comme je le fais dans le secret de mon cœur?

Je mettrai donc toute mon adresse
à remercier en vers celui qui m'a comblé :
mon souci en sera allégé, même si tes bienfaits
pèsent sur mes épaules d'un grand poids.

– Ô médecin, lui dit alors le roi, sais-tu pourquoi je t'ai fait venir?

– Je l'ignore, ô roi, avoua Doubane.

– Eh bien, sache que je t'ai fait venir pour te faire exécuter et te voir perdre la vie!

– Ô roi, se récria Doubane, interloqué par ce qu'il venait d'entendre, peux-tu m'apprendre pour quelle raison tu comptes en agir ainsi avec moi? Quel crime ai-je donc commis qu'il me faille expier?

– Je viens d'apprendre que tu n'étais autre qu'un espion venu tout droit en ma ville pour m'assassiner, ni plus ni moins. La meilleure façon de t'en empêcher n'est-elle pas de te tuer? Ainsi j'aurai déjeuné de toi avant que tu ne dînes de moi!

Puis faisant appeler le porteur de glaive chargé des exécutions capitales, il lui dit :

– Va, tranche le col de ce médecin que tu vois là, et apporte-nous ainsi le repos en nous délivrant de ses méfaits. Allons! frappe!

Le médecin avait fort bien compris, dès les premières paroles du roi, que des jaloux, excédés sans doute par les libéralités de leur souverain à son égard, avaient travaillé à sa perte à force de mensonges. Oui, ils avaient réussi à convaincre le roi de faire disparaître l'objet même de leur jalousie, retrouvant ainsi un repos qu'ils avaient cru menacé. Il était clair aux yeux de Doubane qu'un tel monarque ne devait pas s'entendre bien fort à démêler le secret caractère des hommes ni la trame complexe des choses, bref, qu'il était loin d'être à même de conduire raisonnablement les affaires de sa charge. Mais pour l'instant, le malheureux médecin songeait surtout à se repentir de ses fautes passées, lors même que le repentir ne lui était pas d'un grand secours.

– Il n'y a de puissance et de force qu'en Dieu le Très-Haut, le Très-Grand, s'écria-t-il. J'ai fait le bien, et on m'en récompense par le mal!...

– Allons, tranche-lui plutôt le cou! s'impatientait le roi en s'adressant à son porteur de glaive.

– Pourquoi ne me laisserais-tu pas en vie? risqua le médecin. Dieu te conserverait longtemps en ce monde. Alors que si tu me tues, Il ne manquera pas d'en faire autant à ton égard...

– Je vais te dire pourquoi il m'importe tant de te faire disparaître, déclara le roi. J'observe que tu m'as guéri en me mettant simplement un objet entre les mains. Qui me dit que tu ne me tueras pas en procédant de la même façon?

– Ainsi est-ce là ma récompense, ô roi? ironisa le médecin. Ainsi as-tu sans doute l'habitude de rendre le mal pour le bien?...

– Ne multiplie pas inutilement tes paroles, trancha le roi. J'ai décidé que tu devais périr et la chose doit se faire aujourd'hui, sans autre délai!

Doubane comprit alors qu'il lui fallait mourir. Bouleversé par cette perspective, il se sentit submergé par la tristesse et laissa couler ses larmes. Il regrettait surtout d'avoir fait le bien à quelqu'un qui n'appartenait pas au monde du bien, d'avoir semé sur une terre imprégnée de sel – ce qui lui arracha ces vers :

Maymoûna est une femme sans cervelle;
son père pourtant, qui fut créé

à l'image de tout un chacun,
devait bien en posséder une...

Ne vois-tu pas que toute fraternité
n'est qu'un leurre, sous lequel se cache
l'habileté? Non, aucun homme n'a jamais foulé
cette terre sans finir par glisser et tomber...

A ces mots le porteur de glaive se précipita sur Doubane, lui banda les yeux, lui lia les mains derrière le dos et tira son instrument du fourreau, cependant que le pauvre médecin cédait à nouveau à l'affliction et aux larmes et lançait une dernière fois son avertissement :

– Par Dieu! ô roi, laisse-moi en vie, et que Dieu te conserve longtemps en bonne santé! Ne me tue pas, car Dieu te tuera!

Et les larmes aux yeux, il lança encore ces vers :

J'ai donné de bons conseils et n'ai pas récolté
le bonheur. Ils ont trahi
et s'en sont trouvés heureux. Ma sagesse
m'a conduit à habiter la maison du mépris.

Si je vis après cela, qu'on n'attende plus de moi
le moindre avis. Et si je meurs,
maudissez après moi, et dans toutes les langues,
le désir de bien conseiller!...

Et mettant au jour un dernier argument :

– Ô roi, clama-t-il, est-ce vraiment là ta façon de rétribuer un service? Ta récompense ressemble fort à celle qu'accorde le crocodile!...

– A quelle histoire fais-tu allusion? s'enquit le roi.

– Je ne puis te la raconter dans cette situation qui est la mienne, répondit Doubane. Mais n'oublie pas ceci : au nom de Dieu qui est au-dessus de toi, laisse-moi en vie, et que le Dieu Très-Haut te conserve longtemps en bonne santé en ce monde... Ne me tue pas, car Dieu te tuera!...

Voyant alors le médecin redoubler de larmes, certains personnages de l'entourage royal se levèrent et hasardèrent une requête :

– Ô roi, accorde-nous par faveur la remise de sa peine, même si rien dans l'instant ne paraît justifier cette mesure de grâce!

– Vous n'entendez rien aux raisons qui m'obligent à le faire mettre à mort, répliqua le roi. Et moi je vous dis que si je le laisse en vie, c'est moi qui mourrai! Comprenez bien que celui qui m'a guéri du mal qui m'affligeait, ce mal que les médecins grecs se trouvèrent incapables de traiter, comprenez que cet homme qui m'a guéri du dehors, par le simple attouchement d'un objet, peut de la même façon me tuer en me mettant le premier ustensile venu entre les mains! Si je tiens tellement à sa mort, c'est qu'elle seule est capable de m'apporter l'assurance que ma vie ne se trouvera plus menacée!

– Par Dieu! ô roi, s'entêta encore une fois Doubane, laisse-moi en vie, que Dieu te conserve longtemps la santé... Ne me tue pas, car Dieu te tuera!...

– Tu dois périr, il le faut! proclama le roi.

Alors le médecin, tenant pour assuré qu'aucune autre issue ne s'offrait plus à lui, prononça ces paroles :

– Ô roi, je m'en vais te fournir une raison de surseoir

à mon exécution... Laisse-moi au moins rentrer chez moi le temps de donner quelques instructions pour ma sépulture, de me dégager des dernières obligations qui me lient, de procéder à diverses aumônes et de léguer à qui le mérite les livres où se trouvent consignés mon art et le secret de ma méthode de guérison. Je possède entre autres un ouvrage intitulé *De la particularité des essences,* dont je suis prêt à te faire présent et qui figurera en bonne place parmi tes trésors.

– Et quel secret contient donc ce livre?

– Les révélations qu'il renferme sont si nombreuses que je me sens bien incapable de les énumérer. Voici pourtant le premier secret que tu risques d'y trouver : si jamais tu t'avises de me faire couper le cou et d'ouvrir ensuite l'ouvrage en question à la sixième page, il te suffira de lire trois lignes que tu verras transcrites sur la partie gauche de la page en question et de m'adresser après cela la parole... et tu verras alors ma tête se mettre à parler et répondre à tes questions.

– Comment! s'écria le roi, soudain au comble de l'émerveillement. Tu prétends que si je te fais couper le cou et que j'ouvre ensuite ce livre pour en lire trois lignes ainsi que tu m'as indiqué, ta tête répondra aux questions qu'il me plaira de lui poser? Voilà qui pique en effet mon étonnement!

Et le roi fut bien obligé pour cette fois de laisser rentrer Doubane chez lui, sous bonne escorte, afin de lui permettre de régler ses affaires, ainsi qu'il en avait exprimé le désir.

Le lendemain, le médecin monta au palais, et montèrent avec lui les émirs, les vizirs, les chambellans, les hauts fonctionnaires de l'administration royale et tous les personnages qui avaient quelque autorité dans la ville, dans l'entourage du roi ou parmi sa domesticité. Quand Doubane fut admis en la présence du souverain, il portait avec lui un vieux livre ainsi qu'un vase à collyre contenant diverses substances réduites en poudre. Il s'assit et ordonna :

– Qu'on m'apporte un plateau de forme ronde.

On s'exécuta, et il vida sur le plateau la poudre que contenait le vase, laquelle il eut soin d'étaler sur toute la surface de l'objet.

– Ô roi, commença-t-il alors, prends ce livre et veille bien à ne l'ouvrir que lorsque ma tête, sur ton ordre, se trouvera séparée de mon corps. Ceci fait, ordonne que ma tête soit placée sur ce plateau, au contact de cette poudre, et tu constateras que mon sang ne coulera plus. Ouvre alors le livre, et ma tête répondra aux questions que tu voudras bien lui poser.

» Cela dit, il n'y a de puissance et de force qu'en Dieu le Très-Haut, le Très-Grand!... N'oublie pas que si tu me laisses en vie, Dieu te conservera longtemps en ce monde, dans la pleine possession de la santé... alors que si tu me tues, Dieu te tuera!

– Tu dois périr! décida le roi. Ne serait-ce que pour me permettre d'entendre parler ta tête après l'avoir vue séparée de ton corps.

Sur quoi il s'empara du livre et donna ordre que l'on tranchât le col du condamné. Le porteur de glaive s'avança, tira son instrument du fourreau... et frappa un si grand coup qu'il fit voler la tête du médecin jusque sur le plateau, où elle demeura au contact de la poudre. Le sang cessa effectivement de couler, les yeux s'ouvrirent, et le médecin Doubane parla :

– Ô roi, tu peux à présent compulser le livre.

Le roi ouvrit le livre, mais les feuilles en étaient toutes collées les unes aux autres, et il dut s'humecter le doigt de salive pour pouvoir tourner la première d'entre elles. Il en alla encore de même pour la seconde et pour les suivantes, et le roi procéda à chaque fois de la même façon, jusqu'à ce qu'il en arrivât à la sixième page. L'ayant examinée, il s'étonna de n'y voir rien d'écrit.

– Ô médecin, interrogea-t-il, je ne vois rien d'écrit sur ce feuillet?

– Tourne les pages suivantes, ordonna la tête.

Le roi compulsa ainsi, l'un après l'autre, les feuillets qui suivaient... et le poison mortel dont ils se trouvaient imprégnés s'insinua bientôt en lui. On le vit faire un pas, vaciller sur ses jambes, trébucher. Le médecin Doubane, le voyant en cet état, comprit que la drogue avait fait son effet et lança ces vers :

Ils ont jugé à leur guise
et se sont complu à cet office :
dans peu de temps, ce sera comme si leur pouvoir
n'avait jamais existé.

Ils auraient pu demeurer justes et purs,
mais ils ont abusé de leur pouvoir
et le siècle les a opprimés à son tour,
ainsi que l'adversité et l'épreuve.

Les voilà rendus à la misère, leur présent
n'étant jamais que le fruit de leur passé.

Qui songerait à blâmer le siècle
de les avoir ainsi traités?

Dès que la tête du médecin eut fini de faire entendre ces vers, le roi s'écroula sur le sol : il était mort. Et la tête le suivit à son tour dans la mort.

Ayant terminé son histoire, le pêcheur conclut :

– Sache, ô ifrite, que si le roi des Grecs avait consenti à laisser la vie à son médecin, il serait lui-même resté en vie, car Dieu l'aurait conservé longtemps en ce monde dans le meilleur de sa santé. Mais il refusa d'entendre raison et finit par le faire mettre à mort... et le Dieu Très-Haut finit à son tour par lui ôter la vie. Il en va de même pour toi, ô ifrite! Si tu avais accepté de m'épargner tout à l'heure, tu n'aurais aucunement eu à en souffrir; mais tu as préféré me refuser la vie, m'amenant par là même à te vouer à une mort certaine en t'emprisonnant à nouveau dans ce vase et en te rendant à la mer.

– Non! ô pêcheur, ne fais pas cela! implora alors l'ifrite en lançant force cris d'effroi. Laisse-moi demeurer sur la terre ferme, délivre-moi! Tu ne gagneras rien à me punir de ma méchante conduite à ton égard. Je suis méchant, soit; à toi donc de te montrer bon! Le proverbe ne dit-il pas : « Homme bienfaisant, tu ne mériteras ce nom qu'en faisant le bien à celui qui t'aura offensé »? Ne te conduis donc pas comme Imâmah s'est conduite avec Atikah!

– Et comment donc Imâmah en usa-t-elle avec Atikah? voulut savoir le pêcheur.

– Je me vois mal te narrer cette histoire, enfermé comme je suis entre les parois de ma prison! Je te la raconterai lorsque tu m'auras délivré.

– Non! car je m'en vais te jeter sans plus attendre au fond de cette mer, l'avertit le pêcheur, et tu chercheras en vain le moyen de t'en sortir et de recouvrer ta liberté. Je n'ai cessé moi-même de te prier et de te supplier, et tu as refusé de m'entendre, me condamnant à mort sans que j'aie mérité le moindre châtiment. Quel crime en effet avais-je commis, si ce n'est celui de t'avoir délivré de ta geôle?

» Quand je t'ai vu te conduire ainsi envers moi, j'ai compris que tu étais mauvais, foncièrement dépravé, que tu répondrais toujours au bien par le mal. Je te l'ai dit : dès que je t'aurai rendu aux flots, je me bâtirai sur ce rivage une hutte de roseaux dont je ne bougerai plus, et si jamais quelqu'un s'avise de te tirer un jour de l'onde, je m'arrangerai pour le prévenir du danger qu'il s'apprête à courir, et tu peux être sûr qu'il n'hésitera pas à te rendre à cette mer où il t'aura pris... et où tu resteras longtemps, ô ifrite enclin à la tyrannie : jusqu'à l'heure de ta mort! jusqu'à la fin des temps!

– Laisse-moi sortir pour cette fois! implora encore l'ifrite. Non seulement je m'engage à ne plus jamais te nuire, à ne plus troubler ton existence, mais je me propose de te rendre un service qui t'enrichira.

Le pêcheur invita l'ifrite à confirmer ses paroles par un serment solennel : il devait jurer qu'il s'en tiendrait aux termes de leur pacte; il promettrait de ne plus jamais lui faire de mal, et s'engagerait au surplus à lui rendre service et à lui procurer toutes sortes de biens...

Le serment fut reçu, et le djinn dut même jurer « Par le Nom le plus Grand ». Le pêcheur consentit de son côté à ouvrir le vase, dont s'échappa à nouveau une fumée qui ne tarda pas à se condenser sous les traits d'un ifrite au corps duquel aucune partie ne manquait; lequel ifrite s'empressa de jeter un bon coup de pied au vase dont il venait de sortir, avant de s'élever dans les airs au-dessus des flots.

« Voilà qui n'est pas bon signe et laisse sans doute présager quelque nouveau malheur », songea aussitôt le pêcheur en proie soudain à une terreur si violente qu'il en mouilla le bas de son vêtement.

Mais bien que convaincu de se trouver une fois de plus exposé à la mort, il sut raffermir son cœur et trouva la force de crier :

– Tu as conclu un pacte avec moi et tu as juré que tu t'y tiendrais. Ne cherche pas à me payer d'une nouvelle perfidie. Car je te crie ce que criait Doubane au roi des Grecs : laisse-moi en vie, et que Dieu te conserve longtemps sain et sauf!... oui, veille bien à ne pas me tuer, car Dieu te tuera!

Et comme l'ifrite à ces mots partait d'un grand rire, il lui lança une dernière fois :

– Ô ifrite, n'oublie pas de me laisser en vie!

A quoi l'ifrite se borna à répondre :

– Viens, ô pêcheur, suis-moi.

L'autre lui emboîta donc le pas et le suivit loin de la ville, doutant encore d'avoir échappé à la mort. Ils escaladèrent d'abord une montagne puis se retrouvèrent dans une vaste plaine au centre de laquelle on apercevait un étang encadré par quatre collines. L'ifrite gagna le bord de cet étang et invita le pêcheur à y jeter son filet. Celui-ci examina le fond de l'eau; on y voyait jouer des poissons de différentes couleurs, les uns blancs, les autres rouges, bleus, jaunes... Le pêcheur en fut fort étonné et lança néanmoins son filet.

Quand il l'eut retiré de l'eau, il constata que quatre poissons s'y trouvaient prisonniers : un poisson rouge, un poisson blanc, un poisson jaune et un poisson bleu. Le voyant partagé entre le contentement et la stupeur, l'ifrite lui dit :

– Apporte donc ces poissons au sultan et offre-les-lui en présent. La récompense qu'il t'accordera te rendra riche. Maintenant, reçois mes excuses car, par Dieu, je ne sais trop quelle route prendre : je suis resté mille huit cents ans au fond de la mer, et me voilà de nouveau livré au monde...

» Daigne enfin écouter ce conseil : ne jette chaque jour qu'une seule fois ton filet en cet étang... Cela dit, je suis vraiment navré de te quitter.

A ces mots, l'ifrite frappa la terre qui s'ouvrit sous son pied et l'engloutit promptement.

Émerveillé par la soudaine disparition du monstre autant que par l'aubaine que représentaient pour lui ces quatre poissons, le pêcheur se hâta de regagner la ville et de se présenter au palais du sultan, à qui il offrit son butin. Le roi regarda les poissons, admira leurs couleurs et, prenant l'un d'eux dans sa main, il le considéra avec étonnement. Puis s'adressant à son vizir :

– Porte ces poissons à la cuisinière dont le roi des Grecs a bien voulu nous faire cadeau, et dis-lui de les faire cuire.

Ce que le vizir s'empressa de faire, en disant à cette femme :

– Ô cuisinière, le proverbe ne dit-il pas : « Larme que j'ai versée, je ne t'ai aimée qu'à l'occasion du malheur qui m'accablait »? Vois, on a offert au sultan ces quatre poissons, et il me charge de te demander de les faire frire de la meilleure façon qu'il se pourra.

Puis le vizir étant venu faire son rapport au sultan, celui-ci lui dit :

– Donne donc à ce pêcheur cent pièces d'argent.

Le vizir fit comme on le lui avait commandé, et le pêcheur s'en alla son chemin, serrant bien fort les pièces en son giron, entre les pans rabattus de sa tunique. Il courait, trébuchait, tombait, se relevait, persuadé qu'il vivait un songe. Rentré chez lui, il put enfin se procurer tout ce dont lui et les siens avaient besoin.

Telle fut donc l'aventure du pêcheur...

La servante préposée à l'office des cuisines, pendant ce temps-là, avait pris les poissons, les avait ouverts, les avait vidés et soigneusement écaillés. Puis plaçant la poêle sur le feu, elle y versa ce qu'il fallait d'huile de sésame et attendit que celle-ci fût bien chaude avant d'y jeter les poissons. Le premier côté ne fut pas long à cuire. Elle les retourna prestement. Et voilà qu'à l'instant même, le mur de la cuisine se fendit en deux, laissant apparaître une jeune fille à la taille parfaite, aux joues pleines et lisses et aux yeux finement bordés de noir, portant sur toute sa personne la marque des plus rares qualités. Elle portait une robe sans manches faite de soie brillante, de longs pendants d'oreille encadraient son visage; enfin elle tenait à la main une baguette d'osier.

Effleurant la poêle à frire du bout de cette baguette, elle prononça à voix bien claire :

– Poissons, ô poissons ! souvenez-vous du pacte auquel vous êtes tenus !

La servante à cette vision avait perdu connaissance. La jeune fille en profita pour lancer une nouvelle fois son appel mystérieux. Alors les poissons levèrent la tête du fond de leur poêle et déclarèrent à leur tour à voix bien haute.

– Oui, oui ! nous avons entendu !

L'un d'eux improvisa même ces vers :

Si tu reviens,
nous reviendrons ;
si tu remplis tes engagements,
nous remplirons les nôtres.

Si tu nous imposes
même l'exil,
nous nous estimerons
suffisamment rétribués.

Sache donc, ô toi
qui vois passer
gens de toutes sortes
devant toi,

que le propre de l'homme libre
est de dire :
« Nous n'avons rien observé,
nous n'avons rien vu... »

Sur ce, la jeune fille renversa la poêle et sortit comme elle était entrée, et le mur de la cuisine se referma et redevint aussi lisse qu'auparavant. Quand la servante reprit connaissance, elle constata que les quatre poissons étaient tout brûlés, au point qu'on eût dit autant de morceaux de charbon de bois – ce dont elle s'attrista fort, craignant les réactions du roi.

– « C'est au premier jour de la campagne militaire que la lance du soldat vient à se briser! » soupira-t-elle en citant le proverbe.

Comme elle était encore à se faire des reproches, apparut tout soudain le vizir :

– Alors, ces poissons? fit-il. Les frères d'armes désirent y goûter en présence du sultan, et celui-ci attend toujours qu'on daigne les lui présenter!

Et la servante tout en pleurs dut lui expliquer ce qui s'était passé, évoquant pour finir l'apparition dont elle avait été témoin.

– Il y a en effet de quoi surprendre, admit le vizir qui ne cachait pas lui-même sa perplexité.

Il prit sur lui de faire mander le pêcheur par un messager qui s'acquitta de sa mission en une heure de temps. Sitôt qu'il vit le pêcheur, le vizir se précipita vers lui et lui lança en plein visage d'une voix terrible :

– Ô pêcheur, il faut absolument que tu nous procures quatre autres de tes poissons, les mêmes exactement, car nous les avons fort appréciés... Mais il nous les faut dans l'instant!

A quoi il adjoignit quelques menaces bien senties afin de faire comprendre au pauvre homme que le temps passait.

Le pêcheur se hâta d'aller chercher chez lui le matériel dont il avait besoin. Il lui fallut encore escalader la montagne, redescendre jusqu'à la plaine qui s'étendait de l'autre côté, gagner le bord de l'étang, lancer son filet et le retirer. Et constater pour finir que quatre poissons tout semblables aux premiers se trouvaient prisonniers des mailles... Il les rapporta sans traîner au vizir, qui lui remit en échange une belle pièce d'or et le congédia dans l'instant.

De retour à la cuisine, les poissons à la main, le ministre interpella la cuisinière :

– Allons ! vite ! et fais-les frire devant moi, cette fois-ci, que je me rende compte de ce qui se passe.

La cuisinière ne se le fit pas dire deux fois, prépara rondement ses poissons, mit la poêle sur le feu et les y jeta. A peine commençaient-ils à cuire que le mur de la pièce se fendit à nouveau, laissant passer la même jeune fille, toujours parée d'habits merveilleux, de colliers, de pierreries et de mille atours précieux, et toujours tenant à la main la même baguette d'osier dont elle effleura la poêle en lançant à voix bien claire :

– Poissons, ô poissons ! n'oubliez pas que vous êtes tenus à respecter le pacte !

A quoi les poissons, levant la tête, répondirent comme ils avaient déjà fait :

– Oui, oui ! nous avons entendu !

Et l'un des poissons termina encore une fois sur ces vers :

Si tu reviens
nous reviendrons;
si tu remplis tes engagements,
nous remplirons les nôtres.

Si tu nous imposes
même l'exil,
nous nous estimerons
suffisamment rétribués.

Sache donc, ô toi
qui vois passer
gens de toutes sortes
devant toi,

que le propre de l'homme libre
est de dire :
« Nous n'avons rien observé,
nous n'avons rien vu... »

Dès que les poissons en eurent fini de leur chanson, la jeune fille renversa la poêle d'un coup de baguette et s'en fut comme elle était venue, laissant derrière elle le mur de la cuisine aussi lisse et uni qu'auparavant.

– Il n'est décidément plus possible de cacher toute cette histoire au sultan! s'écria le vizir en se redressant d'un bond.

Et il s'en alla aussitôt rapporter à son maître le manège auquel venaient de se livrer les poissons.

– J'aimerais bien voir cela de mes propres yeux! s'écria le sultan, lui-même au comble de la surprise.

On alla donc, une fois de plus, chercher le pêcheur qui fut là au bout d'une heure et que l'on introduisit sans tarder auprès du sultan.

– Je souhaite, lui dit celui-ci, que tu m'apportes à l'instant quatre autres de ces poissons que tu es venu nous présenter. Mais surtout, veille à faire aussi vite qu'il se pourra.

Il désigna trois personnes qu'il chargea d'escorter le pêcheur de fort près; et une heure plus tard, ce dernier était de retour avec son butin : un poisson rouge, un poisson blanc, un poisson bleu et un poisson jaune.

– Remettez-lui quatre cents pièces d'argent, ordonna le roi à ses gens.

Et le pêcheur, après avoir logé la somme en son giron entre les bords relevés de son vêtement, s'en fut comme la première fois sans demander son reste.

Le roi se tourna alors vers son vizir :

– Installe-toi là, devant moi : je veux que tu fasses frire ces poissons en ma présence.

– Oreille attentive et bon vouloir! s'empressa de répondre le vizir.

Il fit disposer sous les regards du roi un petit fourneau à trois pointes devant lequel il prit place, nettoya lui-même les poissons, versa l'huile de sésame dans la poêle, alluma le feu et mit les poissons à cuire.

Les poissons commençaient à peine à dorer que le mur du palais tout soudain se fendit en deux, et l'on vit le roi et son vizir trembler de tous leurs membres en écarquillant les yeux. Un serviteur noir, tel un mont d'entre les monts, ou tel un descendant de la postérité des fils de 'Ad [1], long comme un roseau et aussi large que le trône, venait d'apparaître à leurs yeux. Il portait à la main une branche verte de palmier et s'écria à voix claire et haute, mais sur un ton désagréable à entendre :

1. Peuplade ancienne anéantie par Dieu pour avoir désobéi à son prophète. Cf. Qoran, XXVI, 123-139.

– Poissons, ô poissons! n'oubliez pas que vous êtes tenus à respecter le pacte!

Alors les poissons, relevant la tête comme à leur habitude, lui firent cette réponse :

– Oui, oui!... si vous revenez, nous reviendrons!

Sur quoi le serviteur noir renversa une fois de plus la poêle devant l'assistance, qui ne put manquer de constater que les quatre poissons étaient devenus autant de charbons; puis tournant le dos à tout ce monde, il s'en alla par où il était venu, tandis que le mur derrière lui redevenait tout aussi lisse que si rien ne s'était passé. A peine avait-il disparu que le roi s'écria :

– Voilà une affaire dont il n'est plus question de se désintéresser! Ces poissons ne sont décidément pas ordinaires! Leur histoire exige d'être tirée au clair!

Il donna ordre qu'on allât aussitôt chercher le pêcheur, et dès que celui-ci fut devant lui il l'interpella en ces termes :

– Malheur à toi! Peux-tu nous dire où tu as été pêcher ces poissons?

– Seigneur, répondit le pêcheur, je les ai pris dans un étang situé entre quatre collines, juste derrière la montagne qui surplombe la ville.

– Connais-tu cet étang? s'enquit le roi à l'adresse de son vizir.

– Par Dieu, non! ô roi, confessa le vizir. Voilà pourtant soixante ans que je parcours la région en tous sens... j'ai été chasser à un jour de marche, à deux jours de marche... j'ai poussé parfois à un mois de marche, à deux mois de marche!... et je n'ai jamais vu d'étang situé derrière cette montagne!

– Combien de temps mets-tu pour atteindre l'étang en question ? demanda le roi au pêcheur.

– Ô roi du siècle, il me suffit d'une heure de marche en plein jour.

La réponse ne laissa pas d'étonner quelque peu le sultan qui, résolu à en savoir davantage, fit rassembler sans plus attendre une petite troupe d'hommes en armes, enfourcha lui-même sa monture et quitta la ville en cet équipage, précédé par le malheureux pêcheur que l'on tenait sous bonne escorte... et qui commençait à maudire l'ifrite qui l'avait engagé dans cette affaire.

La petite troupe s'éloigna de la ville, gravit la montagne et poursuivit sa route de l'autre côté de la crête. Parvenus au sommet, le roi et ses gens avaient en effet découvert à leurs pieds une vaste plaine qu'ils n'avaient jusque-là jamais vue de leur vie, et au milieu de cette plaine, entre quatre collines, l'étang dont on leur avait parlé. Quand ils eurent atteint le rivage de celui-ci, ils purent également constater, tant l'eau était limpide, que la profondeur de l'onde était habitée par des poissons de diverses couleurs : poissons rouges, poissons blancs, poissons bleus, poissons jaunes...

Le sultan les considéra longuement, émerveillé par ce spectacle, puis se tournant vers son vizir, vers les émirs, les chambellans et les délégués de la couronne qui faisaient cercle autour de lui, il demanda :

– L'un d'entre vous a-t-il jamais eu l'occasion en sa vie d'apercevoir cet étang ?

– Non ! se récrièrent-ils d'une même voix.

– Et aucun d'entre vous ne connaissait le chemin qui nous a conduits en ce lieu ?

Tous les présents, s'agenouillant et baisant le sol à ses pieds, protestèrent de leur ignorance :

– Ô roi, par Dieu ! sache que jamais de notre vie nous n'avons aperçu cet étang. Nous venons de le découvrir à l'instant. Le fait est que l'endroit où nous nous trouvons n'est pas bien éloigné de notre ville ; et pourtant, aucun de nous n'en avait à ce jour entendu parler !

– Il doit bien y avoir une raison à ce mystère ! s'irrita le sultan. Par Dieu ! je ne regagnerai pas ma ville sans savoir ce qu'il en est du secret de ces poissons multicolores !

Et, donnant ordre aux soldats de l'escorte de mettre pied à terre et de dresser sa tente, il s'installa et attendit la tombée de la nuit. Il manda alors auprès de lui son vizir, un homme d'expérience qui n'ignorait rien des bouleversements auxquels le temps expose les choses de ce monde, en le priant de venir le rejoindre à l'insu des soldats.

– Je veux t'entretenir d'un projet que j'ai décidé de mettre à exécution, lui confia-t-il, mais j'entends que tu n'en souffles mot à quiconque... J'ai résolu de partir, seul, afin de tirer moi-même au clair le mystère de ces poissons et de cet étang. A partir de cette heure, et demain matin en particulier, il te faudra veiller à la porte de cette tente, et à tous les émirs qui demanderont à me voir, tu déclareras : « Le roi est indisposé ; il m'a donné ordre de ne permettre à personne d'entrer chez lui. » Voilà ! Surtout, ne révèle à personne ni mon départ ni mon projet. Et attends-moi là pendant trois jours.

– Oreille attentive et bon vouloir ! fit le vizir en

recevant cet ordre, convaincu de toute façon qu'il était vain de s'opposer à la décision de son souverain.

Le sultan fit comme il avait dit : il ceignit sa ceinture, l'assujettit solidement autour de ses reins, y passa le glaive royal et prit le chemin d'une des proches collines qu'il se mit à gravir. Il marcha toute la nuit. Au matin, il attendit que le jour se lève et que le soleil, étincelant de tous ses feux, soit suffisamment haut dans le ciel pour caresser de ses rayons le sommet de la colline, et il se mit à inspecter l'horizon. Apercevant au loin une silhouette noire, il décida d'aller dans sa direction, se félicitant déjà de sa découverte. « Sans doute est-ce là quelqu'un qui connaît ces lieux, songeait-il à part lui, et qui saura me fournir de précieux renseignements. »

Il lui fallut marcher longtemps avant de s'apercevoir que la silhouette en question n'était autre que celle d'un palais entièrement bâti de pierres noires scellées entre elles par des crampons de fer. Les hommes qui avaient procédé à sa construction, comme il put s'en rendre compte, avaient bien pris soin de disposer l'édifice selon les meilleures configurations astrales [1]. Le roi arriva enfin à la porte, dont l'un des battants était ouvert et l'autre fermé. Heureux de cette aubaine, il frappa à l'huis un coup léger. Il attendit un long moment en silence : aucune réponse ne lui parvint.

Il frappa une seconde fois, un coup plus fort que le premier, et scruta à nouveau le silence. Toujours pas

1. Cette pratique, héritée des anciens mages de Perse et de Chaldée, fut reprise par les musulmans. A partir du règne du calife al-Ma'moun (813-833), il devint d'usage courant de faire dresser une carte du ciel avant de procéder à l'érection d'un édifice.

de réponse. Il regarda autour de lui : personne ne se trouvait en vue. Il frappa une troisième fois, plus fort encore, et écouta. Rien ne se passa, personne ne se montra.

« Il n'y a pas de doute, se dit-il, ce palais est inhabité et tous les lieux alentour sont déserts. » Et s'enhardissant, il franchit le seuil.

Parvenu dans le vestibule, il cria à voix bien haute :

– Habitants du palais, c'est un étranger qui se présente à vous, un étranger de passage, affamé de surcroît. Avez-vous quelque nourriture à lui offrir ? Vous mériterez, ce faisant, la reconnaissance du Seigneur des hommes !

Il lança ces paroles une seconde puis une troisième fois, sans obtenir davantage de réponse. Ayant de la sorte raffermi son cœur et rassemblé son courage, il se hasarda à quitter le vestibule et se mit à explorer le reste du palais. Il regarda à droite, il regarda à gauche : il ne vit personne. Les salles étaient toutes tendues de grandes pièces de soie, de tapis royaux, de vastes tentures déployées du sol au plafond, de rideaux d'étoffe légère. Partout étaient disposés meubles et coussins. Au cœur de l'édifice s'ouvrait une cour cernée, sur chacun des côtés, par quatre arcs de pierre reposant sur des piliers, commandant quatre salles surélevées qui se faisaient face deux à deux. Dans chacune de ces salles, entourées l'une comme l'autre par une banquette courant tout au long des murs, se dressait une estrade surmontée d'un banc de pierre ; de même chacune était-elle meublée d'une armoire ménagée dans l'épaisseur du mur. Au centre de tout cela avait été creusée une piscine dans laquelle quatre lions d'or rouge crachaient par leurs gueules des gerbes d'eau, comme autant de flots de perles et de pierres précieuses. Enfin, dans chaque salle, des oiseaux tournoyaient sous les plafonds, prisonniers des grillages d'or qui fermaient les ouvertures, et leurs chants se laissaient écouter avec plaisir.

Le roi avait examiné tout cela d'un regard émerveillé. Ce qui l'étonnait surtout, c'était que personne ne se présentât pour répondre à toutes les questions qu'il eût voulu poser. Il s'assit sur une marche, à l'entrée d'une des salles surélevées, et se laissait aller aux mille réflexions que lui suggérait le spectacle qui l'entourait, quand il crut entendre une sorte de gémissement, comme eût pu en pousser un être en proie à l'affliction. Le gémissement fut suivi d'un cri plaintif, puis d'un sanglot. A la fin, une voix se mit à réciter des vers :

Ô siècle, cesse de t'appesantir sur moi!
Ô temps, cesse de couler!
Voici mon cœur
entre la peine et le danger.

N'aurez-vous pas pitié d'un homme
tout-puissant dans sa tribu,
que les lois de l'amour passionné ont humilié
et qui est passé de richesse à pauvreté?

La brise qui soufflait sur vous
faisait naître en moi la jalousie;
mais lorsque le destin lance son verdict,
les yeux deviennent aveugles.

Les Mille et une Nuits

Si les soucis accourent en foule
pour accabler l'homme jeune,
par où pourra-t-il fuir le destin,
par où pourra-t-il fuir?

Que fera l'archer,
lors de sa rencontre avec la troupe ennemie,
si voulant décocher sa flèche,
la corde qui tend son arc se rompt?

J'ai caché les blessures que tu m'as faites,
et que chacun peut voir.
Dans mes yeux, l'insomnie
a remplacé le sommeil.

Lorsque les soucis ont rempli mon cœur, j'ai crié :
« Ô siècle, cesse de t'appesantir sur moi!
Ô temps, cesse de couler! »

Voici mon cœur
entre la peine et le danger.

Si le Sultan de l'Amour
agissait à mon égard en toute justice,
il n'aurait pas laissé mon sommeil
en exil loin de mes yeux.

Mes seigneurs, soyez touchés de compassion
devant ces larmes qui sont ma mort!
N'aurez-vous point pitié d'un homme jadis honoré,
que les lois de l'amour passionné ont humilié?

D'un homme riche dans sa tribu
et qui s'est vu soudain réduit à pauvreté?

Les censeurs n'ont pas eu assez de blâmes
à lancer contre ta personne;
j'ai refusé de les écouter
et me suis détourné d'eux.

Ils m'ont dit : « Ton désir se voue
à une personne qui ne le mérite point. »
J'ai répondu : « Mon désir ne va
qu'à la plus extrême beauté! »

Trêve d'arguments! Au verdict du destin,
les yeux sont toujours aveugles.

Ce refus, cet éloignement, jusques à quand
dureront-ils? La peine qui est en moi
me vaut la pitié
de ceux-mêmes qui m'ont blâmé.

Mes larmes ont coulé,
semblables aux pluies de l'hiver.
Si de tels soucis accourent en foule
pour accabler un cœur si jeune,

par où pourra-t-il fuir le destin,
par où pourra-t-il fuir?

Mes os ont été rongés par l'exil
que tu m'as imposé; oui, mes os eux-mêmes,

ont maigri! Et celui qui de sa vie
n'avait plaint personne a compris mon mal.

Mes larmes ont coulé,
elles ont humecté le sol;
et n'allez pas dire, jouant les étonnés :
« Comment est-ce arrivé? »

Toute chose est forcément tributaire
de l'arrêt inflexible du destin.

Ô toi qui règnes sur mon cœur,
je te souhaite une table bien garnie
et la protection contre tous maux
en ce monde et en l'autre.

Je n'aspire qu'à ton étreinte.
Ne me dis pas : « A demain. »
Sinon que fera l'archer
lors de sa rencontre avec l'ennemi?

Oui, que fera-t-il de sa flèche
si la corde de son arc se rompt?

Ces vers furent encore suivis de nouveaux sanglots. Le roi cependant s'était levé et avait cherché à se diriger vers la pièce d'où semblait partir la voix. Il arriva ainsi à une porte que masquait un large rideau déployé et déboucha dans une vaste salle de réception. Tout au fond, à la place d'honneur, un adolescent se trouvait assis sur un siège installé à une coudée au-dessus du sol. C'était un beau jeune homme, svelte de taille, à la physionomie éloquente, au front lumineux, au visage festonné d'un duvet aux doux reflets, à la joue rose piquée d'un grain de beauté tel un grain d'ambre. Il était tout entier conforme à la description du poète :

Mince de taille,
de sa chevelure à son front se lève
une aube de lumière :
cheveux de nuit et front d'aurore!

N'ignorez pas
le grain de beauté
dont s'orne sa joue,
anémone pointée de noir...

Le sultan, fort réjoui de le voir, lui adressa son salut. L'adolescent portait sur lui un ample vêtement de soie orné de broderies d'or, à la mode égyptienne. Sur sa tête était posée une couronne d'or pareille à celle des pharaons. Mais toutes les marques de l'affliction et de la tristesse étaient empreintes sur son visage.

Lorsque le sultan lui eut transmis ses salutations, le jeune homme lui répondit par les meilleures paroles et conclut sur ces mots :

– Seigneur, tu m'es plus cher encore, sache-le, que toute personne qui eût mérité que je me lève en son honneur... Accepte donc mes excuses...

– Jeune homme, je les agrée de grand cœur, fit le sultan. Ne suis-je pas ton hôte? Sache à ton tour que si je suis venu te trouver, c'est au nom d'une affaire d'importance. Es-tu capable de me renseigner sur le mystère de cet étang qui se trouve non loin de ma ville, et sur les poissons multicolores qui l'habitent? Peux-tu aussi m'éclairer sur ta présence en ce palais étrange, où personne ne te tient compagnie, et me dire enfin la cause de tes pleurs?

Ces paroles eurent le don de faire redoubler les larmes du jeune homme, qui se mirent à inonder ses joues et jusqu'à sa poitrine, et lui arrachèrent une nouvelle complainte :

Demandez : « Qui donc a pu vivre
heureux du peu que lui ont accordé les jours?
Combien d'hommes le temps volage
a-t-il fait asseoir, a-t-il fait lever? »

Si tu dors, l'œil de Dieu ne dort pas
A qui le Temps s'est-il montré limpide?
Auprès de qui les richesses de ce monde
se sont-elles maintenues avec constance?

A le voir pleurer ainsi encore et toujours, le roi ne lui cacha son étonnement :

– Quelle est donc, ô jeune homme, la cause de ces larmes?

– Seigneur, se borna à répondre l'autre, comment pourrais-je ne point pleurer en l'état où je me trouve?

Étendant alors sa main vers le bord inférieur de son vêtement, il le releva jusqu'à la ceinture, et ce que découvrit le roi, à ce geste, le plongea dans le dernier degré de la stupéfaction : tout le bas du corps du malheureux jeune homme n'était qu'un bloc de pierre noire, et ce depuis le nombril jusqu'à la pointe des pieds. Il n'appartenait à la race des fils d'Adam qu'entre le nombril et la tête.

Lorsqu'il eut pris conscience de l'état auquel se trouvait condamné le bel adolescent, le roi se sentit étreint par la douleur et par la tristesse et ne put réprimer un soupir.

– Jeune homme, lui dit-il avec douceur, tu as ajouté un souci de plus à ceux qui pesaient sur moi. Je demandais à comprendre l'énigme de l'étang et de ces poissons qui l'habitent; maintenant, je ne peux plus me contenter d'apprendre leur histoire, il me faut aussi savoir la tienne. Il n'y a de puissance et de force qu'en Dieu le Très-Haut, le Très-Grand! Va, jeune homme, ne me fais pas languir plus longtemps, laisse-moi pénétrer le secret de ton aventure!

– Daigne alors t'y consacrer tout entier. Ouvre grands tes yeux, tes oreilles, ton intelligence.

– Voici mes yeux, mes oreilles, mon intelligence : ils sont tout à ton service.

– Sache que l'histoire de ces poissons et ma propre histoire puisent à la même source étrange et merveilleuse. Oui, elles vaudraient la peine qu'on les transcrivît avec la pointe de la plus fine aiguille sur le coin même de la prunelle de nos yeux, afin d'offrir un avertissement salutaire à tous ceux qui se plaisent à réfléchir sur les événements engendrés par le temps. Voici donc...

LE ROI
DES ÎLES NOIRES

Apprends, seigneur, que mon père régna jadis en ces lieux. On l'appelait le roi Mahmoud, maître des Iles Noires... qui ne sont autres que ces quatre collines que tu as vues près de l'étang. Il gouverna son royaume pendant quelque soixante-dix années, puis mourut. Je lui succédai sur le trône et pris pour épouse la fille de mon oncle paternel, laquelle m'aimait d'un amour si intense qu'elle se trouvait incapable de manger et de boire chaque fois que d'aventure il m'arrivait de m'absenter un jour plein. Elle demeura dans mon amitié pendant cinq ans. Puis, un jour qu'elle s'en était allée aux bains, je donnai ordre au cuisinier de préparer pour son retour un dîner superbe, composé des meilleures grillades, et j'allai m'étendre ensuite dans une salle de mon palais – celle même où tu te trouves assis à l'heure présente –, non sans avoir demandé à deux de mes servantes de m'éventer pendant mon somme, l'une installée à ma tête, l'autre à mes pieds.

Je fermai les yeux, et la respiration qui soulevait régulièrement ma poitrine devait faire penser que j'étais endormi, mais des idées bizarres me traversaient l'esprit et le sommeil tardait à me visiter. C'est alors que j'entendis la servante qui se trouvait à ma tête murmurer à celle qui était installée à mes pieds :

– Ô Mas'oudah! comme notre maître me fait pitié! Quelle misère que de voir sa jeunesse traitée de cette manière! Quel dommage de la voir livrée au pouvoir de notre maîtresse, gaspillée par cette femme maudite!

– Tais-toi! répondit l'autre. Que Dieu maudisse les femmes félonnes, les femelles adultères! Malheur à toi! Qu'un homme comme notre maître, orné de toutes les grâces de la jeunesse, en soit réduit à faire sa compagne d'une prostituée qui couche chaque nuit Dieu sait où!...

– Comme il est à plaindre, renchérit sa compagne, de ne trouver personne à ses côtés quand il lui arrive, au cœur de la nuit, d'abandonner le sommeil.

– Malheur à toi! et que Dieu fasse périr cette catin! Ne sais-tu pas que notre maîtresse feint de le laisser chaque soir à son libre arbitre, mais qu'elle s'arrange pour verser un soporifique dans le verre qu'il boit avant d'aller se coucher? Dès qu'elle le lui a fait absorber, il s'endort et devient pareil à un mort, et elle en profite pour quitter la place, où on ne la voit jamais revenir avant l'aube. Enfin, sitôt de retour, elle s'arrange pour lui faire respirer une substance qu'elle fait brûler sous son nez et qui dégage une épaisse fumée, après quoi il ne tarde guère à se réveiller... Ô gaspillage de sa jeunesse!...

Cette conversation que je venais de surprendre irrita ma rancœur à l'extrême et me plongea dans un violent courroux. J'avais peine à imaginer que la nuit allait venir enfin, m'éclairant définitivement sur mon infortune. Et puis ma femme, oui, cette fille de mon oncle, rentra du bain... Nous fîmes disposer la nappe et l'on servit le repas. Arriva enfin l'heure d'aller nous coucher. Comme je me dirigeais vers le lit où j'avais l'habitude de passer la nuit, je me détournai un bref instant au lieu de boire le contenu du verre que ma femme venait de me tendre et, sans qu'elle vît mon geste, j'en répandis discrètement le contenu sur le sol. Puis, feignant de me trouver la proie d'un sommeil incoercible, je m'écroulai de tout mon long et l'entendis aussitôt s'écrier :

– Dors! et puisses-tu ne jamais te réveiller! Par Dieu! si tu savais à quel point ton amitié m'est devenue une fatigue, à quel point ta figure me fait horreur!

Sur quoi elle se leva, s'habilla et se parfuma avec soin, se ceignit de mon glaive, franchit la porte et s'en fut.

Sache qu'alors, seigneur, je me levai à mon tour et la suivis hors du palais. Je traversai la ville à sa suite et la vis s'arrêter un instant devant une porte qui s'ouvrait au bas des remparts. Elle prononça devant cette porte des paroles dont je ne pus saisir le sens. J'entendis simplement les verrous tomber et vis le battant s'ouvrir. Elle s'éclipsa par cette issue mais je continuai à la suivre. Elle traversa une étendue de campagne plantée de pauvres masures sans fenêtres, et se dirigea à la fin vers une hutte faite en partie de roseaux et couverte sur une autre portion par une voûte de briques cuites au four. Comme elle venait d'y entrer, j'en profitai pour me hisser sur ce toit d'où je pouvais commodément observer ce qui se passait à l'intérieur.

Je vis alors celle qui était ma femme et ma cousine se tenir debout devant un serviteur noir qui l'observait d'un air soucieux, installé sur un matelas de roseaux secs. L'homme portait en guise de vêtement quelques haillons d'étoffe rapiécée. Lorsqu'il vit ma femme se prosterner devant lui et baiser le sol à ses pieds, il lui lança d'une voix mauvaise :

– Malheur à toi! puis-je savoir ce qui t'a mise si en retard? Il y avait tantôt chez nous les fils de mes oncles paternels, tous aussi noirs que moi. Ils ont passé leur temps à vider force coupes de bière, à faire sonner leurs tambourins et à musarder selon leur plaisir, chacun en compagnie d'une belle adolescente, pendant que moi je refusais de boire en t'attendant!

– Ô mon maître, ô mon bien-aimé! voulut-elle se justifier, ne sais-tu pas que je suis mariée, que je vis sous la coupe d'un homme qui n'est autre que le fils de mon oncle paternel? Ne sais-tu pas aussi que rien qu'à le regarder, il m'arrive de prendre en horreur toutes les créatures; et qu'à seulement le voir me manifester son amitié, je me prends à éprouver du dégoût pour tous ceux qui m'entourent? Si je ne craignais pas de t'indisposer en agissant de la sorte, je n'aurais pas laissé le soleil se lever sans avoir transformé la ville sur laquelle il règne en un amas de ruines informes, où ne se feraient plus entendre que le cri du corbeau et celui du hibou, où les renards et les loups viendraient seuls chercher un abri... Oui, j'aurais transporté une par une les pierres de cette cité jusqu'au-delà de la montagne de Qâf [1]!

– Tu mens! femelle maudite! l'interrompit le Noir. Je le jure, j'en fais le serment solennel, par le prix des qualités viriles des Noirs! Après cette nuit, tu peux être sûre que jamais plus je n'organiserai de ces réunions amoureuses à la faveur desquelles nous retrouvons les fils de mes oncles paternels! Tu as manqué à ta promesse! Je ne lierai plus amitié avec toi, je ne

1. Montagne qui, selon les anciens Arabes, entourait la terre.

coucherai plus à tes côtés, nos corps ne viendront plus s'accoler à ton corps! Ah, maudite femelle! tu cherches à jouer au plus fin avec nous, tu ne nous considères que comme les jouets de ton désir! Maudite sois-tu, femelle puante!

Ai-je besoin de dire, ô seigneur, que lorsque j'eus entendu ces paroles, le monde cessa d'exister à mes yeux. Je ne voyais que ténèbres autour de moi, ne sachant même plus où je me trouvais.

Pendant ce temps, ma cousine s'était mise à pleurer, caressant son amant d'une voix implorante :

– Ô bien-aimé qu'a choisi mon cœur! Ô toi dont il se nourrit, telle une datte délicieuse! si tu t'irrites contre moi, qui me restera? Si tu me chasses, qui m'offrira un abri, ô petit seigneur mien? Ô mon bien-aimé! ô lumière de mes yeux!...

Et elle ne cessa de gémir et de pleurer à ses pieds, dans la plus humble posture, jusqu'à ce qu'il consentît à la fin à lui témoigner à nouveau son agrément. Alors, toute joyeuse, elle se releva et je la vis se dépouiller devant lui de ses vêtements, commençant par ceux du dessus et en arrivant bientôt à effeuiller un à un ses dessous.

– Seigneur, lui susurrait-elle, n'aurais-tu pas chez toi quelque chose à donner à manger à ta petite servante?

– Va-t'en voir sous le couvercle de la marmite en cuivre, se borna à lui dire son compagnon.

Elle souleva le couvercle sous lequel elle trouva quelques os qu'on avait mis à frire et qu'elle suça comme elle put.

– Il reste aussi un peu de bière au fond de la cruche, fit le Noir, tu n'as qu'à la boire.

Ce qu'elle fit sans plus de cérémonie. Après quoi elle alla se laver les mains, laissa tomber les derniers voiles qui la dissimulaient aux regards et se glissa toute nue auprès de lui, sous les haillons qui recouvraient sa couche de roseaux séchés.

Je profitai de cet instant pour descendre du toit où j'étais perché et, franchissant la porte, je m'emparai sans bruit du glaive qu'elle avait emporté avec elle et tirai la lame hors du fourreau. J'étais résolu à les tuer tous les deux. Je frappai d'abord le Noir que j'atteignis au cou, ne doutant pas de l'avoir fait périr dans l'instant. Je ne m'étais pas rendu compte que je n'avais pas touché les vaisseaux jugulaires, n'ayant réussi à lui entamer que les chairs de la gorge. Je pris le râle violent qu'il poussa alors pour le signe de sa mort certaine et me tournai vers ma cousine, mais celle-ci réussit à s'écarter d'un mouvement preste. Nous étions dans l'obscurité complète. Je reculai de quelques pas, remis le glaive à sa place et m'en fus vers la ville. Rentré en ma demeure, je m'affalai sur mon lit et dormis jusqu'au matin.

Lorsque ma femme fut de retour, je constatai avec surprise qu'elle s'était coupé les cheveux et portait des vêtements de deuil. Elle s'en expliqua de la façon suivante :

– Ô mon cousin, ne m'empêche pas d'agir ainsi : je viens d'apprendre que ma mère est morte, que mon père a péri dans la lutte contre les ennemis de la Foi et que mes deux frères viennent de perdre la vie, l'un à la suite d'une piqûre venimeuse, l'autre après avoir fait une chute dans un précipice. J'ai donc le droit de pleurer et de m'affliger.

Je ne répondis rien sur l'instant et feignis de la croire :

– Fais ce qui te semblera bon; je ne m'opposerai pas à tes projets.

– Pendant une année pleine elle se livra aux pleurs, aux lamentations et s'abîma dans l'affliction. Quand douze mois se furent écoulés, je l'entendis me déclarer :

– Je veux que tu fasses bâtir à mon intention dans ton palais une demeure funéraire où je puisse m'isoler pour me consacrer toute à mon deuil. Je l'appellerai « la Demeure de l'Affliction ».

– Fais ce qui te semblera bon, me contentai-je de répondre.

Elle se mit aussitôt à donner les ordres nécessaires pour que l'édifice en question fût bâti conformément à ses vues. Le centre en fut bientôt surmonté par un dôme qui abritait une sorte de caveau, tel qu'on en creuse d'ordinaire à l'intention des morts. Je sus enfin qu'elle avait fait transporter en ce lieu son amant, le serviteur blessé, qui survivait sans lui être désormais d'une quelconque utilité. Il ne pouvait plus ingurgiter que des boissons et se trouvait incapable de prononcer le moindre mot depuis que je l'avais frappé de mon glaive. Mais il s'attachait encore à la vie, n'étant visiblement pas parvenu au terme de son existence sur cette terre. Chaque jour elle lui rendait visite, à l'aube et à la tombée de la nuit. Elle pénétrait sous la voûte et descendait vers lui dans l'ombre du caveau. Elle pleurait et ne cessait d'énumérer ses mérites, tout comme s'il avait été réellement mort. Elle lui donnait à boire et le nourrissait de bouillies; et il en allait ainsi chaque matin et chaque soir.

Elle s'occupa de lui toute une année encore, avec la même assiduité et la même fidélité. Je m'efforçais quant à moi à la patience, évitant de lui adresser la parole et veillant à ne la gêner en rien dans ses occupations. Un certain jour, comme je venais d'entrer chez elle sans qu'elle m'eût entendu, je la trouvai en train de pleurer et de faire à voix haute l'éloge en vers de son galant :

Dès que je t'aperçois,
ce que j'entrevois
des épreuves que tu endures
me met moi-même au supplice.

Mais qu'il advienne ensuite
que tu ne sois plus devant mes yeux,
et je continue d'endurer la torture
dont mes yeux ont été les témoins.

Et elle poursuivit sur le même ton :

Ô toi que mon désir seul distrait de l'ennui,
sache que j'ai vu mourir mon courage
à prendre en patience ce désir même!
Pourtant mon âme et mon cœur n'aiment que toi...

Rendue au bord de la tombe, si je t'entends
seulement m'appeler par mon nom, je répondrai.
Mes os s'arracheront de la terre pour s'offrir
à toi, dès que sur eux tombera ton appel.

Elle ne s'interrompait que pour gémir :
– Ô toi qui te confonds avec mon âme, parle-moi! Ô mon bien-aimé, dis-moi au moins quelques mots!...
Et après un instant de silence, elle reprenait :

Le jour vainqueur que j'appelle de mes vœux
est celui où je pourrai enfin être avec vous.
Le jour de mon trépas est celui
qui vous tient éloigné de moi.

Je passe la nuit dans la peur,
soumise à la menace de l'épée;
mais le plaisir de vous joindre
est plus délicieux que toute sécurité.

J'entendis encore ces vers passionnés :

Ton image habite entre mon œil
et ma paupière close. Ton souvenir
s'insinue entre chaque battement
de mon cœur.

Ton amour s'est infusé
à l'intérieur de mes os;
il y coule comme la sève
au cœur secret de la branche!

Qu'un seul jour vienne à passer sans te voir,
et ma poitrine aussitôt se serre,
et les pleurs en flots continus
coulent de mes yeux.

Ô toi que passionnément je désire,
sache que ma passion me possède
tel un maître son esclave,
car ma folie ne fait qu'accroître mon amour.

Crains le Seigneur de miséricorde,
toi qui verses le breuvage de désolation,
et réponds enfin à mon âme,
oui, prends-moi enfin en compassion!

Et ces autres vers enfin :

Si un jour je deviens riche
au point de n'avoir rien à désirer,
si un jour je possède le monde
et l'autorité des Césars,

sache qu'à mes yeux rien de tout cela
ne pèsera plus que l'aile d'un moucheron,
si mes yeux n'ont pas ta personne
à regarder!

– Seigneur, poursuivit le jeune homme en s'adressant au roi, apprends que lorsqu'elle eut prononcé ces derniers vers et eut enfin séché ses larmes, je m'avançai vers elle et lui lançai :

– Cousine, n'as-tu toujours pas ton content d'affliction et de larmes? Quel profit tires-tu de ces pleurs? Ils ne te servent à rien.

– Cousin, répondit-elle, ne mets pas d'obstacle à mes gestes, sinon je me tuerai.

Je gardai une fois de plus le silence, résolu à

attendre qu'elle prît soin de remédier d'elle-même à son état, et une nouvelle année passa de la sorte, vouée comme les autres aux pleurs, au deuil et aux lamentations. Et puis un certain jour, comme je venais de regagner mon palais l'âme fort en courroux à la suite de quelque malencontreuse affaire, la peine accablante de cette femme me parut soudain avoir assez duré. Je la rejoignis sous cette voûte dont elle avait fait sa retraite et la trouvai près du caveau. Je l'observai un instant.

– Ô mon maître, se lamentait-elle au chevet de son amant, je n'entends de toi aucune parole ! Ô mon maître, voilà trois années que tu refuses de me répondre...

Puis elle improvisa ces vers :

Par Dieu, ô sépulcre,
ses belles qualités sont donc enfuies
et l'aspect éclatant de sa beauté
n'est plus qu'un songe ?

Ô sépulcre, tu n'es, que je sache,
ni un riche jardin ni une sphère céleste :
comment a-t-on pu réunir en ton sein
et le rameau vert et la lune ?

Ces vers m'emplirent d'un nouveau courroux qui ne fit que s'ajouter à l'ancien. Je m'entendis hurler :

– Jusques à quand cela va-t-il durer ?

Et ces autres vers franchirent mes lèvres :

Ô sépulcre ! ô sépulcre !
ses noirceurs sont donc enfuies,

sa figure malpropre
n'était-elle donc qu'un songe?

Ô sépulcre! ô sépulcre!
tu n'es, que je sache, ni une cave ni un égout :
comment a-t-on pu réunir en ton sein
et le charbon et la boue?...

Suivis par ces autres vers encore :

Mon cœur est devenu insensible à la pitié
le jour où j'ai découvert son secret,
le jour où j'ai enfin compris
qu'on avait séparé ce qui se trouvait uni!

Et cerné par le malheur,
je lui ai jeté ces mots :
« Ah! comme il s'est vu heureux,
celui qui ne t'a pas connue! »

Ces paroles la firent bondir.

– Malheur à toi, époux qui ne comptes pas plus qu'un chien! Ainsi c'est donc toi qui as commis ce crime! toi qui as blessé celui que mon cœur aimait à la passion! toi qui m'as accablée en ruinant sa jeunesse! Voilà trois années que, par ta faute, il agonise, à mi-chemin de la vie et de la mort...

– Ô toi la plus répugnante des catins, la plus infâme ribaude! répliquai-je sur le même ton, toi qui poursuis de ton désir les serviteurs noirs dont on achète les faveurs à vil prix!... Sache en effet que c'est moi qui ai accompli ce geste!

Sur quoi je dégainai mon glaive, en assurai bien la

poignée dans ma main et pointai la lame contre elle, enfin décidé à lui ôter la vie. Mais elle se moquait de mes paroles comme de la menace qui pesait sur elle, et se contenta de rire en me lançant cet avertissement :

– Chien, tu seras frustré dans tes espérances! Loin, loin de nous ce qui est accompli! Le passé ne peut revenir, je le sais, ou alors les morts reviendraient à la vie... Mais Dieu, par bonheur, m'a donné puissance d'agir contre celui qui a commis ce crime et qui a logé dans mon cœur un feu que rien ne peut éteindre, une flamme dont rien ne viendra à bout!...

Et se dressant devant moi de toute sa taille, elle prononça des formules dont je ne pus saisir le sens et finit par s'écrier :

– Quitte cette forme humaine à l'instant! Que mes enchantements et mes artifices te rendent moitié pierre, moitié fils d'Adam!

Et à l'instant même, ô seigneur, je devins ce que tu vois maintenant, livré pour jamais à la tristesse et à l'affliction. Je ne puis ni me lever, ni m'asseoir, ni m'étendre à la recherche du sommeil. Je ne suis ni un mort parmi les morts, ni un vivant parmi les vivants...

Sache enfin qu'après m'avoir réduit en cet état, elle jeta un sort à la ville et à tout ce qui s'y trouvait : jardins, vergers, marchés. Apprends en effet que la cité en question se dressait à l'endroit même où tu as établi ton camp, où ont bivouaqué tes soldats. A l'époque, la population qu'elle abritait comptait quatre communautés en ses murs : des musulmans, des mages [1], des

1. C'est-à-dire des zoroastriens restés fidèles à l'ancienne religion de la Perse.

chrétiens et des juifs. Elle les transforma tous en poissons... ces poissons que tu as vus : les blancs sont des musulmans, les rouges des mages, les bleus des chrétiens et les jaunes des juifs. Elle jeta aussi un sort aux îles, qui devinrent les quatre collines que tu sais, et ouvrit au milieu d'elles cet étang. Mais cela ne lui suffisait pas; elle trouvait que mon destin n'était pas assez cruel encore. Ainsi chaque jour vient-elle me dépouiller de mes vêtements et me flageller de cent coups de lanière de cuir, jusqu'à ce que mon sang coule et que la peau de mes épaules soit en lambeaux; après quoi, sous ces habits royaux que tu me vois, elle m'oblige à porter à même la peau un cilice fait de poils de chèvre...

Le jeune homme avait terminé son récit, qui lui avait arraché de nouvelles larmes. Il ne reprit la parole que pour réciter ces vers :

Je prends en patience, ô mon Dieu,
le sort auquel Tu m'as voué par décret;
oui, je l'accepte puisque à tout cela,
Tu as donné Ton assentiment.

Ils ont été injustes envers nous
et ont pris plaisir à nous tyranniser;
peut-être ont-ils reçu pour leur peine
une moisson de bienfaits...

Loin de Toi, Seigneur,
de laisser agir les tyrans!

Aussi est-ce par Toi que je demande
à être tiré hors de ma nuit!

– Tu as fait disparaître l'une de mes inquiétudes, mais tu as ajouté un souci encore à ceux que je portais déjà, dit le roi au prince ensorcelé.

Puis il demanda :

– Ô jeune homme, peux-tu me dire où se trouve à présent cette femme qui te martyrise, et m'indiquer le chemin qui conduit à ce monument funéraire dont tu m'as parlé?

– Ô roi, répondit l'adolescent, le serviteur blessé dort toujours sous la coupole de cet édifice qui se trouve à la porte même de ce palais. Apprends que ma femme vient le visiter chaque jour à l'heure où le soleil se lève! Avant chacune de ces visites, elle passe me voir, m'enlève tous mes vêtements et m'administre cent coups de fouet. J'ai beau gémir, hurler, je n'ai ni la force de me précipiter sur elle, ni celle de la repousser, puisque mon corps est pour moitié fait de pierre et pour moitié seulement de chair et de sang. Enfin, sitôt qu'elle m'a châtié, elle se précipite au chevet de celui qu'elle aime, à qui elle apporte de quoi boire et qu'elle nourrit de bouillon.

– Par Dieu, ô jeune homme, je veux que tu saches de quelle façon je suis résolu à en agir envers toi : oui, je te l'assure, mon geste me vaudra à l'avenir l'approbation des chroniqueurs, qui ne manqueront pas d'en rendre compte!...

Tous deux continuèrent à s'entretenir de la sorte jusqu'à la tombée de la nuit, puis le sommeil les prit et les tint jusqu'à l'aurore.

Sitôt réveillé, le sultan quitta ses habits royaux, dégaina son glaive et se dirigea vers le caveau funèbre. Parvenu sous la coupole, il s'étonna de tous les cierges et de toutes les lampes qui brûlaient là, au milieu des exhalaisons où se distinguaient les senteurs de l'encens, du safran et de divers aromates et pommades. Sans autrement tarder, il s'approcha du serviteur blessé et l'acheva; après quoi il prit son corps sur ses épaules et s'en alla le jeter au fond d'un puits situé dans l'enceinte même du palais. Puis revêtant le costume du blessé, il prit sa place au plus profond du caveau, son glaive nu dissimulé sous son vêtement.

Une heure s'écoula encore avant que la femme, la magicienne maudite, n'arrivât au palais. Comme chaque jour, sa première visite fut pour son cousin qu'elle se fit un plaisir de dépouiller de ses riches habits pour le mieux fouetter jusqu'au sang sur toute la surface de la peau.

– Ah! cousine, cousine! gémissait-il, tu n'auras donc jamais pitié! Tu ne veux rien m'épargner! L'épreuve que je subis, le destin auquel tu m'as condamné ne te suffisent donc pas!... Alors que j'implore ta pitié...

– Il fallait d'abord me prendre moi-même en pitié, le sermonna-t-elle, et épargner celui que j'aime à la passion.

Et elle s'employa sans plus attendre à le flageller de son fouet, jusqu'à faire couler le sang sur les épaules et sur les flancs du malheureux, avant de le contraindre à passer la tunique en poils de chèvre dont il lui fallait encore souffrir le contact sous ses habits royaux.

Ayant accompli cet office, elle s'empressa au chevet de son amant à qui elle apportait comme à l'habitude de la boisson et un peu de bouillon. Parvenue sous la coupole, elle céda à l'appel des larmes et des gémissements et se mit à énumérer, entre deux lamentations, toutes les qualités de l'être qui lui était cher, avant de conclure sur ces vers :

Vous nous interdisez de vous rencontrer :
pourquoi êtes-vous si avares
de votre présence, ô mes seigneurs ?
Seuls vos ennemis nous séparent de vous !

Rendez-moi donc visite, car ma vie
se résume à votre présence.
N'est-il pas dans vos habitudes
de dispenser l'accueil plutôt que l'exil ?

– Ô seigneur mien ! s'écria-t-elle enfin, parle-moi donc ! Rien que quelques mots, ô seigneur mien !...

Et des vers lui vinrent à nouveau aux lèvres :

Jusques à quand, ô inexorable,
vous détournerez-vous de nous ?
Les larmes qu'ont pleuré mes yeux
ne vous suffisent-elles pas ?

Longtemps a duré l'insomnie
qui a privé ces yeux de sommeil
au seul souvenir de votre absence
et de votre constance à me rebuter.

Ô toi qui m'as promis la rencontre,
comme seront douces ces nuits de la promesse !

Ô toi dont le refus m'a livré
à la maladie, accorde-moi ta présence!
Seul l'acte de la conjonction
est capable de me guérir!

Ah! que ta puissance calme mon humiliation!
Ah! que m'enveloppe ta bienveillance!

J'ai celé à tous mon amour pour toi,
ô l'unique objet de mes vœux!
Mais il s'est divulgué de lui-même,
tant il est vain de le cacher.

A cause de toi, mes pleurs ont coulé,
mais c'en est assez des larmes!

Ô toi qui me blâmes, sache que j'ai reçu
mon content de paroles dures.

Je ne suis rien d'autre que l'esclave
de mon ardent désir de toi...
Celui qui m'en blâme est-il sûr
de la justesse de son jugement?

Certes ma passion ne cesse de croître,
et si violent est mon désir
que je ne trouve plus de tuteur
pour gérer mes intérêts.

Mon dernier souffle de vie
exhalera ma tristesse,

tant que les flammes de mon feu
ne seront pas éteintes.

Ah! quand donc viendra l'heure
de la rencontre généreusement accordée,
après le temps des ténèbres
et de l'implacable dureté?

Le mal alors me quittera et je dirai :
« Mon amour a tenu sa promesse! »

– Ô mon bien-aimé, parle-moi! cria-t-elle encore. Juste quelques mots, mon bien-aimé! Ô réponds-moi!

A quoi le roi à voix basse, et la langue nouée pour mieux imiter le parler des Noirs, répondit :

– Ah!... ah!... ah!... Il n'y a de force et de puissance qu'en Dieu le Très-Haut, le Très-Grand!

Sitôt qu'il eut prononcé ces paroles, la femme jeta un grand cri et la joie lui fit perdre un instant le sens.

– Ô seigneur mien! murmura-t-elle en reprenant ses esprits, est-il vrai que tu as parlé? Ai-je bien entendu ces mots que tu as prononcés à mon intention?

– Maudite femelle! grommela alors le roi. Mérites-tu que quiconque te parle ou réponde à tes questions?

– Et pourquoi cela? s'étonna-t-elle.

– Au long des jours tu tourmentes ton époux qui implore en vain un secours. Ses cris me privent de sommeil depuis le soir jusqu'à l'aube. Il pleure, élève prières et supplications, fait éclater mille imprécations contre toi, contre nous. Tout cela m'a jeté dans une inquiétude qui m'assaille sans trêve, qui me laisse brisé de fatigue. Sans ce tumulte, j'aurais recouvré la santé depuis longtemps! Voilà pourquoi je ne pouvais ni bouger, ni aller vers toi, ni te parler...

– Ô seigneur mien, s'empressa-t-elle aussitôt, si ce n'est que cela, avec ta permission, je suis prête à faire cesser son supplice.

– Alors va le délivrer, qu'il cesse de pousser ces cris et nous laisse enfin en repos!

Elle obéit sur-le-champ et, quittant la salle voûtée, s'en alla remplir d'eau un bol sur lequel elle prononça des incantations. L'eau se mit d'abord à frémir et laissa échapper des bulles d'air, puis commença à bouillonner, tout comme si elle eût été dans un chaudron placé sur le feu. Alors la femme en aspergea son mari en disant :

– Par le prix des paroles que j'ai prononcées et des formules que j'ai récitées, si c'est le Créateur qui t'a créé sous cette forme ou s'Il t'a rendu ainsi pour te punir de quelque geste odieux, alors ne change pas de forme! Mais si tu n'es devenu ce que tu es que par l'effet de mes enchantements et de mes artifices, alors sors de cette forme et reprends ton apparence habituelle – avec la permission de Celui qui a façonné toutes les créatures!

L'adolescent à ces mots se mit à trembler puis se leva d'un bond et s'écria, transporté de bonheur à l'idée d'être enfin délivré et sauvé :

– Louanges à Dieu!

– Va-t'en hors de ma présence! l'interrompit sèchement sa femme, et ne reviens plus jamais en ce lieu. N'oublie pas que si jamais tu retournes dans ce palais, je viendrai t'y retrouver et te tuerai.

Sur quoi elle lui lança à la face un cri terrible, tourna

les talons et sortit, pressée de retourner sous la coupole et de regagner le fond du caveau.

– Ô seigneur mien, murmura-t-elle alors à l'oreille de celui qui l'attendait, lève-toi un instant, à présent, que je puisse enfin me repaître de la beauté de ton corps.

Mais l'autre répondit d'une voix mourante :

– Tu as supprimé la cause secondaire de mon tourment, me rendant ainsi un peu de repos, non la cause principale...

– Et quelle est donc la cause principale de ton tourment, ô petit seigneur mien ?

– Malheur à toi ! femme maudite ! Pourquoi as-tu jeté un sort sur les êtres de ce royaume et sur les habitants de cette ville ? Depuis que ces derniers ont été transformés en poissons, chaque fois que la nuit arrive au milieu de sa course, ils sortent la tête hors de l'eau et font monter vers le ciel mille prières et supplications et autant d'imprécations à mon encontre. Comment avec cela pourrais-je recouvrer la santé ? Va-t'en les délivrer eux aussi et reviens vite vers moi : j'ai besoin de ta main pour me lever et prendre le chemin de la guérison.

Ces paroles sonnèrent aux oreilles de la femme comme une bonne nouvelle et la remplirent de joie.

– Oui, ô seigneur mien ! acquiesça-t-elle avec enthousiasme. Au nom de Dieu, ô mon cœur !

Et elle s'empressa de gagner la rive de l'étang. Elle y puisa un peu d'eau sur laquelle elle prononça une formule, et sitôt que le sort qui les tenait se trouva dénoué, l'on vit les poissons frétiller de joie à qui mieux mieux et se transformer tout soudain en braves marchands qui se mirent à commercer et à bavarder entre eux.

Ayant regagné le palais, la magicienne rejoignit une fois de plus celui qui l'attendait sous la coupole et lui dit :

– Ô seigneur mien, tends-moi à présent ta main précieuse et lève-toi.

– Approche-toi encore, lui demanda-t-il d'une voix faible.

Elle s'approcha.

– Plus près encore, ordonna-t-il dans un murmure.

Quand elle fut à le toucher, il tira soudain son glaive et le lui planta en pleine poitrine. Il avait frappé si fort que la pointe de la lame ressortait par le dos. Il retira l'arme de la blessure et en assena cette fois un terrible coup de taille qui partagea de haut en bas le corps de la femme... dont les deux moitiés tombèrent sur le sol chacune de son côté. Il sortit ensuite de la fosse et retrouva tout près de là l'adolescent victime de l'enchantement, qui l'attendait impatiemment. Le sultan le félicita de s'être tiré sain et sauf de cette vilaine affaire, tandis que le jeune homme se précipitait pour lui baiser la main, lui faire mille remerciements et invoquer Dieu en sa faveur.

– Que préfères-tu, lui demanda alors le sultan : rester dans ta ville ou venir t'installer dans la mienne?

– Ô roi du temps, ô maître de l'époque et du moment, l'avertit alors le jeune prince, sais-tu bien quelle distance te sépare de ta ville?

– Oui : une demi-journée de marche exactement.

– Ô roi, réveille-toi. Apprends qu'entre ta ville et toi, il n'y a pas moins d'une année de marche! Si tu as réussi à atteindre ce lieu en une demi-journée à peine, c'est uniquement parce que ma ville se trouvait sous le coup d'un enchantement.

– Fort bien, mais que décides-tu ? Préfères-tu demeurer dans ta ville ou m'accompagner ?

– Ô roi, sache que je ne veux plus te quitter, fût-ce le temps d'un clin d'œil.

Le sultan avait tout lieu d'être satisfait de cette réponse, tant il lui plaisait d'avoir désormais un tel compagnon.

– Louanges à Dieu ! s'écria-t-il, qui m'a accordé la faveur de ta présence ! Tu seras mon fils... puisque jusqu'à présent, je n'ai pas obtenu de Dieu la grâce d'en avoir un.

Ils tombèrent dans les bras l'un de l'autre et, tout à la joie d'être ensemble, s'en retournèrent au palais bras dessus bras dessous, devisant et plaisantant comme de vieux amis.

Le prince ensorcelé convoqua les grands personnages et les notables de son royaume, leur signifia sa décision de partir en voyage et leur demanda de préparer à cette intention tout ce dont il pourrait avoir besoin. Les émirs et les marchands de la cité se firent un plaisir de lui offrir tout le nécessaire et procédèrent pendant dix jours de temps aux préparatifs de l'expédition. Quand tout fut prêt, le jeune prince accompagna aux portes de la ville le sultan son hôte, lequel sentait son cœur enflammé du désir de retrouver enfin le royaume qu'il avait quitté depuis un an. On forma une imposante caravane. Elle devait transporter de nombreux présents, quantité d'objets précieux et une bonne part des richesses que le prince conservait en ses trésors, le tout escorté par une troupe d'hommes de service, de jeunes domestiques et de guides engagés tout exprès pour l'occasion, sans compter quelque cinquante esclaves et cent bêtes de somme. Tout ce monde prit la route et voyagea au long des jours et au long des nuits, chemina au crépuscule aussi bien qu'à l'aurore, et cela pendant une année entière, Dieu ayant décrété que la sécurité accompagnerait les voyageurs jusqu'au bout de leur chemin.

Quand ils furent en vue de la ville du sultan, celui-ci dépêcha un messager auprès de son vizir pour lui signifier qu'il était de retour et en bonne santé. A cette nouvelle, le vizir sortit de la ville pour se porter à sa rencontre, entraînant à sa suite tous les soldats et une bonne partie de la population. Tous avaient perdu l'espoir de revoir jamais leur roi et leur liesse en fut d'autant plus vive. Chaque rue, chaque maison fut décorée en l'honneur du sultan, et l'on tapissa entièrement d'étoffes de soie le chemin que devait emprunter le cortège.

Quand le vizir fut enfin rendu auprès de son roi, il mit pied à terre et tous les soldats qui l'accompagnaient en firent autant. Tous se prosternèrent ensuite devant leur souverain, baisèrent la terre à ses pieds et, se félicitant à voix bien haute de le retrouver sain et sauf, lancèrent vers Dieu mille invocations en sa faveur avant de se disposer à accompagner son entrée en ville.

Dès qu'il eut retrouvé son trône, le sultan convoqua son vizir en son particulier et lui conta par le détail l'histoire du jeune prince son hôte. Il n'oublia pas de lui apprendre de quelle manière avait fini la cousine magicienne, ni par quel moyen étrange les habitants de la cité lointaine s'étaient trouvés délivrés – toutes choses qui l'avaient obligé à s'absenter une pleine année de temps. Le vizir ne manqua pas d'adresser au jeune homme les félicitations d'usage. Puis, émirs, vizirs et délégués de la couronne ayant pris place autour de leur roi chacun selon son rang, celui-ci distribua autour de lui vêtements d'honneur, cadeaux et faveurs. A la fin, il fit mander le pêcheur qui était cause de la délivrance des habitants de la cité lointaine et de leur prince, et l'accueillit en lui offrant un magnifique manteau d'apparat.

– As-tu des enfants? s'enquit à la fin le sultan.

– Ton serviteur a un fils et deux filles, répondit le pêcheur.

Le sultan les fit convoquer et annonça sa décision de prendre l'une des deux filles pour épouse et d'offrir l'autre en mariage au jeune prince victime des sortilèges de sa cousine. Quant au fils du pêcheur, il l'adjoignit au service de son particulier en qualité de « porteur de miroir » chargé chaque matin de veiller à la cérémonie de l'habillement royal.

Il gratifia enfin son vizir d'un collier d'honneur, reçut son serment d'allégeance et le chargea d'aller gouverner, avec le titre de sultan, le royaume des Iles Noires. Il le munit à cet effet de tout ce qu'il lui fallait pour la route, mit à son service les cinquante esclaves qui l'avaient escorté au long de son voyage ainsi qu'une troupe nombreuse, et le chargea de distribuer à son arrivée habits d'honneur et cadeaux précieux à tous les émirs de là-bas ainsi qu'à tous les vizirs responsables des grands travaux du royaume.

Le vizir fit donc ses adieux à son souverain, baisa

une dernière fois le sol à ses pieds et quitta la ville dans ce brillant équipage. On raconte que le sultan et le jeune prince, son hôte, ne se quittèrent plus de ce jour et que le pêcheur, désormais père de deux filles mariées chacune à un roi, demeura jusqu'à la fin leur compagnon intime et l'un des hommes les plus prospères de son temps.

LE PORTEFAIX ET LES DAMES

Il était une fois, en la ville de Baghdad, un homme célibataire qui se trouvait être portefaix de son état [1]. Un jour qu'il se tenait à son habitude sur la place du marché, nonchalamment étendu sur le sol, la tête appuyée sur sa hotte, une femme s'arrêta devant lui. Un long manteau de Mossoul, broché de soie, l'enveloppait tout entière. Elle était coiffée d'un turban éclatant de blancheur et portait aux pieds des bottines écarlates lacées de tresses bigarrées et passementées de galon multicolore.

Elle observa d'abord le portefaix en silence, puis souleva le voile qui lui couvrait le visage : alors apparurent deux yeux noirs, finement allongés entre la

1. Ms A, t. I, fol. 34 à t. II, fol. 4; Nuits 28 à 69 *a*. Ms B, fol. 19 à 42; Nuits 23 à 65. Ms C, t. I, fol. 44 à 96; Nuits 28 à 69. Dans la traduction de Galland, ce conte correspond aux Nuits 28 à 69; dans celle de Mardrus, aux Nuits 9 à 17.

frange des longs cils dont s'ombraient les paupières. « Ses extrémités sont la finesse même; toutes les qualités physiques se sont donné rendez-vous en sa personne », avaient l'habitude de chanter ceux qui se plaisaient à la célébrer. Et c'est en son honneur que le poète Hassâne avait dû composer ces vers :

Sur sa poitrine de marbre, deux sentinelles
alertées m'ont fait prisonnier :
et voici mon cœur captif de celle
dont la grâce coquette appelait mes hommages.

Sur l'océan de sa gorge,
des perles, des étoiles
arrêtent le chaland
et fascinent le regard.

Sur sa poitrine, parvis de marbre,
des coupes d'ivoire sont posées.

Et pour qu'elles ne puissent choir,
les ont fixées des clous d'ambre.

Et ces vers encore :

Au long de ce désert de marbre
s'égrènent mes larmes
qui cheminent, lente caravane,
pour se perdre en son sein :

Et ces vers enfin :

Tristesse, tes coups
martèlent mon cœur...
Ah! mon bel amour perdu,
que n'ai-je su te garder!...

S'adressant au portefaix, la belle inconnue lança d'une voix suave :

– Ô portefaix, prends ta hotte et suis-moi!

Le brave homme n'en crut d'abord pas ses oreilles et ne se tint pour assuré de la réalité de ces paroles que lorsqu'il se vit courant derrière l'aimable fille, sa hotte sur le dos.

– Jour de bonheur! jour de prospérité! murmura-t-il en lui emboîtant vivement le pas.

Ils arrivèrent ainsi à la porte d'une maison où elle frappa. Un vieux bonhomme, visiblement un chrétien, descendit de l'étage et s'en vint lui ouvrir. Elle lui remit une pièce d'or et reçut de lui en échange une jarre de celles où l'on met d'ordinaire les olives à tremper. Mais la jarre en question renfermait du vin clairet... Dès que le précieux récipient eut trouvé sa place dans le panier, la belle enfant se tourna vers lui en disant de celui qui l'accompagnait :

– Portefaix, soulève ta hotte et suis-moi!

– C'est bon, allons-y, acquiesça le brave jeune homme.

Et reprenant sa hotte, il la suivit, murmurant toujours :

– Jour fortuné! jour fécond! jour de liesse!...

La femme l'arrêta ensuite devant la boutique d'un fruitier. Elle acheta des pommes au teint clair, des coings de Turquie, des pêches de Khoullane, des pommes musquées, du jasmin, des nénuphars de Syrie, des concombres fins, des limons de Marakib, des cédrats de l'espèce royale, des roses blanches, du basilic, des fleurs de henné, de la camomille fraîche, de la giroflée, du muguet, des lis, des anémones, des violettes, des œils-de-bœuf aux pétales jaunes, des narcisses, des fleurs de grenadier... Elle rangea le tout dans la hotte du portefaix et s'en fut ensuite chez le boucher.

– Coupe-moi donc dix ratls [1] de bonne viande de mouton, lui dit-elle en lui remettant la somme requise.

Le boucher trancha devant elle les morceaux qu'elle désirait, les enveloppa et les remit à ses deux clients qui s'empressèrent de les loger dans le creux de leur hotte, en même temps qu'un petit sac de charbon de bois.

– Portefaix, lança encore la dame, prends ta hotte et suis-moi !

L'autre, tout émerveillé, souleva sans effort son fardeau qu'il plaça sur sa tête; et la femme l'entraîna cette fois chez un marchand de fruits secs où ils achetèrent les meilleures variétés de friandises sucrées et salées, indispensables à la table de quiconque entend festoyer dignement : catharme salé, olives dénoyautées, olives douces conservées dans la chaux, estragon, fromage blanc, fromage de Syrie, conserves de légumes salées ou non. Elle disposa le tout dans la hotte et ordonna une fois de plus :

– Ô portefaix, prends ta hotte et suis-moi !

L'autre souleva donc sa hotte et la suivit, et ils s'en

1. Unité de poids qui varie selon la nature des marchandises pesées. Le ratl de viande équivaut à peu près à une livre.

furent chez un autre marchand de fruits secs où la belle acheta cette fois des cœurs de pistache – délicieux à croquer lorsque l'on boit en bonne compagnie –, des raisins secs de Chihb, des noix d'amande, des dattes séchées de l'Iraq, des biscottes aux noix de Baalbeck, des pois chiches de Khazaïne... bref, tout ce que la main aime à saisir au cours d'un festin où l'on ne lésine ni sur les boissons ni sur les friandises. Toutes ces excellentes choses s'en allèrent rejoindre le reste dans la hotte du portefaix, lequel s'entendit commander une nouvelle fois par la dame :

– Ô portefaix, prends ta hotte et suis-moi!

Ils se retrouvèrent cette fois devant la boutique d'un pâtissier où la belle acheteuse se procura un plateau rond qu'elle garnit de toutes les variétés de sucreries qu'offrait l'étalage : beignets au beurre, dentelles de pâte à crêpes, tourtes farcies parfumées au musc, caramels turcs, pâtes d'amande aux pistaches, brioches aux dattes, semoule au lait, sans compter les friandises aux noms évocateurs – « fanfreluches alanguies de la Mère Sâlih », « peignes d'ambre », « doigts de Zaïnab », « pain des veuves », « menues bouchées du juge », « croque-et-remercie », « petits entonnoirs des belles », « petits châteaux de vent »... Et le plateau alla trouver sa place au-dessus de ce qui se trouvait déjà dans la hotte.

– Ma bonne dame, ironisa le portefaix, il fallait m'avertir au début de la course que j'allais avoir à véhiculer une véritable cargaison de vivres! Si j'avais su, je me serais fait escorter par quelque cheval de charroi, ou mieux encore par un chameau, pour la commodité du transport!

La dame lui répondit par un sourire et poursuivit

son chemin. Ils finirent par arriver chez un marchand d'aromates où elle se procura dix flacons de parfum aux fleurs de safran et dix flacons d'essence de nénuphar, deux pains de sucre, une bouteille d'eau de rose au musc, des grains d'encens, du bois d'aloès, de l'ambre [1], des grains de musc, quelques lampions garnis de bougies de cire et de chandelles de même espèce et un lot de cierges d'Alexandrie. Elle trouva encore le moyen de loger le tout dans la hotte et, se tournant vers le portefaix, ordonna une dernière fois :

– Portefaix, prends ta hotte et suis-moi!

L'homme souleva donc une dernière fois sa hotte et suivit l'énigmatique personne qui déambulait gracieusement devant lui. Ils arrivèrent enfin devant une haute demeure solidement bâtie que précédait une cour d'imposantes proportions. On y pénétrait par un portail à deux battants dont les vantaux étaient faits de bois d'ébène incrusté d'ivoire et décorés de feuilles d'or étincelant. La jeune dame s'arrêta devant le portail et frappa de petits coups légers. Derrière elle, le portefaix s'abîmait dans ses réflexions. Il énumérait déjà en son cœur les qualités physiques qu'avait reçues en partage l'aimable adolescente, et les qualités de cœur et d'esprit qu'il était prêt à leur adjoindre : bonté, générosité, douceur de langage...

Tout à coup les battants de la porte s'ouvrirent et le portefaix émerveillé vit venir à sa rencontre une

1. *Anbar :* il s'agit ici d'ambre gris, substance violemment parfumée sécrétée par le cachalot. Les Arabes l'employaient indifféremment en parfumerie et en pharmacie, lui prêtant en particulier le pouvoir de réchauffer l'ardeur des vieillards. Ils le récoltaient principalement le long des côtes africaines de l'océan Indien.

jeune fille de taille parfaite dont les deux seins pointaient doucement sous l'étoffe d'un fin corsage. Beauté éclatante en même temps qu'harmonieuse, formes accomplies, proportions agréables... Un front qu'on eût pris pour la première lueur de la lune nouvelle à l'instant où elle se lève à l'horizon; des yeux qui semblaient converser avec ceux des gazelles et des antilopes sauvages; des sourcils arqués tel le croissant de la lune une nuit de Ramadan [1]; des joues pareilles à des anémones; une bouche menue, aussi finement dessinée que le sceau de Salomon; des lèvres délicates, du même rouge que l'or natif; des dents comme autant de perles fines serties de corail; un cou fait du même ivoire que se voient offrir les sultans; une poitrine semblable à une fontaine aux deux jets jumeaux; deux seins qui étaient deux grenades mâles; un ventre creusé d'un nombril où l'on eût tout juste logé une demi-mesure d'onguent de muscade... Quant à l'endroit vers lequel tout homme soupire, on le devinait tel le gentil museau d'un petit lapin sans oreilles [2]... lui que le poète amoureux sut évoquer en ces termes :

Vois le plus beau des palais,
soleil et lune de tous les lieux du monde!
Vois ce parterre de lavande et ces fleurs
dispensatrices de joie!...

1. Neuvième mois de l'année musulmane, consacré au jeûne. Les croyants, tout au long de ce mois, s'abstiennent de manger et de boire entre le lever et le coucher du soleil, mais consacrent leur nuit à festoyer.

2. Le moyen âge latin utilise la même image avec le même sens égrillard en parlant de « conil » ou de « conin » – de *cuniculus*, « lapin ».

L'œil n'y distingue ni le noir
ni le blanc. La beauté pourtant y a placé
à la fois la douceur du visage
et celle de la chevelure...

... Sans oublier les roses des joues.
Si tu n'as pas la patience de l'approcher
en douceur, proclame simplement sa beauté
et tu l'auras nommé par son vrai nom.

Soleil des palais : lorsqu'il s'entrouvre
et danse, je ris émerveillé,
dominant la douceur de ta croupe.
Et pourtant sur ces hanches il m'a fallu pleurer!...

Quant à la jeune fille elle-même, c'est à elle que le poète songeait en lançant ces vers :

Pucelle!... Si Beauté lui ordonne
de se lever, de marcher,
sa croupe parfaite lui enjoint
de rester assise et de prendre son temps.

Pucelle!... Lorsque je la supplie de m'accorder
l'étreinte, Beauté lui conseille
de se montrer généreuse,
mais Coquetterie lui défend d'accepter.

Lorsque le portefaix la vit encadrer sa silhouette entre les deux battants du portail, il sentit qu'on lui arrachait le cœur, qu'on lui dérobait son esprit et faillit en laisser tomber sa hotte. « Par Allah! mur-

murait-il en lui-même, je n'ai jamais de ma vie connu journée aussi fertile en joies!... » Puis tenant toujours bien haut sa hotte, il salua.

– Qu'attendez-vous donc, ainsi plantés sur le seuil?... Entrez donc, et toi, ma sœur, soulage ce malheureux portefaix, lança la belle portière à l'attention de la jeune intendante.

Celle-ci pénétra aussitôt à l'intérieur de la maison, fidèlement escortée par l'homme, cependant que la portière s'empressait de refermer la porte à clé et de les suivre.

Ils arrivèrent dans un vaste salon construit avec une symétrie parfaite, entièrement entouré par une double colonnade d'arcs superposés finement ourlés de bandeaux ouvragés et de méplats. A son extrémité, une pièce surélevée en encorbellement était ornée de tapis, de rideaux faits de fils de perles et meublée de coffres recouverts d'étoffes qui tombaient jusqu'à terre. Au centre de ce salon avait été ménagée une vaste piscine remplie d'eau claire, au milieu de laquelle trônait une petite barque. Enfin, tout au fond de la salle, à la place d'honneur, s'apercevait un lit d'ambre incrusté de perles et de pierres précieuses qui reposait sur quatre pieds en bois de cyprès; l'encadraient les voiles d'une moustiquaire de satin rouge, fermée en guise de boutons par des perles aussi grosses, sinon plus, que des noisettes.

A peine étaient-ils entrés dans le salon qu'une main défit un à un les boutons de la moustiquaire, révélant la présence, au creux du lit, d'une autre adolescente : visage étincelant... beauté qui départit la joie, conforme au canon des philosophes... figure telle la lune en son plein... Et avec cela : des yeux babyloniens, des sourcils comme deux arcs tendus, une taille droite comme la lettre *alif*... Odeur d'ambre et petites lèvres sucrées... front si beau et si rayonnant que le soleil eût pu s'en trouver jaloux... Telle était-elle : astre parmi les astres du firmament, coupole d'or massif, épouse parée pour le jour de ses noces, pavement de marbre précieux au fond de la vasque où babille le jet d'eau, queue de mouton nageant dans le lait caillé... Bref, telle que le poète l'a décrite :

Un sourire
sur un collier de perles;
une rangée de grêlons,
guirlande d'œillets blancs.

Boucle de cheveux éparse
telle une rivière dans la nuit;
beauté qui réjouit le cœur, si parfaite
qu'à sa vue l'aube pâlit de jalousie.

La troisième dame se leva de son lit et, à pas menus, s'en vint rejoindre ses deux sœurs au milieu du salon.

– Qu'avez-vous donc à rester debout comme des piquets? leur cria-t-elle. Soulagez donc ce malheureux portefaix!

La belle portière et sa compagne l'intendante ne se le firent pas dire deux fois : venant se placer l'une devant, l'autre derrière le porteur, elles le débarrassèrent de sa hotte qu'elles déposèrent sur le sol, aidées par leur jeune amie. Elles la vidèrent de tout ce qu'elle contenait, disposèrent à part les fruits, les conserves au vinaigre et les divers aromates et rangèrent avec soin toutes les provisions, puis elles remirent au portefaix une pièce d'or en lui disant :

– Maintenant, laisse-nous et va ton chemin sous la protection d'Allah !

Le jeune homme les considéra un instant toutes les trois, admirant la perfection de leur corps et la beauté qu'elles avaient reçue en partage. Il venait de s'aviser que, selon toute évidence, aucun homme ne vivait avec elles et songea à toutes les provisions qu'il avait transportées pour elles en sa hotte : vin, viande, hors-d'œuvre, fruits... Il se rappela tous les gâteaux, tous les aromates, toutes les confitures, tous les sirops qui les accompagnaient. Cette seule pensée le plongeait dans un tel émerveillement qu'il en demeurait comme cloué au sol, incapable de se décider à quitter les lieux.

– Qu'as-tu donc à rester là sans bouger et à nous dévisager ? s'étonna l'une des adolescentes. La somme que tu as reçue pour ta course n'est-elle pas suffisante ?

Et sans attendre sa réponse, elle se tourna vers l'une de ses sœurs et lui dit :

– Donne-lui encore une pièce d'or.

– Par Dieu ! mes dames, se défendit le portefaix, la somme que vous m'avez remise ne me paraît nullement insuffisante, car mon salaire normal est loin d'atteindre même deux pièces d'argent ! Mais je m'inquiète à votre sujet : comment pouvez-vous vivre ainsi toutes seules, sans la compagnie d'un homme qui vous permette de prendre vos aises ? Ne savez-vous pas qu'une table ne peut tenir solidement que si elle repose sur quatre pieds ? Où est votre quatrième partenaire ? De même qu'une soirée entre hommes ne devient agréable qu'à l'instant où des femmes y sont admises, de même une assemblée de femmes ne saurait se passer de la présence d'un hôte masculin... Le poète n'a-t-il pas dit :

Une musique agréable
exige quatre instruments :
la harpe persane, le luth,
la cithare et le flageolet.

Un parfum suave rassemble toujours
quatre essences de fleurs :
la rose, le myrte,
le naour [1] *et la giroflée.*

Le bonheur dans l'étreinte n'est parfait
que s'il est assorti de ces quatre adjuvants :
un bel âge, du vin,
un corps aimé, des pièces d'or...

– Vous n'êtes ici que trois femmes. Un quatrième partenaire vous est indispensable, et celui-ci ne peut être qu'un homme.

Ce discours du portefaix se trouva être tout à fait du goût des dames.

– Et qui donc sera ce quatrième partenaire? questionnèrent-elles avec malice. Apprends que nous sommes pucelles et que le secret de nos ébats n'a jusqu'ici été dévoilé à personne. Crois-tu que nous acceptions facilement de le confier à quelqu'un qui s'avé-

1. Sorte de pois de senteur.

rerait incapable de le garder ? Nous avons lu, dans un volume de chroniques, ces vers d'Abu-Tammam [1] :

Garde ton secret,
ne le confie à personne,
car celui qui confie son secret
l'a déjà perdu.

Si ta poitrine à toi s'avère incapable
de le contenir, comment pourra le garder
la poitrine de celui
qui l'a reçu en dépôt ?

– Par votre vie, je le jure ! protesta le portefaix, j'ai toujours observé les règles de la bienséance et de la prudence, ayant reçu sur ce point la meilleure éducation. Moi aussi j'ai parcouru les livres du savoir et j'ai su faire mon butin de tout ce qui enrichit l'esprit. J'ai lu, j'ai écouté et mes jugements ne se fondent que sur les paroles des témoins de confiance qui ont transmis les données de la tradition et en ont garanti l'authenticité. Et je me fais fort à mon tour de ne transmettre aux autres que ce que j'ai entendu de mes oreilles ou que je puis tenir pour assuré.

» Et comme je ne rapporte en société, des faits et gestes d'autrui, que ce qui me paraît louable, faisant silence sur les fredaines de chacun, on n'apprend jamais par ma bouche que ce qui honore les gens dont je parle. Moi aussi, je sais me conformer à l'enseignement du poète :

1. Poète et auteur d'anthologies né près de Damas en 804, mort en 846.

Seul l'homme digne de confiance
sait tenir un secret;
hors le cœur du meilleur des hommes,
aucun secret n'est en lieu sûr.

Veut-on m'en confier un,
je l'enferme aussitôt chez moi
et referme sur lui ma porte
que commande une bonne serrure.

La clé de cette porte?
Je l'ai perdue.
Ainsi est-elle aussi bien close
que si je l'avais fait sceller.

Ce discours rassura les dames qui reprirent, mais déjà sur un ton différent :

– Tu devines que la construction et l'aménagement de cette maison nous ont coûté fort cher. Nous voulions faire les choses convenablement et nous n'avons pas ménagé nos pièces d'or. Aurais-tu par hasard sur toi quelque objet de prix dont tu consentirais à te séparer, que tu serais prêt à nous offrir?... Nous ne pouvons te recevoir ici, comprends-le, sans chercher à améliorer ton ordinaire. Après cela, tu seras notre commensal et auras tout loisir de boire sans bourse délier en contemplant nos visages. Les hommes généreux n'ont-ils pas eux-mêmes l'habitude de proclamer : « Amour sans argent comptant ne compte pas »?

– As-tu quelque argent sur toi, mon chéri? précisa la portière. Tu as beau être ce que tu es, si tu n'as rien à nous offrir, il te faudra partir sans demander ton reste.

Mais l'intendante, prenant la défense du pauvre jeune homme, s'écria :

– Allons, mes sœurs, ne le tourmentez pas. Je vous assure qu'il n'a pas épargné sa peine à mon service. Qui donc, au long de cette course que nous avons faite ensemble, aurait montré la même patience? Je paierai sur mes deniers sa participation à nos frais.

Ravi par cette décision, le portefaix baisa le sol aux pieds de sa généreuse amie et la remercia avec effusion.

– Par Dieu! s'écria-t-il, c'est toi qui as inauguré pour moi cette journée de chance. Je n'ai sur moi que les deux pièces d'or que vous avez bien voulu me remettre. Les voici, je vous en fais cadeau, et si vous hésitez encore à me recevoir à titre de commensal, sachez que je suis prêt à rester ici comme votre serviteur...

– Assieds-toi, firent en chœur les trois dames, définitivement conquises. Tu seras ici notre hôte, un hôte aussi précieux que nous l'est notre propre tête ou la prunelle de nos yeux!

A ces mots l'intendante avait rajusté sa ceinture et s'occupait déjà de mettre le salon en ordre. Elle dressa agréablement tables et guéridons, apporta les flacons destinés à contenir le vin, répartit équitablement gobelets, coupes, verres et carafes, disposa les fruits tout autour de la piscine. Bref, elle fit le nécessaire pour que chacun fût à même de boire et de manger tout son soûl.

Quand tout fut prêt, elle présenta le vin et proposa diverses boissons, tandis que ses sœurs s'installaient commodément, bientôt imitées par le portefaix qui croyait rêver. Elle remplit un premier verre et but. Elle en remplit un second qu'elle présenta à l'une de ses sœurs qui but elle aussi; puis un troisième qu'elle offrit à l'autre qui fit de même. Alors elle se tourna vers le portefaix et lui versa le vin. Celui-ci prit la coupe, présenta ses hommages aux trois jouvencelles, but une gorgée, et les remercia en récitant ces vers :

Suis mon conseil : ne vide la coupe
qu'en compagnie d'un homme de confiance,
un homme bien né dont la lignée
remonte aux Anciens.

Le vin est semblable à la brise
qui se parfume agréablement au contact
de ce qui est suave. Mais passe-t-elle auprès
d'un cadavre, tout l'air s'en trouve empuanti.

Puis il acheva de vider sa coupe, cependant que l'aimable intendante le remerciait à son tour :

Sois en paix
et que ta santé fleurisse,
car cette boisson
est la meilleure amie du corps!

L'homme boit le vin lorsque le tourmente
l'ardeur de la passion;
la joie qu'il en tire
vaut tous les remèdes!

Le portefaix rendit mille grâces à son hôtesse et lui baisa la main. Puis les trois dames burent à leur soif et l'homme fit de même après elles. S'approchant alors de celle qui lui avait si bien montré son amitié, il lui offrit ces autres vers :

Un de tes esclaves, ô dame,
se tient debout à ta porte.
Ta générosité, fertile en bienfaits,
est désormais illustre chez nous.

– Par Dieu, répondit-elle, je ne reboirai pas que je ne t'aie vu boire à ton tour! Bois dans la quiétude et porte-toi bien! Que ce vin fasse disparaître tout ce qui pourrait te nuire. Qu'il agisse en toi comme un remède et fasse couler en ta faveur les ruisseaux d'une santé florissante!

Le portefaix vida sa coupe et la fit sonner pour bien montrer qu'elle était vide. Puis il remplit celle de son amie, la lui tendit, baisa encore une fois sa main, et ces vers lui vinrent aux lèvres :

J'ai offert à mon amie un vin dont la couleur
est celle de ses deux joues, un vin pur
pétillant d'une flamme allumée
au foyer brûlant de l'amour.

A mon vin elle donna un baiser
et me dit en riant : « Comment peux-tu, ami,
offrir les joues de ta bien-aimée
en présent à ta bien-aimée? »

Je répondis : « Bois ce vin
car ce sont mes larmes,
et sa pourpre est mon sang
que mon âme elle-même a versé dans la coupe.

– Si ce sont des larmes de sang, me dit-elle,
et si j'en suis la cause, alors verse à boire!
Ce vin me sera aussi précieux que ma tête
et que la prunelle de mes yeux! »

La dame écouta ces vers, vida à nouveau sa coupe et se rapprocha de ses sœurs. Et les quatre convives continuèrent à boire de la sorte, échangeant les coupes vides contre les coupes pleines, cependant que le portefaix commençait à s'alanguir et à changer de manières.

Vint un moment où il se mit à danser et à se pavaner. Puis il se lança dans les chansons lestes, récita des poèmes à double sens et s'engagea avec ces dames dans un jeu de baisers et de badinages, de morsures et de frictions, d'attouchements farceurs et de caresses coquines. L'une lui donnait la becquée, l'autre le frappait de tendres bourrades; celle-ci lui faisait respirer des parfums, celle-là le gavait de friandises... Bref il trouvait que la vie dans ces conditions n'était rien de moins qu'exquise.

Ainsi poursuivirent-ils leurs jeux jusqu'à ce que le vin, ayant commencé ses ébats dans leur tête, les conduisît aux portes de l'ivresse. Alors, quand la boisson se fut emparée du pouvoir suprême, tel un émir qui décide de toutes choses et lance ses ordres à la ronde, la belle portière se leva de son siège, s'approcha de la piscine et dépouilla un à un ses vêtements. A peine se donna-t-elle le temps d'apparaître à leurs yeux, entièrement nue : déjà elle déployait sa chevelure qui lui enveloppa tout le corps, le protégeant contre les regards téméraires. Elle cria :

– Pique!

Et plongeant dans la piscine, elle disparut sous l'eau. Elle émergea peu après, prenant plaisir au mouvement de l'eau qui lui caressait tout le corps, barbotant, faisant mille farces, emplissant d'eau sa bouche pour en asperger la compagnie. Elle se lava encore le dessous des seins, le sillon secret qui s'ouvrait entre ses cuisses, le creux du nombril, puis sortant de l'eau, elle courut s'asseoir, trempée et nue, dans le giron du portefaix. Enfin, la main posée sur sa partie chaude, elle la désigna à l'attention du jeune homme et lui demanda :

– Ô maître chéri, qu'est-ce donc que ceci?

– C'est ton étui secret, répondit le portefaix.

– Fi donc! N'as-tu pas honte de parler de la sorte?

Et elle lui tapota doucement la nuque pour le punir.

– C'est ta fente, reprit-il.

Son autre voisine lui donna cette fois une bourrade et poussa un cri d'horreur.

– Fi donc! que ce mot est laid!

– Alors c'est ton *kouss* [1], corrigea le portefaix.

Cette fois, ce fut la troisième qui lui martela si fort la poitrine qu'elle le renversa sur le dos tout en hurlant :

– You!... Quelle honte!

– Alors c'est ta guêpe.

1. Littéralement : mortier.

Mais la belle enfant nue revenait déjà à la charge en le bourrant de coups :

– Oh! que non!

– Ce sera donc autre chose : l'asile compatissant... l'aimable pendentif... le petit coq...

– Non, non et non!

A chacune des réponses du portefaix, l'une des pucelles s'ingéniait à le frapper à son tour en criant :

– Non! ce n'est pas ainsi qu'il s'appelle...

Tant et si bien qu'à force de soufflets, il en eut bientôt le dos rompu, les yeux rougis et la nuque douloureuse. A la fin, perdant patience, il demanda :

– Ô sœurette, quel est donc son nom, alors?

– On l'appelle : la plante aromatique des ponts...

– Parfait! s'écria le portefaix en riant. Va donc pour la plante aromatique des ponts!... Que ne m'avez-vous pas prévenu plus tôt? Aïe!... ma nuque...

Sur quoi les trois convives rhabillèrent quelque peu la jolie portière, et la coupe de vin circula encore entre eux toute une heure de temps.

Puis ce fut au tour de l'aimable intendante de se lever et de se débarrasser de ses vêtements, à l'exemple de sa sœur la portière.

Elle cria :

– Glou-glou!

Et plongea prestement dans la piscine où elle se mit à barboter comme l'autre avait fait. Elle se lava consciencieusement les seins et le haut des cuisses puis, sortant de l'eau, courut se laisser choir entre les bras du portefaix qu'elle commença à interroger à son tour :

– Ô toi, le tréfonds de mon cœur, peux-tu me dire ce qu'est ceci?

– C'est ta fissure, se hasarda le portefaix.

Elle se mit à le frapper si fort que toute la salle retentit du bruit de ses coups.

– You!... criait-elle. N'as-tu pas honte?

– Alors c'est ta matrice.

– Fi donc! Quel vilain mot! s'esclaffèrent les deux autres sœurs en le brutalisant de plus belle.

– Alors c'est ton frelon...

– Fi! n'as-tu donc aucune pudeur? s'indigna la troisième en lui administrant un bon coup de poing.

Et elles ne cessèrent l'une de le bourrer de coups de poing, l'autre de le souffleter; celle-ci de lui flanquer de grandes claques, celle-là de le battre comme plâtre... Mais il n'arrivait toujours pas à donner la bonne réponse.

– Matrice... mortier... pendentif...

– Non, non!... tu n'y es pas du tout! s'entendait-il répondre.

Alors, avouant sa défaite, il risqua pour finir :

– ...plante aromatique des ponts...

Ce dont les trois sœurs rirent si fort qu'elles en tombèrent à la renverse, avant d'assaisonner mieux que jamais la nuque du malheureux portefaix.

– Tu ne devines vraiment pas?

– Je ne sais plus, sœurette, confessa le jeune homme.

– Que n'as-tu trouvé la réponse! Sache donc qu'on l'appelle : la graine de sésame décortiquée!...

– Louanges à Dieu qui m'a délivré! clama le portefaix. Ce sera donc la graine de sésame décortiquée!...

Comme ils en avaient fini de la devinette, la belle enfant nue remit un semblant d'ordre dans sa tenue et tous se remirent à boire, ce qui fit oublier pendant une nouvelle heure de temps au jeune homme et sa nuque meurtrie et ses épaules endolories.

Puis la plus âgée et la plus belle des trois sœurs se déshabilla à son tour; ce que voyant, le portefaix porta par avance la main à sa nuque et en frotta la peau endolorie en gémissant :

– Aïe!... ma nuque... mes épaules... pour la gloire de Dieu!...

Mais l'adolescente, se montrant enfin dans sa nudité, plongeait déjà et disparaissait au fond de la piscine. Quand elle reparut, le portefaix oublia tout : il trouva qu'elle ressemblait à un fragment de lune; que son visage, lui, était la lune pleine dans tout son éclat... ou la clarté de l'aurore au-dessus de l'horizon... Il la contemplait sans cacher son plaisir, appréciant à leur juste valeur sa taille, ses seins bien arrondis, la lourde croupe qui frémissait au moindre de ses mouvements. Et la belle enfant se laissait admirer, aussi nue qu'Allah, son Seigneur, l'avait créée. Soupirant d'émotion, le portefaix lui dédia alors ces vers :

Ô taille parfaite que la tienne!
Si je la compare au rameau flexible et tendre,
je te calomnie, chargeant ma conscience
d'une faute impardonnable.

Car le rameau n'a de beauté
que s'il est revêtu de feuilles,
tandis que tu n'es belle
que dans la plus entière nudité!

Et ces vers encore :

Quelle est donc cette flèche
que ton regard
a plantée solidement
au fond de mon cœur?

Tes joues seraient des roses pourpres,
n'était le grain de beauté qui les marque
d'un point noir. Ta taille est une lance,
mais la lance est rigide,

au lieu que toi, pour mieux nous émouvoir,
tu la ploies en marchant : moins par nonchaloir
que par sympathie envers ceux
que tourmente l'affliction des cœurs.

Malheur à la troupe
des passionnés d'amour!
Que de souffrances, que de blessures!...
et pour finir, quelle peine!...

Il avait à peine fini de déclamer qu'elle ressortait de l'eau et se précipitait, comme avaient fait ses sœurs, dans le creux de ses bras. Enfin, désignant elle aussi du doigt sa partie chaude, elle l'interrogea :

– Dis-moi donc, ô petite prunelle de mes yeux! ô mon petit foie!... quel nom donnes-tu à ceci?

Le portefaix répondit avec une feinte assurance :

– La plante aromatique des ponts!

– Hou!

– La graine de sésame décortiquée!

– Hou!

– Ta petite matrice...

– You!... n'a-t-il pas honte!

Et la main de la belle s'abattit sur la nuque du malheureux jeune homme à coups redoublés. Il avait beau hasarder de nouvelles réponses, invariablement on lui répondait :

– Non, non et non!

A la fin, n'en pouvant plus de pinçons, de morsures et de coups et sentant sa nuque enfler, il commença à trouver le procédé un peu rude et implora d'un air sombre :

– Allons! sœurette, dis-moi donc ce qu'il fallait dire...

– Que ne l'as-tu appelé : les entrepôts du Père-la-Joie?...

Et le portefaix, enfin soulagé, d'éclater de rire.

– Bravo!... bien trouvé!... Les entrepôts du Père-la-Joie!...

Sur quoi l'adolescente reprit son vêtement, et tous quatre ne se firent pas prier pour continuer la fête. Et la coupe circula entre eux une bonne heure encore de temps...

Soudain le portefaix se leva et on le vit à son tour se dépouiller de sa vêture, révélant au regard de ses compagnes l'objet qui se dressait entre ses cuisses. D'un bond il plongea dans la piscine où il s'ébroua et se frictionna vigoureusement. Il se rafraîchit enfin la barbe et les aisselles et, tout ragaillardi, s'élança hors de l'eau et courut s'affaler dans le giron de la plus belle, tout en laissant sa main errer sur le sein de la jolie portière, et confiant ses jambes et ses pieds aux caresses de l'aimable intendante. Désignant alors son sexe de sa main, il interrogea ses trois amies :

– Ô dames, pouvez-vous me dire ce qu'est cette chose?

Les « pucelles » se regardèrent et se mirent à rire. Cette manière d'agir leur plaisait visiblement; de même était-il clair que leur hôte prenait un vif plaisir à s'exhiber ainsi devant elles, son caractère, sur ce point, s'accordant fort bien au leur.

L'une des dames lança une première réponse :

– C'est ton zebb...

– N'avez-vous pas honte? Ce que vous dites là est trop laid!

– C'est ton membre viril, fit l'autre.

– Soyez décentes, qu'Allah vous confonde!

– C'est l'objet qui se dresse, risqua la troisième.

Puis toutes à qui mieux mieux :

– C'est ta mamelle.

– Non!

– Ce sont tes bourses.

– Que non!

– Ton pilon.

– Non, non et non!

De guerre lasse, elles implorèrent :

– Allons, dis-nous quel est son nom!

Mais il était trop occupé à prendre sa revanche, embrassant l'une, caressant le menton de l'autre, accrochant la troisième avec les dents, pinçant celle-ci, mordant celle-là, tandis qu'elles en riaient jusqu'à tomber à la renverse. A la fin, n'en pouvant plus, elles le supplièrent :

– Frérot, s'il te plaît, dis-nous le nom de cet objet?

– Vraiment, vous ne savez pas? s'étonna le portefaix. Eh bien! sachez qu'on l'appelle Mulet Hardi...

– Et pourquoi donc Mulet Hardi? pouffèrent-elles.

– Parce qu'il broute la plante aromatique des ponts, avale la graine de sésame décortiquée et s'ébroue dans les entrepôts du Père-la-Joie...

Elles s'esclaffèrent, se renversèrent sur le dos et faillirent perdre le sens à force de rire. Puis nos quatre convives revinrent à leur festin et continuèrent à banqueter jusqu'à la tombée de la nuit.

L'une des dames lança alors au portefaix :

– Au nom de Dieu, ô maître, il est temps que tu te lèves et nous fasses l'honneur de partir d'ici!... Allons! enfile tes sandales, tourne les talons et cours nous faire admirer de loin la largeur de tes épaules...

– Que je m'en aille? s'écria le portefaix. Mais existe-t-il hors de chez vous un seul endroit au monde où je puisse trouver le repos? Par Dieu, je vous l'assure, il est plus facile à mon souffle d'abandonner mon corps qu'à ma personne de quitter cette maison! Je vous propose plutôt de lier la nuit qui commence au jour qui vient de finir, et demain matin, chacun s'en ira sur le chemin de sa destinée...

– Par Dieu! mes sœurs, intervint alors l'intendante, cet homme a raison. Je vous en conjure, oui, par Dieu! par le prix de ma vie à vos yeux! gardons-le cette nuit avec nous. Nous avons encore bien d'autres jeux à partager avec lui, bien d'autres propos aiguisés à échanger en sa compagnie. Qui peut nous assurer que nous vivrons assez longtemps pour rencontrer un jour un autre galant de son espèce? Il est beau garçon, dévergondé, et cela ne l'empêche pas d'avoir des manières...

Les trois en convinrent volontiers et déclarèrent :

– D'accord, nous acceptons que tu passes la nuit chez nous, mais à la condition expresse que tu te soumettes à notre loi et agisses en toutes choses selon notre bon vouloir. Tout ce que tu nous verras faire, tout ce que tu observeras autour de nous... ne cherche pas à en percer la raison. Ne te mêle pas de ce qui ne te concerne pas... et tu éviteras ainsi à tes oreilles d'entendre des choses qui pourraient n'être point de leur goût. Telle est la condition unique que nous mettons à notre autorisation. Rien de plus. Mais tu devras t'y tenir quels que soient les gestes que tu nous verras faire.

– Oui, oui et oui ! acquiesça aussitôt le portefaix. A partir de cet instant, je suis sourd et aveugle !

– Alors lève-toi et va lire ce qui se trouve écrit sur la porte du vestibule.

Il se dirigea vers la porte en question et vit qu'on y avait gravé en lettres d'or fondu cette sentence : « Celui qui parle de choses qui ne le concernent point s'expose à entendre des paroles qui ne lui plairont point. »

– Mes dames, déclara-t-il en revenant vers elles, je le jure devant vous, je me tairai sur tout ce qui ne me regarde pas.

Elles reçurent sa promesse, puis l'intendante se leva pour aller préparer un souper fin. Ils allumèrent cierges et lampions après avoir eu soin de fixer dans la cire des grains d'ambre et des brins d'aloès afin de parfumer l'air de la salle, et passèrent à table. On but encore, on échangea de doux propos et des anecdotes piquantes mettant en scène des personnages célèbres pour leur talent ou pour leur génie... et la soirée passa ainsi, plus calmement que la journée qui l'avait précédée. Étendus parmi les fruits savoureux, rafraîchis par les boissons convenables, ils s'occupèrent de la sorte un bon moment à manger et à boire, à deviser et à goûter des friandises variées, à rire et à plaisanter.

Tout à coup, ils entendirent frapper à la porte. Ils n'en furent pas surpris outre mesure. L'une des dames s'en alla voir qui frappait ainsi puis revint au bout d'un moment et déclara :

– Mes sœurs, si vous voulez suivre mes conseils, sachez que nous allons vivre une nuit haute en saveur, oui, une nuit qui comptera dans notre existence !

– Peut-on savoir pour quelle raison ? s'informèrent ses sœurs.

– Apprenez qu'à notre porte se tiennent en ce moment trois hommes, trois ascètes mendiants de l'ordre des qalandars [1], borgnes tous les trois. Chacun a, selon leur coutume, la tête entièrement rasée, ainsi que la barbe et les sourcils ; enfin, coïncidence des plus étranges, ils sont tous les trois borgnes de l'œil droit... Ils semblent arriver de voyage ; je veux dire qu'ils ont l'apparence de gens qui ont fait une longue route et qui découvrent Baghdad pour la première fois. Il faut en effet qu'ils soient étrangers à cette ville pour être venus frapper à notre porte en quête d'un lieu où passer la nuit ! « Que le maître de cette maison, m'ont-ils dit, daigne nous confier la clé de l'écurie ou de n'importe quelle dépendance où nous pourrons gîter. L'obscurité

1. Les qalandars, ascètes vagabonds, se sont d'abord fait connaître en Asie Centrale et ont sans doute été influencés par les conceptions hindoues de la vie ascétique. Ils apparaissent à Damas vers 1213 ; en 1360, le sultan mamelouk leur interdit de se raser la barbe.

nous a égarés et nous ne connaissons personne dans tout Baghdad à qui demander asile. »

» Mes sœurs, je vous assure que chacun de ces trois derviches [1] possède une figure et des manières si comiques qu'elles feraient rire une mère qui vient de perdre son enfant. Pourquoi ne les inviterions-nous pas à entrer? Leur conversation ne manquera pas d'occuper comme il convient cette nuit unique dans les annales de notre vie. Et demain, sans faute, nous congédierons tout ce monde, et chacun s'en ira sur le chemin de sa destinée.

Elle parlementa un instant avec ses sœurs et finit par recueillir leur consentement.

– Fais-les entrer, lui dirent-elles, mais exige d'abord d'eux qu'ils ne posent pas de questions sur ce qui ne les regarde pas, sinon ils pourraient bien s'exposer eux aussi à entendre des choses qui ne leur seraient pas agréables.

Cette décision eut l'air de mettre en joie l'adolescente qui tourna prestement les talons et s'en revint au bout d'un instant escortée par les trois derviches borgnes. Les nouveaux venus saluèrent, présentèrent leurs hommages à ces dames puis firent quelques pas en arrière et attendirent. Les trois sœurs, qui s'étaient levées en leur honneur, souhaitèrent la bienvenue aux visiteurs, mirent sous d'heureux auspices l'arrivée de ces étrangers dans la ville de Baghdad et les félicitèrent d'être parvenus sans encombre au but de leur voyage. Les derviches rendirent grâces et offrirent leurs respects

1. *Derviche :* Le mot, vraisemblablement dérivé du persan, désigne en général une sorte de moine errant qui a voué sa vie aux pratiques mystiques.

aux trois hôtesses. Et puis, considérant le salon heureusement disposé, orné de plantes vertes, meublé avec goût, éclairé par toutes ces chandelles et parfumé d'encens, considérant aussi les entremets, le vin et les trois « pucelles » au visage dévoilé, ils lancèrent en chœur, d'une seule voix :

– Par Dieu ! voilà qui est bon !

S'avisant alors de la présence du portefaix qui demeurait affalé dans son coin, harassé de fatigue, exténué par les plaisirs autant que par les coups reçus et qui nageait en pleine ivresse, ils murmurèrent entre eux :

– C'est sans doute un truand...

– Ou peut-être un derviche bohème ?...

– Non, c'est un nomade sans foi ni loi !

Mais le portefaix se levait déjà et, les dévisageant sans plus de gêne, leur lançait tout à trac :

– Allons, vous autres ! prenez place et ne faites pas de chichis... N'avez-vous pas lu la sentence qui se trouve sur la porte : « Celui qui parle de choses qui ne le concernent point s'expose à entendre des paroles qui ne lui plairont point ? » Il ne sera pas dit que de misérables mendiants comme vous – et vous avez été admis en ce lieu en tant que tels – relâcheront la bride qui doit tenir leur langue pour gloser à nos dépens !...

– Miséricorde ! protestèrent les trois saints hommes. Sache, ô notre ami, que nous n'avions nullement l'intention de t'offenser en parlant de la sorte. Considère que notre tête est entre tes mains...

Les trois « pucelles » éclatèrent de rire en les écoutant et s'empressèrent de conclure la paix entre leurs nouveaux hôtes et le portefaix. Elles installèrent les trois qalandars, leur présentèrent des mets choisis et s'assirent à leurs côtés pour boire et converser avec eux. La belle portière de son côté servait le vin, et la coupe ne tarda pas à circuler à nouveau...

– Et vous, mes frères, dit enfin le portefaix, n'auriez-vous pas vous non plus de quoi nous régaler?

Le vin ayant commencé à les imbiber doucement, les trois qalandars pour toute réponse réclamèrent des instruments de musique, et la portière s'en revint au bout d'un instant avec un tambourin, un violon monocorde de Mossoul et une harpe persane. Tous trois se levèrent aussitôt, se saisirent chacun d'un instrument et, après avoir effleuré de leurs doigts cordes et peau de tambour, se mirent à chanter avec un art si parfait que les pucelles se récrièrent d'admiration. Et le ton de la musique et des chants ne tarda pas à s'élever dans la nuit, éveillant des échos que l'on pouvait entendre fort loin à la ronde.

Ils étaient toujours à chanter quand on frappa à nouveau à la porte.

Cette nuit-là en effet, le khalife Hâroun al-Rachîd [1] en personne, escorté par son fidèle vizir Dja'far [2] et par

1. Hâroun al-Rachîd était le fils du khalife Al-Mahdi et d'une esclave persane, Khayzourane. Il monta sur le trône en septembre 786, et prit comme conseiller le Barmakide Yahya, fils de Khâlid. C'est le plus célèbre des khalifes abbassides. D'après certains historiens, il aurait noué des relations diplomatiques avec Charlemagne. Il mourut en mars 809.

2. Dja'far, fils de Yahya, de la puissante famille persane des Barmakides, fut le compagnon et le conseiller privilégié de Haroûn al-Rachîd. Ce dernier lui confia même l'éducation de son fils Al-Ma'moûn, après l'avoir nommé d'abord gouverneur de l'Égypte en 792, puis délégué en Syrie et enfin gouverneur du Khorasâne en 796.

son porte-glaive Masrour, l'exécuteur de ses sentences, avait décidé d'entreprendre une visite d'inspection dans sa bonne cité de Baghdad, ainsi qu'il avait coutume de le faire de temps à autre. Et dans leur promenade nocturne à travers les quartiers de la ville, les trois hommes étaient passés devant la porte des « pucelles » et n'avaient pas manqué d'entendre le violon de Mossoul, la harpe, le tambourin... et les cris enthousiastes des trois dames, qui répondaient aux chansons, entrecoupés d'aimables propos et d'éclats de rire.

– Ô Dja'far, avait alors confié le khalife à son ministre, j'aimerais bien trouver un moyen d'entrer dans cette maison pour pouvoir profiter un peu moi aussi du spectacle qui s'y donne...

– Ô Émir des Croyants, avait répondu Dja'far, ces gens-là sont probablement ivres. Ils ne savent pas qui nous sommes et il y a tout lieu de craindre qu'ils ne se laissent entraîner à nous manquer de respect, peut-être même à nous faire subir quelque dommage...

– Cesse de les calomnier, avait répliqué le khalife. Je tiens absolument à voir de mes yeux ce qui se passe dans cette maison. Tâche de nous y faire admettre en employant une de tes ruses habituelles, afin de donner le change aux occupants de la place.

– Oreille attentive et bon vouloir! s'était empressé de répondre le ministre.

Et il avait frappé à la porte...

Ce fut la jeune portière qui vint lui ouvrir. Dja'far s'avança, baisa le sol à ses pieds et lui débita ce discours :

– Ô dame, nous sommes des marchands originaires de Mossoul. Nous séjournons à Baghdad depuis dix jours et les marchandises que nous possédons se trouvent remisées dans l'un des caravansérails de la ville. Nous étions invités ce soir, par un de nos confrères d'ici, à une partie fine où il y avait tout ce qu'il fallait à manger et à boire. Nous n'avons pas lésiné sur les libations et lorsque la vie nous a paru sous les plus délicieuses couleurs, nous avons pensé que le moment était venu de convoquer un orchestre et des chanteuses et de rameuter le reste de nos compagnons... qui ne se sont pas fait prier pour venir nous rejoindre.

» Mal nous en a pris... car au moment où nous prenions enfin nos aises en compagnie des plus aimables servantes, tandis que les mains frappaient les tambourins et que les violons de Mossoul donnaient enfin leur pleine mesure, oui, à l'instant où nous touchions au degré suprême de la joie de vivre, nous avons été surpris par une rafle dirigée par le préfet de police en personne! Chacun s'est aussitôt disposé à prendre le large sans crier gare, en sautant dans la rue du haut des murs : quelques-uns se sont rompu les os et n'ont pu éviter de se faire prendre; d'autres – parmi lesquels nous nous trouvons – ont réussi à échapper à leurs poursuivants.

» Ainsi sommes-nous venus chercher refuge dans votre demeure... Étrangers en cette ville de Baghdad, nous craignons de retomber entre les mains de la police si nous continuons de déambuler ainsi par les rues désertes dans des quartiers inconnus; et notre sort serait alors vite réglé, car il n'est que trop clair que nous sommes encore sous le pouvoir de la boisson. Et même si par chance nous réussissons à regagner le caravansérail où se trouvent entreposées nos marchandises, il nous faudra encore patienter en pleine rue jusqu'à l'ouverture des portes, car on les tient soigneusement verrouillées jusqu'au lever du soleil. Bref, passant devant votre maison, nous avons entendu un bruit d'instruments de musique qui semblait servir d'accompagnement à la conversation de gens de bonne compagnie...

» Si vous nous faites la charité de nous admettre parmi vos invités, sachez que nous ne lésinerons pas à payer notre part des dépenses de la fête en monnaie bien pesée; enfin, ce faisant, vous contribuerez à nous rendre la joie... Mais si même vous ne daignez pas accepter notre compagnie, laissez-nous au moins dormir jusqu'au matin dans le vestibule de cette demeure : vous aurez ainsi le mérite de nous avoir tirés d'un mauvais pas. Voyez : notre sort se trouve entre vos mains. Faites comme il vous plaira, mais sachez que nous ne quitterons plus cette porte, même si vous nous en refusez l'entrée.

La portière avait écouté attentivement ce récit. Elle avait eu tout loisir d'observer les nouveaux venus, qui se trouvaient vêtus de façon fort décente, et leur tournure ne lui avait pas paru en désaccord avec ce qu'elle venait d'entendre. Elle alla rapporter la chose à ses sœurs qui compatirent de grand cœur aux malheurs des prétendus marchands et acceptèrent, sans hésiter, de les recevoir.

Ainsi firent-ils leur entrée dans les lieux, précédés par la jolie portière.

A l'entrée du khalife, de Dja'far et de Masrour dans le grand salon, toute la compagnie se leva : les trois

« pucelles », les trois qalandars et le portefaix. Et les trois hôtesses firent les honneurs de céans :

– Soyez les bienvenus en cette maison, conformément aux plus antiques traditions, et qu'elle vous soit avenante et spacieuse! Permettez-nous pourtant de mettre une condition à votre présence parmi nous.

– Laquelle? s'enquirent les nouveaux arrivants.

– Vous aurez des yeux pour voir, mais pas de langue pour parler. Sur tout ce que vous verrez, nous ne demanderez aucune explication. Vous ne vous mêlerez pas de ce qui ne vous concerne pas... et vous vous dispenserez ainsi d'entendre des propos qui risqueraient fort de ne pas vous plaire.

– Nous acceptons cette condition, lui fut-il répondu. Nous n'avons pas l'habitude d'occuper notre langue à ce qui ne nous regarde pas.

Les « pucelles » en furent tout aise et, chacun ayant pris place, on veilla à dérouler à nouveau le fil des conversations agréables, des propos amicaux et des coupes remplies et bues...

Le khalife était surtout intrigué par la physionomie des trois derviches qalandars : tous trois étaient borgnes de l'œil droit, ce qui ne laissait pas d'étonner le souverain jusqu'à l'émerveillement. Il observait aussi les trois adolescentes, et la beauté parfaite de leur corps n'avait pas manqué d'éveiller son admiration, non moins que l'éloquence de leurs paroles et la générosité de leurs manières. La richesse de leurs atours et la splendeur des ornements du salon offraient un curieux contraste avec la mine des derviches, qui avaient l'air de trois ventres gonflés de boue, bizarrement veillés chacun par un œil unique. Mais le prince avait beau s'étonner grandement du spectacle, il ne pouvait poser aucune question, lié qu'il était par le pacte de silence conclu à l'instant de son admission dans cette demeure.

Les convives passèrent un bon moment à échanger les propos qui sont d'usage en ce genre d'assemblées. Puis les qalandars, pour faire honneur à la compagnie, reprirent leurs instruments et interprétèrent quelques pièces pleines de charme. Quand ils eurent regagné leurs places, la coupe circula de plus belle et au bout d'une heure de temps, chacun se trouva livré au pouvoir tyrannique de la boisson. La maîtresse de maison se leva alors, présenta aux convives ses respects et, prenant l'intendante par la main, elle lui dit :

– Viens, ma sœur, allons! il est temps que nous nous acquittions de notre dette!

– Oui, c'est le moment, approuvèrent les deux autres sœurs.

Sur quoi l'aimable portière se leva à son tour et se mit en devoir de débarrasser la table. Elle ramassa les débris du festin, balaya le sol, remit des grains d'encens à brûler et dégagea le milieu de la pièce de ses meubles. Elle invita ensuite les trois derviches à s'installer dans un petit salon contigu qui ouvrait sur la grande salle par une baie soutenue par une arcade, et fit asseoir le khalife, Dja'far et Masrour sur la banquette qui faisait face. Puis elle interpella le portefaix en ces termes :

– Toi, lève-toi et viens nous aider dans notre travail. Quel paresseux! Allons, hâte-toi. Tu fais désormais partie des gens de notre maison...

Le portefaix rajusta sa ceinture et voulut savoir ce qui se passait.

– Reste là et tiens-toi prêt à nous donner un coup de main, lui fut-il répondu.

L'intendante disposa alors un siège au centre de la salle, s'en alla ouvrir une armoire et lança au jeune homme :

– Viens m'aider !

L'autre s'empressa vers elle et l'aida à faire sortir de l'armoire deux chiennes noires de la race des lévriers, qui avaient chacune le cou chargé de chaînes. Il les conduisit jusqu'au milieu de la pièce et l'adolescente qui jouait le rôle de maîtresse de maison se leva alors en disant :

– Oui, le temps est venu pour nous de nous acquitter de notre dette !...

Elle retroussa ses manches et s'empara d'un fouet de corde tressée.

– Fais approcher la première de ces chiennes, ordonna-t-elle.

Le portefaix empoigna l'une des chaînes et tira l'animal qui s'y trouvait attaché jusqu'auprès de la dame. La chienne geignait et secouait la tête en regardant la jeune fille, mais le portefaix la maintenait solidement. L'adolescente se mit alors à distribuer de violents coups de fouet sur les flancs de la bête qui aboyait et pleurait en vain, vigoureusement tenue par les mains du garçon, et elle frappa de la sorte jusqu'à ce que la fatigue eût alourdi son bras. Enfin, jetant le fouet, elle prit la chaîne des mains du portefaix, attira la levrette sur sa poitrine et éclata en sanglots éperdus. L'animal lui aussi pleurait, et pendant une heure de temps on n'entendit rien d'autre que leurs gémissements dans le silence de la salle. Puis la jeune fille essuya les pleurs de la chienne avec son écharpe, lui embrassa la tête et ordonna au portefaix :

– Ramène-la à sa place et présente-moi l'autre.

Le garçon s'en alla enfermer l'animal dans l'armoire et fit approcher l'autre chienne, à qui la dame fit subir le même traitement qu'à la première. Et elle l'embrassa elle aussi pour finir avec tant d'effusion qu'elle manqua un instant en tomber par terre évanouie : elle la serrait sur sa poitrine et pleurait avec elle toutes les larmes de son corps. A la fin, elle déposa un baiser sur son front et la remit entre les mains du portefaix qui reçut l'ordre d'aller l'enfermer avec l'autre, ce qu'il exécuta promptement.

Les assistants étaient dans le plus profond étonnement. Quelle raison avait bien pu pousser la dame à frapper ces deux bêtes jusqu'à la limite de ses forces, pour se mettre aussitôt après à joindre ses larmes aux leurs et à les couvrir de baisers? Tous échangeaient leurs impressions à voix basse. Le khalife pour sa part était si fort tenaillé par le désir d'élucider le secret de cette affaire qu'il en avait la poitrine tout oppressée. Il avait beau s'absorber dans ses réflexions pour essayer de trouver une explication au châtiment infligé aux deux levrettes, il n'arrivait à rien. Perdant patience, il finit par lancer un clin d'œil à l'attention de Dja'far, mais celui-ci fit semblant de ne pas comprendre le sens de cette question muette et se borna à esquisser un geste qui signifiait clairement que le moment d'intervenir n'était pas encore venu.

La jeune portière s'adressa alors à sa sœur qui en avait fini avec les deux chiennes :

– Ô dame mienne, ne voudrais-tu pas prendre place

à présent sur le siège qui t'est réservé? Il est temps que j'accomplisse à mon tour la tâche qui m'incombe.

L'autre acquiesça et gagna l'extrémité surélevée de la salle où elle s'assit à la place d'honneur, le khalife, Dja'far et Masrour étant installés un peu plus loin à sa droite, et les trois derviches qalandars à sa gauche. Les cierges et les lampions éclairaient la scène; l'odeur de l'encens emplissait toute la pièce. Une certaine gêne s'était emparée des convives qui ne pouvaient réprimer un léger frisson.

La belle portière cependant avait pris place sur le siège qu'on avait disposé au milieu de la pièce et ordonnait à l'intendante :

– Va me chercher ce qu'il faut pour que je m'acquitte moi aussi de ma dette...

L'autre se dirigea vers une chambre voisine et en revint au bout d'un instant, portant entre ses mains un sac de satin jaune frangé de soie verte, orné de deux plaques d'or brillant et bordé sur le pourtour de petits calices d'ambre. Elle s'assit aux pieds de la jeune portière et tira de ce sac un luth qu'elle posa sur ses genoux, la caisse arrondie bien calée contre le creux de sa cuisse. Elle le caressa du bout des doigts, en rectifia l'accord puis prit pleine possession de l'instrument en lançant les premières notes d'une mélodie destinée à accompagner le poème qu'elle allait chanter :

Vous, l'objet de mes vœux, de mes désirs!...
en votre étreinte, ô mes biens-aimés,
se tient la félicité éternelle
et loin de vous l'exil, tel un feu qui consume.

En vous, au long des jours, est ma folie
et l'amertume de mes soupirs.
Aucune honte si mes lèvres exhalent
ces soupirs vers vous.

J'ai revêtu l'habit de langueur, dépouillant
celui des prétextes et dévoilant mon secret.
Mais ma passion d'amour est si violente
que mon cœur devant vous reste interdit.

Les pleurs ont coulé sur mes joues,
révélant à tous mon secret :
oui, il a passé de bouche en bouche,
trahi par ces larmes traîtresses.

A vous de soigner ce mal extrême,
car vous êtes la maladie et le remède.
Pour vous seuls il demeure un secret
puisque c'est en vous qu'il est celé.

L'éclat de tes prunelles
est le trésor dont je suis avare.
Mes meurtriers,
ce sont ces roses sur tes joues !

La nuit de tes cheveux
m'a fait ton prisonnier,
mais ton amour reste un mystère
pour mon intelligence.

J'ai provoqué moi-même ma mort
en me servant du glaive de ma tendresse.

Que d'hommes parmi les meilleurs sont morts
sous les coups du glaive de l'amour!

Jamais ne cessera mon tourment,
jamais je n'irai vers ce qui console.
L'amour est mon remède et ma loi,
à mes propres yeux comme à ceux d'autrui.

Ô bonheur de repaître mes yeux de votre vue
et d'obtenir enfin la victoire
d'un regard de vous! Moi, l'éternel soupirant,
voué à l'éternel tourment!...

Après un instant de silence, elle poursuivit :

Ils ont fait prisonnier mon cœur
et n'ont rendu la liberté qu'à mes larmes.
Ennemis de toute bienveillance,
il m'ont condamné à mort!

Ils ont pris la route de bon matin,
entraînant ce cœur à leur suite
pour un long voyage, ce cœur que les chaînes
de l'amour retiennent captif.

Les larmes ont divulgué le secret
de ma passion, en vain jalousement gardé :
un secret qui parle de lui-même,
bien que tout mon corps ne soit que silence.

A l'aube je suis parti, tel un fou,
errer autour du campement.

A la pensée de notre séparation prochaine,
mon cœur battait à se rompre.

Qui donc aurait la patience de supporter
l'exil loin de la personne aimée
alors que les regards, flèches rapides,
volent vers la cible des cœurs ?

Oui, par amour, ils ont enchaîné mon cœur :
par l'amour de mon désir d'amour.
Pitié pour un captif que rien au monde
ne saurait donc délivrer !

Leur éloignement a déversé sur mes joues
le flot des larmes,
averse qu'un nuage planant sur mes yeux
a répandue à sa suite.

Mes cris ont retenti dans le campement désert :
déjà sur leurs chameaux ils s'éloignaient
à jamais, me laissant brûler de ce feu
où se consumait mon sang.

Ah ! rendez-moi ce cœur que les souffrances
ont anéanti : cœur perdu d'amour,
livré du soir au matin
à la même anxiété !

A mon cri, le héraut de l'amour a répondu :
« Tu n'as plus, ami, qu'à prendre ton mal
en patience. Sinon, prépare-toi à assister
au déchirement de ton être ! »

Victime de l'ardeur de ma propre affection,
de la cruauté de ce tyran, me voici déjà devenu
un être au corps privé de souffle,
un être sans paroles...

Puis l'adolescente aborda la conclusion de son poème :

Crois-tu qu'en mon cœur un autre que toi
puisse trouver place? Crois-tu qu'une autre beauté
puisse me consoler jamais
de celle qu'en toi je contemple?

Ta vue m'enlève l'espoir de trouver ma joie
ailleurs qu'en toi-même;
car si personne d'autre ne retient mes regards,
dis-moi, que puis-je faire?

A peine ton souvenir caresse-t-il mon esprit,
que je me vois brûler d'amour en toi,
consumé de regrets,
et que mes larmes perlent à mes paupières.

Et elle termina sur ces vers :

Le jour de notre séparation,
j'ai vu apparaître la mort :
car celui qui oublie son bien-aimé
n'est déjà plus de ce monde.

Il m'a quitté celui qui était mon aumône
et ma seule espérance. Ah! puissions-nous un jour

nous revoir! Mais reviendras-tu jamais?
Aurons-nous la faveur d'une autre rencontre?

J'avais parmi les hommes un seul Ami
et notre amitié était toute sa convoitise.
Voyez : il reste présent à mon cœur
lors même qu'il m'a quitté.

Mes yeux ont pleuré notre séparation;
mes yeux, de regret, ont pleuré son départ...
Voyez : ils pleurent à présent sur la chance
du miséreux qui n'a jamais aimé!...

Quand elle en eut fini, sa compagne la belle portière s'écria :

– Par Dieu! tu as bien chanté!

Mais on la vit aussitôt après porter ses mains à sa robe qu'elle déchira du haut jusqu'en bas, offrant aux regards la nudité de sa poitrine, de son ventre, de ses flancs, et tomber par terre évanouie. Le khalife et les autres témoins de la scène s'aperçurent alors qu'elle avait tout le corps marqué par des traces de coups de fouet; et les coups en question avaient dû être particulièrement violents, car la lanière avait imprimé dans sa chair de vilaines boursouflures. Ils se regardaient les uns les autres en silence, visiblement au comble du trouble et de la perplexité, et le khalife finit par se tourner vers Dja'far :

– Par Dieu! lui confia-t-il, je ne pourrai jamais retrouver le sommeil si l'on ne m'explique pas la raison de tout cela : les coups qu'a reçus cette adolescente... le mystère de ces levrettes... le secret de ces derviches borgnes!...

– Seigneur, lui rappela Dja'far, souviens-toi que ces dames ne nous ont admis chez elles qu'à la condition expresse que nous ne poserions aucune question sur ce qui ne nous regardait point... faute de quoi nous risquerions d'entendre des choses qui ne nous plairaient guère...

Le khalife ne répondit rien. Déjà l'intendante apportait une nouvelle robe à l'intention de la pauvre portière et aspergeait d'eau de rose le visage de celle-ci pour l'aider à recouvrer l'usage de ses sens.

– Par Dieu, ma sœur, murmura la belle évanouie en revenant à elle, faites-moi boire encore une gorgée de cette boisson qui m'est chère...

Sur quoi l'intendante, reprenant son luth, se lança dans une nouvelle série de poèmes :

Si nous voulions déplorer notre exil,
quelles paroles choisirions-nous ?
Si nous voulions accéder à la demeure du désir,
quel chemin emprunterions-nous ?

Devrons-nous envoyer des messagers,
interprètes de notre désir ?
Mais aucun ne conviendra à cet office ;
aucun... sauf un autre Amant.

Prendre patience... Mais que reste-t-il en nous,
en notre amour, après la séparation
d'avec le bien-aimé ?
Peu de choses que nous puissions conserver.

En nous plus rien ne demeure
de vivant, sinon des regrets,
des sanglots et ces larmes
qui ruissellent sur nos joues.

Hélas! Vous qui avez disparu
loin de mes regards, ces regards que votre magie
a ensorcelés, c'est en mon cœur que désormais
vous vous êtes incarnés!

Mon pacte, en avez-vous seulement gardé
le souvenir? Sachez que je le tiendrai pourtant
jusqu'au dernier jour de mes jours,
à l'abri du moindre instant d'oubli.

Si vous avez banni notre amour de votre mémoire,
c'est qu'il lui manquait quelques forces...
L'excès des pleurs stériles aurait-il sans cela
suffi à l'effacer?

Ah! si la même demeure me permet un jour
de me jeter encore une fois dans vos bras,
sachez qu'il me faudra longtemps pour dérouler
le fil interminable de mes tendres reproches!

Pour conclure à nouveau :

Si ton corps n'est plus là,
devant mes yeux, par Dieu!
sache qu'il n'a pas disparu
pour cela de mes pensées!

Ô toi l'objet de mon désir,
ton amour a pénétré en moi;
ta beauté enserre dans son étreinte
les nuits où je veille.

Le mal qui m'a pris n'a cessé d'empirer
et ma patience commence à fléchir,
ô toi qui me condamnes
à l'exil loin de toi!

Toi, le seul souhait de mon cœur,
fais-moi cette aumône : laisse-toi attendrir
par cette douleur qui me broie; sois le médecin
qui remet en place les os brisés!

La moindre parole de ta bouche
a pour moi le parfum du musc;
le moindre de tes sourires exhale
une senteur aromatique.

Que de censeurs ne me faut-il pas affronter!
Que de souffrances dois-je endurer encore
de ces jaloux dont les raisons
sont autant de mensonges!

Toi qui me blâmes, daigne plutôt
adoucir tes critiques : la violence de ma passion
ne me vaudrait-elle à tes yeux
aucune excuse?

Se découvrant à mes regards,
il s'est avancé vers moi,

tel un rayon de lune sur la branche
d'un pommier en fleurs.

Fou d'amour, je me suis livré à ma passion
sous la tyrannie de son regard,
sous la loi de ces yeux langoureux
dispensateurs de magie.

L'amour qui me porte vers lui est si violent
qu'il a fait de moi une victime assassinée,
une victime qui ne trouvera jamais
son vengeur.

Crois-tu que soumis à pareille tyrannie,
je puisse ne pas souhaiter ardemment
sa visite, moi qui, rien qu'à l'espérer,
déjà tressaille de joie?

Nul n'a considéré mon affliction
sans subir à l'instant le joug de son amour,
oui, je le jure! par le prix
que j'attache à ma passion!...

A peine avait-elle terminé que la jeune portière trouvait à nouveau à se récrier :

– Par Dieu! voilà qui fut merveilleusement chanté!...

Mais l'instant d'après, elle se mettait une fois de plus à lacérer ses vêtements et en peu de temps tombait par terre et perdait connaissance. Ainsi qu'elle avait fait un moment plus tôt, son amie l'intendante l'aida à se relever, à passer une autre robe et la ramena à la vie à grands renforts d'eau de rose. Mais sitôt revenue à elle, la pauvre enfant, ayant repris place sur son siège, lançait à sa sœur :

– Allons! chante-moi encore quelque chose, car il me faut m'acquitter de ma dette, et il nous reste encore ce troisième chant...

– Je ferai comme tu veux, répondit l'intendante, par amour et par respect pour ta personne...

Et reprenant son luth, elle en fit résonner les cordes avant de poursuivre :

Jusques à quand faudra-t-il endurer
cet exil et cette tyrannie?
L'abondance de mes larmes
ne te suffit-elle pas?

Quel terme as-tu fixé à mon exil?
Qui veux-tu réjouir? Si c'est l'envieux,
sache que ma souffrance
a porté le comble à son bonheur.

Pitié pour moi! Ta cruauté me blesse,
ô maître! Le temps n'est-il point venu
de me manifester enfin
quelque bienveillance?

Mes seigneurs, soyez les avocats d'un esclave
dont la compagne habituelle est l'insomnie
et dont la compagne disparue
fut la patience!

Les lois de l'amour autorisent-elles
que je sois seul de mon espèce

à souffrir ainsi, alors que d'autres
prennent leur plaisir dans l'étreinte?

Seigneur, fais que mon bien-aimé m'accorde enfin
ou ses faveurs ou sa haine,
pour que mes efforts
ne soient plus déployés en vain!

Et de conclure :

Ô mon bien-aimé, en m'exilant loin de toi,
tu as livré mon cœur aux tourments,
et tu as comblé de joie l'ennemi jaloux
en acquiesçant à mon malheur.

Oui, en t'éloignant de moi,
tu n'as fait qu'aggraver mon mal,
car si tu en es la cause,
tu en es aussi le médecin.

Accorde donc à mon cœur
le remède de l'étreinte,
faute de quoi le consumeront
les flammes voraces de l'amour.

Ô toi qui m'as ravi mes pensées
par ta beauté! Ô toi gracieux et souple
telle la branche du saule
sur les collines!

C'est sur le sommet de tes joues
que se cueillent les roses!

Puissé-je au moins
en avoir ma part!

Toi dont les astres sont jaloux,
toi dont l'apparition
oblige le soleil
à disparaître!

Toi, le seul désir de mon cœur,
viens, penche-toi
et que ta générosité s'étende
à ton amant affligé!

Le sommeil pour toujours
a quitté mes paupières,
et la flamme de mon amour
ne s'avive plus que de souffrance.

Par Dieu! ne mets donc pas en joie mes ennemis
en me vouant à la souffrance. Respecte plutôt
ton Créateur en mettant fin à mon tourment!
Tu n'en es pas bien loin...

Daigne par ton étreinte
rassembler les débris de mon cœur,
je t'en conjure, au nom de Dieu,
oui, au nom de Dieu, ô mon bien-aimé!

Quand donc viendras-tu mettre un terme
à ma langueur? Il suffirait d'une étreinte
que tu m'accorderais à la faveur
du sommeil des jaloux qui me guettent...

Quand donc mon cœur pourra-t-il se réjouir
de rencontrer son bien-aimé
en un lieu accueillant,
en un lieu de beauté?

Même si je dois périr un jour en étranger
de l'ardeur trop intense de cet amour,
ah! pitié pour l'étranger que la passion
a livré à un tel tourment!

Déjà la belle portière s'écriait :

– Ah! par Dieu, que voilà une belle chanson!...

Et portant pour la troisième fois ses mains à son vêtement, elle le déchira du haut jusqu'à la frange et tomba sur le sol évanouie, découvrant à nouveau sur son corps la marque du fouet.

– Ah! plût au ciel que nous n'eussions jamais franchi le seuil de cette maison, grommelèrent les trois derviches de l'ordre des qalandars. Il eût mieux valu pour nous dormir dans quelque réduit obscur plutôt que d'avoir à subir un spectacle si affligeant : pareille douleur nous lacère le foie et aura tôt fait de le mettre en pièces!...

Ce que voyant, le khalife s'approcha d'eux et leur dit à voix basse :

– Pourquoi dites-vous cela?

– Ô seigneur de grand mérite, répondirent-ils, sache que ce que nous venons de voir a de quoi nous préoccuper...

– N'êtes-vous pas des familiers de cette maison? s'enquit le khalife. Peut-être pourriez-vous nous aider à tirer au clair l'énigme de ces deux levrettes et de cette adolescente?

– Par Dieu! nous serions bien en peine de fournir le moindre éclaircissement à ce sujet. Nous venons nous aussi d'arriver en ce lieu, où nous n'avons jamais mis le pied de notre vie!

– Et l'homme que je vois assis là-bas, poursuivit le khalife, est-il aussi de votre groupe? Peut-être a-t-il quelque chose à nous apprendre?

Du coin de l'œil, ils firent signe au portefaix à qui ils demandèrent s'il était quelque peu au courant des secrets de cette demeure.

– Par Allah, le Très-Grand, répondit-il, nous sommes tous ici sur le même pied, tous ignorants de la véritable identité de ces dames. J'ai beau quant à moi avoir grandi dans cette ville, jamais avant ce jour je n'avais mis les pieds en ce lieu; le fait même de me retrouver ici en votre compagnie tient déjà pour moi du prodige. Mais ce qui m'intrigue le plus, c'est que de pareilles femmes n'aient pas un homme pour leur tenir d'ordinaire compagnie en leur retraite.

– Par Dieu! s'étonnèrent les autres, nous étions persuadés que tu étais leur compagnon habituel et que tu faisais toi aussi partie de la maison! Ainsi tu n'es rien d'autre, toi non plus, qu'un hôte de passage, logé à la même enseigne que nous...

Le khalife, Dja'far et Masrour tirèrent aussitôt la conclusion de ce discret échange de propos en suggérant :

– Nous voilà donc ici sept hommes en face de trois pucelles qui ne disposent d'aucun élément masculin à leur service. Nous pouvons toujours leur demander de s'expliquer : si elles n'acceptent pas de nous répondre de leur plein gré, nous trouverons toujours un moyen pour les obliger à parler.

Dja'far était le seul des trois à ne pas partager cette façon de voir les choses.

– Je n'approuve pas votre dernière décision et vous suggère de les laisser tranquilles. N'oubliez pas que nous sommes les hôtes de ces dames et qu'avant de nous admettre en leur compagnie elles ont posé une condition. La meilleure chose à faire, en présence d'une énigme de cet ordre, est encore de garder le silence. La nuit touche à sa fin. Bientôt viendra le jour et le mieux que nous puissions faire alors sera de nous séparer... et chacun d'entre nous s'en ira sur le chemin de sa destinée, voilà tout.

Mais Dja'far, après ce discours, s'empressa de glisser en aparté au khalife, avec un clin d'œil complice :

– Ô Émir des Croyants, il ne reste qu'à peine une heure avant l'aube. Dès le lever du jour, je ramènerai ces trois filles au palais et je les ferai comparaître devant toi en exigeant qu'elles te racontent bien clairement leur histoire...

– Malheur à toi! protesta le khalife d'une voix où perçait la colère. Sache que je suis à bout de patience et que je ne supporterai pas un instant de plus le mystère qui plane autour de cette affaire. Je t'ordonne en conséquence d'inciter les trois derviches à poser les questions nécessaires...

– Ton avis n'est pas le mien, tint à rappeler Dja'far.

Il y eut encore force conciliabules entre les hommes qui se trouvaient là, tous grandement indécis quant au moyen de tenter une initiative; à l'issue de quoi il fut convenu que la tâche en incomberait au portefaix.

La jeune fille qui faisait office de maîtresse de maison, on s'en doute, n'avait pas été sans remarquer les murmures qui se faisaient autour de ce débat.

– Ô vous qui vous trouvez réunis en ce lieu, chercha-t-elle à savoir, puis-je apprendre ce qui vous trouble?

C'est le portefaix, enfin décidé à mener lui-même l'affaire, qui se chargea de lui répondre :

– Ô dame, la compagnie que voici s'est concertée et me charge de te faire savoir qu'elle désirerait s'informer auprès de toi d'un certain nombre de choses : elle aimerait que tu lui contes d'abord l'histoire de ces levrettes et que tu lui révèles pourquoi, les ayant châtiées, tu as tant pleuré ensuite sur les souffrances que tu leur avais infligées; elle voudrait savoir enfin pourquoi l'une de tes sœurs porte par tout le corps de ces traces de fouet qui sont la marque ordinaire des condamnés punis pour leurs crimes. Voilà ce que les personnes ici présentes veulent savoir de ta bouche : cela et rien de plus. A tout le moins est-ce là leur souhait...

Se tournant alors vers ses hôtes et les dévisageant, la dame voulut en avoir le cœur net :

– Ainsi donc, vous êtes tous d'accord avec cet homme qui vient de parler en votre nom?...

A l'exception de Dja'far, qui se garda d'ouvrir la bouche, tous répondirent d'une voix unanime :

– Oui, ô dame, nous prenons à notre compte tout ce qu'il vient de te dire.

– Ainsi donc! mes chers hôtes, éclata alors la dame, c'est là la façon dont vous avez choisi de vous conduire à notre égard! N'avions-nous pas posé une condition avant de vous admettre sous notre toit : aucun de vous ne devait s'enquérir de ce qui ne le regarderait point... sinon au risque de s'entendre dire des choses peu agréables? Nous vous avons accueillis en notre demeure, nous avons partagé avec vous tout ce qui se trouvait sur notre table, et vous osez malgré cela nous demander des explications sur notre conduite! Vous n'ignorez pas qu'en agissant de la sorte, vous nous causez du tort; votre intention de nuire est donc avérée!

» Cela dit, la faute en incombe plus encore au destin qui nous a mises sur votre route et vous a permis de nous rencontrer...

Ayant dit ces mots, elle releva les manches de sa robe et frappa trois coups contre le sol en criant :

– A nous!... accourez vite!...

On vit alors s'ouvrir brusquement les deux battants d'une armoire, et sept esclaves noirs se précipitèrent dans la pièce, le sabre nu à la main. Chacun d'eux ayant choisi son homme, ils fondirent sur les sept invités qui n'en pouvaient mais, les jetèrent par terre en leur administrant quelques bon coups du plat de leurs armes, leur ramenèrent les bras derrière le dos et les attachèrent l'un après l'autre à une même chaîne, au beau milieu de la salle du festin. Après quoi tous prirent position chacun auprès du prisonnier de son choix, brandissant ostensiblement leurs glaives dégainés.

– Ô dame, crièrent-ils d'une seule voix, toi dont le voile est ténu et le rideau bien défendu, tu n'as qu'un geste à faire et les têtes que voici rouleront sur le sol!

– Je ne leur accorderai qu'un bref répit, prévint la

jeune femme. Il me plaît en effet à moi aussi de me renseigner à leur sujet avant de voir leurs têtes tomber...

– Ô dame, s'écria alors le portefaix, par le voile que le Dieu Très-Haut jette sur ses créatures, je t'en conjure pour ce qui me concerne : ne me fais pas mourir en punition d'une faute que je n'ai pas commise! Ce sont eux qui ont péché et se sont exposés à recevoir ton châtiment... pas moi! Par Dieu, notre journée n'avait-elle pas commencé de la plus merveilleuse façon? Ce sont ces derviches qalandars qui ont attiré le malheur sur nos têtes. Il leur suffit de pénétrer dans la première ville venue et de la contempler de leur œil unique pour qu'à l'instant elle se trouve livrée à quelque révolte, et bientôt promise au massacre et réduite à l'état de ruine [1]! Écoute seulement ces vers!...

La clémence est une vertu
qui sied aux puissants de ce monde;
surtout si elle bénéficie au malheureux
qui n'a personne pour le défendre...

Par les liens sacrés de l'affection
qui désormais nous unit, ne tuez pas
votre premier compagnon en punition de la faute
commise par le dernier!

D'émotion le portefaix s'était mis à pleurer. Il poursuivit sur le même ton :

1. Au moyen âge, dans les pays musulmans, les borgnes passaient pour porter malheur; on évitait donc soigneusement de se trouver sur leur chemin et de les dévisager.

Les amants nourrissent leur affection
par l'étreinte et la fidélité.
Quel besoin as-tu donc, ô bien-aimé, de recourir
au châtiment de l'exil impitoyable?

Si j'ai péché par ignorance,
beaucoup se sont trompés comme moi,
auxquels il a été pardonné...
tout comme tu vas me pardonner!...

Rayon de lune qui brille avec éclat,
le temps est venu où tu dois apparaître :
ô gracieuse branche de saule, le temps est venu
de te laisser cueillir...

Mes larmes ont manifesté
avec éloquence mes regrets;
mes sanglots ont montré à suffisance
la douleur de mon âme.

Si tu ignores ce qu'est la passion,
si tu ne l'as pas éprouvée,
mon seul désir est de te la voir connaître,
de te la voir souffrir.

Fais paraître en sa beauté
la vertu dont tu te pares :
si ce n'est de ton plein gré,
ce sera donc par force d'âme!

Ah! qu'il est laid de quitter ainsi
celui que tu prétends aimer,

alors que son approche parée de grâce
t'a jusqu'ici remplie d'aise!

Dans ma course vers toi, mon désir d'aimer
a précédé le flot de mes larmes
et a laissé loin derrière lui
ma patience exténuée.

Puissé-je te racheter de ma vie, ô toi que j'aime
éperdument! Sois pour moi clémente ou cruelle,
sois-moi loyale ou infidèle...
tu es déjà assurée du pardon!

A ces derniers vers, le courroux de l'adolescente s'était dénoué en un éclat de rire. Elle se tourna pourtant vers ses hôtes et leur dit :

– Que chacun me raconte promptement son histoire. Sachez en effet qu'il ne vous reste plus qu'une heure à vivre! Je vous écoute : je veux croire que si vous n'étiez pas, tous tant que vous êtes, des hommes remarquables, que ce soit par vos qualités personnelles ou par votre rang – peut-être même êtes-vous de ceux qui arrêtent les lois de cette cité, décidant en leur pouvoir de ce qui est licite et de ce qui ne l'est point –, oui, je veux croire que vous ne seriez pas venus ici nous surprendre sous des habits d'emprunt...

Entendant ces mots, le khalife glissa à son vizir Dja'far :

– Hé, toi! il est peut-être temps de lui révéler qui nous sommes! Je ne veux pas courir le risque d'être occis par erreur!

– Non, le moment propice n'est pas encore venu, répliqua le ministre.

– Allons ! trêve de plaisanterie ! s'impatienta le khalife visiblement irrité.

Mais déjà l'adolescente se tournait vers les trois derviches qalandars et les interrogeait :

– Puis-je savoir si vous êtes frères ?

– Non, par Dieu ! se récrièrent-ils. Pas plus que nous ne sommes des ascètes voués à la pauvreté...

La dame, s'adressant à l'un d'eux en particulier, poursuivait son interrogatoire :

– Toi, l'homme, peux-tu me dire si tu es borgne de naissance ?

– Non, par Dieu ! ô dame, lui fit-il savoir. Sache que mon aventure n'est qu'une succession d'événements où l'étrange le dispute à l'incroyable... Oui, ces événements mériteraient d'être gravés par la plus fine aiguille sur le coin même de la prunelle des hommes et seraient de la sorte un avertissement salutaire à tous ceux qui veulent faire leur fruit des événements du passé. Ils apprendraient ainsi comment j'en suis arrivé à perdre un œil, à me faire raser jusqu'au dernier poil de la barbe et à prendre l'habit des derviches qalandars...

La maîtresse de céans posa la même question aux deux autres moines mendiants et obtint d'eux la même réponse.

– Par Dieu ! ô dame, précisèrent-ils en chœur, sache que chacun de nous se trouve être originaire d'une ville différente. Pourtant, nous sommes tous trois fils de roi : oui, le père de chacun d'entre nous exerce sur ses sujets un pouvoir absolu et commande à une multitude d'esclaves...

Se tournant alors vers ses serviteurs noirs, la dame fit cette déclaration :

– C'est bon ! Il sera dit que ces hommes pourront continuer à se palper la tête et s'assurer ainsi qu'elle loge bien toujours sur leurs épaules ! Je leur permets de sortir d'ici sains et saufs, mais à la condition que chacun d'eux consente à nous narrer son histoire et nous révèle à la suite de quelles aventures il s'est trouvé conduit à pousser notre porte. Si l'un d'eux refuse, vous lui couperez le cou.

Ce fut le portefaix qui se proposa le premier d'évoquer son aventure :

– Tu n'ignores pas, ô dame, les raisons de ma présence en ce lieu. Je suis portefaix de mon état. Ton intendante est venue m'engager à porter ses emplettes. Nous avons ainsi été de la maison d'un marchand de vin à l'échoppe d'un boucher, de celle-ci à la boutique d'un marchand de fruits secs, de celle-ci à l'étal d'un fruitier, puis à la boutique d'un pâtissier, puis à celle d'un marchand d'aromates... pour nous retrouver à la fin dans cette demeure. Voilà mon histoire.

– Palpe bien ta tête et assure-toi qu'elle est à sa place, lança la dame. Et maintenant, va-t'en d'ici.

– Par Dieu ! protesta le portefaix, sache que je ne quitterai pas cette salle que je n'aie d'abord entendu ce que s'apprête à nous conter mon voisin !...

Le premier derviche qalandar s'avança en effet et commença de la sorte :

– Je m'en vais donc te raconter, ô dame, à la suite de quelles circonstances l'on m'a crevé un œil et rasé la barbe. Voici mon histoire :

HISTOIRE DU PREMIER DERVICHE QALANDAR

Le roi mon père avait un frère qui se trouvait être roi lui aussi, et à qui Dieu avait accordé un fils et une fille [1]. Les années ayant passé et nous ayant permis de prendre un peu d'âge, l'habitude m'était venue de rendre visite à mon oncle : il m'arrivait de faire chez lui des séjours assez prolongés – un ou deux mois, selon les circonstances – avant de regagner le palais de mon père, et une affection profonde, bientôt changée en amitié solide, n'avait pas tardé à me lier à mon cousin.

Un jour que je me trouvais en visite chez mon oncle, le cousin en question, voulant me faire honneur, donna ordre d'égorger des brebis, fit décanter plusieurs jarres de vin et me convia à un festin. Nous étions déjà depuis un moment assis à boire, et le vin commençait à prendre le pouvoir dans nos têtes, quand mon hôte me confia :

– Cousin, je viens d'arranger une affaire secrète qui a retenu tous mes soins pendant une année entière. J'aimerais te rendre témoin de ce que j'ai fait. Aie la bonté d'acquiescer à mon désir.

– Je le ferai avec plaisir, répondis-je, par amour pour toi et par respect pour ta personne.

1. Ms A, t. I, fol. 44, Nuits 37 à 39; Ms B, fol. 27, Nuits 36 à 40 *a;* Ms C, t. I, fol. 57, Nuits 37 à 39; éd. Boulaq, Nuits 11 *b* à 12 *a*. Dans la traduction de Galland, le présent récit correspond aux Nuits 36 *b* à 40 *a;* dans celle de Mardrus, aux Nuits 11 et 12.

Il me fit jurer de ne souffler mot de cette affaire à quiconque, me laissa seul un moment et s'en revint au bout d'une heure de temps accompagné par une femme entièrement voilée dont toute la personne exhalait les parfums les plus rares, les essences les plus suaves. Sa présence accrut notre ivresse. Après avoir laissé passer quelques temps encore, mon cousin me dit :

– Ô fils, prends cette femme avec toi et précédez-moi au cimetière. Je m'en vais t'indiquer la tombe auprès de laquelle je me propose de vous rejoindre...

Il me donna tous les détails susceptibles de m'aider à la reconnaître sans me tromper puis conclut :

– Tu pénétreras avec cette femme dans le mausolée dont je viens de te parler, et vous m'attendrez...

Il ne m'était pas possible de refuser, ni de lui demander de me livrer les raisons qui motivaient cette mystérieuse visite, car j'étais tenu par le serment que j'avais prononcé devant lui. Je pris donc la femme avec moi, nous gagnâmes le cimetière où nous ne tardâmes pas à trouver la tombe que nous avait décrite mon cousin et nous nous installâmes tous deux à l'intérieur du mausolée, attendant qu'il vînt nous rejoindre. Il fut là un instant plus tard, tenant à la main un récipient rempli d'eau et traînant après lui un sac de plâtre et une herminette toute neuve. Il s'empara aussitôt de cet instrument et se mit à desceller une à une les pierres qui fermaient le tombeau, qu'il rangea ensuite dans un coin de la pièce. Puis il creusa le sol de la tombe et finit par mettre au jour un dallage où se trouvait ménagée une sorte de porte qui occupait toute la largeur de la fosse. Il souleva la dalle qui l'obstruait. Au-dessous s'ouvrait un escalier en colimaçon qui descendait dans les profondeurs de la terre.

Mon cousin se tourna alors vers la femme et fit un geste qui signifiait : Maintenant, à toi de décider de ce que tu dois faire... Elle se glissa dans l'ouverture et échappa bientôt à nos regards. Mon cousin me considéra un instant puis me dit :

– Il te reste à me rendre le plus grand des services.

– Lequel ?

– Lorsque j'aurai disparu à mon tour par cette porte, tu ramèneras sur elle toute la terre que tu m'as vu déblayer, tu remettras soigneusement toutes les dalles à leur place, puis tu verseras dans l'eau de ce vase le plâtre que voilà en y mêlant un peu de sable, et tu en scelleras toutes les pierres qui ferment ce lieu, de façon que chacun puisse se persuader qu'il ne s'agit pas là d'autre chose que d'un tombeau. J'ai mis une année entière à aménager cette retraite, et nul n'est au courant de ce que j'ai accompli – si ce n'est Dieu et toi-même. Telle est mon infortune, tel est le service que je voulais te demander...

Puis après un instant de silence, il me quitta sur ces mots :

– Cousin, sache que je demande à Dieu de te garder de toute affliction...

Je le vis descendre tranquillement au fond de la tombe qu'il avait laissée ouverte, et dès qu'il eut disparu, je me mis à agir selon ses instructions : je ramenai la terre sur le dallage de la fosse, remis en place les pierres qui fermaient le tombeau et m'employai de mon mieux à rendre à celui-ci son apparence première.

Ma tâche terminée, je m'en revins au palais de mon

oncle qui avait dû s'en aller courir ce jour-là la campagne, à la poursuite de quelque gros gibier. J'étais encore abruti par la boisson. J'allai aussitôt m'affaler dans l'une des chambres où je dormis jusqu'au matin.

Sitôt que j'ouvris l'œil me revinrent en mémoire les épisodes de mon aventure nocturne. Je crus d'abord que tout cela n'était qu'un songe. Puis le doute s'empara de moi et je demandai à voir mon cousin. Personne ne put me dire où il se trouvait. Je visitai tous les cimetières de la ville, examinai tous les mausolées et dus m'avouer que j'étais parfaitement incapable de reconnaître, ne serait-ce que par le plus faible indice, celui où j'avais pénétré la veille en compagnie de cette femme. La nuit me surprit dans ces pérégrinations qui m'avaient conduit d'un cimetière à l'autre, d'une tombe à l'autre sans me laisser même le temps d'absorber quelque nourriture, tant mon esprit était occupé par le sort de mon cousin. J'avais bien entrevu dans la pénombre un escalier qui descendait derrière cette porte secrète ménagée dans les dalles qui fermaient la fosse. Où pouvait-il mener? J'étais bien en peine de le deviner. Non, décidément, je devais me persuader que tout cela n'était qu'un rêve... Seule cette pensée parvint à me rassurer un peu quand il me fallut reprendre le chemin du palais.

Je ne pris qu'un peu de nourriture et dormis jusqu'au matin d'un sommeil agité. Le lendemain, mes pas me portèrent à nouveau vers le quartier des cimetières. Je repassais dans mon esprit le détail de tous les gestes que j'avais accomplis avec mon cousin. J'inspectai les lieux avec le plus grand soin, examinai un par un et sur toutes leurs faces les différents mausolées, mais la nuit tomba sans que j'eusse pu reconnaître ni le lieu où avait disparu mon cousin ni le chemin qui eût pu y conduire. Le troisième et le quatrième jour, du matin jusqu'au soir, passèrent encore aux mêmes recherches. Je ne pus même pas me faire une idée du chemin que j'avais suivi. Le doute et les idées les plus insensées commençaient d'assaillir mon esprit qui n'était pas loin de tourner à la folie. Il n'y avait plus rien à faire; sinon reprendre la route au plus tôt et regagner la ville où régnait mon père.

Je rentrai donc. Mais à peine avais-je franchi les portes de la cité où mon père tenait son gouvernement que des gardes se précipitèrent sur moi, se saisirent de ma personne et me lièrent les bras.

– Que faites-vous là? m'évertuai-je à protester. Que signifie cette conduite?

– Ton père a été victime d'une conspiration ourdie par son vizir, me fit-on savoir. Celui-ci a entraîné toute l'armée dans le complot et a réussi à s'emparer du pouvoir après avoir tué le roi ton père. C'est lui-même qui nous a donné l'ordre de guetter ton arrivée afin de mettre la main sur ta personne.

Cette nouvelle me remplit d'un tel effroi que j'en tombai à terre évanoui. Ils me traînèrent dans cet état chez le vizir.

Or sachez, ô noble dame, que la plus vive inimitié me séparait de ce vizir depuis qu'un accident lui était survenu, où n'était entrée au demeurant aucune mauvaise intention de ma part. J'aimais passionnément tirer les oiseaux à l'arbalète; et voilà qu'un jour, installé sur la terrasse du palais, j'en avise un qui venait tout juste de se poser sur celle de la demeure de notre ministre. Je mets en vue, je tire... et le vizir qui se trouvait là par hasard reçoit dans l'œil le projectile destiné à l'oiseau. On le retrouva l'œil entièrement arraché : oui, l'œil en question lui pendait jusque sur la poitrine! Telle fut la cause de la haine féroce qu'il me voua dès cet instant.

A peine avais-je eu le temps de comparaître devant lui qu'il fondit sur moi, m'enfonça son doigt dans l'orbite et m'arracha un œil; et je sentis soudain cet œil pendre, tout sanguinolent, le long de ma joue... J'étais borgne! Oui, j'étais tel que vous me voyez aujourd'hui...

Là-dessus le vizir me fait garrotter et enfermer dans un coffre, puis il me confie au bourreau en lui disant :

– Monte sur ton meilleur coursier et emmène-moi ce personnage au fin fond du désert. Là, tu dégaineras ton sabre et tu en finiras avec lui : que son cadavre serve de pâture aux rapaces et aux fauves de l'endroit!

Le bourreau obéit et me transporta, dans le coffre où j'étais toujours enfermé, jusqu'en un lieu parfaitement désert. Ayant mis pied à terre, il me fit sortir de ma caisse, me considéra un moment et s'apprêta à me mettre à mort. Mais les larmes que je versai à ce moment sur ma triste aventure eurent la chance de réveiller les siennes. Ce que voyant, je l'implorai du regard et lui lançai ces vers :

Je vous considérais comme la cuirasse solide
qui me protégeait des flèches de l'ennemi,
et vous avez été le trait
par lequel cet ennemi m'a blessé!

J'étais votre protecteur
contre les coups du sort; je vous avais placé
parmi les compagnons de la droite,
à l'abri des ennemis venus de la gauche.

Maintenant que le sort m'est contraire,
tenez-vous au moins à l'écart et réservez-moi
votre neutralité sinon votre bienveillance :
que l'ennemi soit seul à me lancer ses traits.

Vous me refusez la reconnaissance
qu'appelait pourtant notre affection. Soit.
Vous refusez de vous opposer à l'ennemi. Soit.
Du moins ne lui prêtez pas main forte!

L'homme eut pitié et me fit grâce. A l'instant de me rendre la liberté, il me dit simplement :

– Va-t'en vite d'ici! ta vie en dépend. Et veille à ne plus jamais revenir dans ces parages, car la mort t'y attend... et ton sort ne tarderait pas à devenir le mien. Range-toi plutôt à l'avis du poète :

Si tu es victime d'un sort injuste,
songe d'abord à sauver ta vie
et laisse ta demeure se lamenter toute seule
sur le destin de celui qui l'a édifiée.

Tu trouveras toujours à échanger
ta patrie contre une autre,
alors que si tu perds ta vie,
aucune autre ne viendra la remplacer.

Dans les affaires importantes,
ce n'est pas ton conseiller qui décide :
le moment venu, la décision ultime
n'appartient qu'à toi.

La force qui gonfle le cou du lion
ne vient que du lion lui-même :
et il ne peut compter sur elle
que s'il obéit à son instinct...

Je lui baisai la main, ne pouvant croire à ma délivrance. J'en venais presque à oublier la douleur de mon œil crevé, tant me bouleversait cette assurance nouvelle : j'allais échapper à la mort!

Je pris la route et, par petites étapes, gagnai la cité où gouvernait mon oncle. Quand je pus enfin m'ouvrir à lui et lui apprendre dans quelles circonstances mon père avait trouvé la mort et ce qui m'avait valu la perte de mon œil, il soupira :

– Moi aussi, j'ai reçu mon lot complet de chagrins. Sache que mon fils a disparu et que j'ignore absolument ce qu'il est devenu!...

Sur ces mots, il se mit à sangloter et pleura longtemps. Et comme me revenait à la mémoire toute l'amertume de mon deuil ancien, je ne pus retenir un mouvement de pitié et me laissai aller à lui parler : je lui révélai tout ce que je savais du sort de son fils et de l'aventure qui avait présidé à sa disparition. Cette nouvelle parut lui remettre quelque joie au cœur.

– Allons, vite, lève-toi! me lança-t-il, et conduis-moi sans plus attendre jusqu'à ce lieu désert dont tu viens de me parler.

– Par Dieu! mon oncle, j'ai bien essayé d'en retrouver le chemin par la suite, mais en vain.

Nous décidâmes pourtant de quitter le palais, en ayant bien soin de n'être vus par personne, et de gagner le cimetière. Et lorsque nous fûmes au milieu des tombes, j'eus la bonne surprise de découvrir sans peine le mausolée introuvable : oui, c'était bien celui auquel j'avais rendu visite lors de la fameuse nuit qui avait vu disparaître mon cousin! J'allais pouvoir découvrir enfin à quelle secrète cachette menait cet escalier où je l'avais vu descendre!

Parvenus à l'intérieur de l'édifice, nous nous mîmes, mon oncle et moi, à desceller les pierres qui condamnaient la chambre funéraire; puis nous déblayâmes la terre qui recouvrait les dalles et parvînmes à dégager enfin l'accès de la porte mystérieuse. L'escalier s'ouvrait dans l'ombre à nos pieds. Nous descendîmes, l'un derrière l'autre.

Nous comptâmes cinquante marches. Parvenus à la dernière, nous fûmes surpris par l'atmosphère étouffante qui nous entourait de toutes parts.

– Il n'y a de puissance et de force qu'en Allah le Très-Haut, le Très-Grand, s'écria mon oncle.

Et nous nous engageâmes dans un étroit couloir qui s'ouvrait devant nous. Il aboutissait, tout près de là, à une salle souterraine légèrement en contre-haut dont la voûte, soutenue par des piliers, recevait la lumière par des soupiraux qui devaient s'ouvrir au flanc de la colline. Nous en eûmes vite fait le tour. Elle contenait plusieurs grandes jarres, des sacs de farine et de grain, des provisions de toute sorte, et une citerne avait été ménagée en son milieu. Au fond de la pièce se dressait un lit, recouvert par une tenture de soie qui tombait jusqu'à terre.

Mon oncle gravit les marches qui conduisaient à l'alcôve et souleva le bord du rideau. Deux corps étaient étendus sur le lit : celui de son fils et celui de la femme qui avait tenu à l'accompagner en ce lieu, tous deux étroitement enlacés. Mais ces corps étaient aussi noirs que du charbon : oui, on eût dit que quelqu'un les avait précipités dans un brasier dont la flamme les avait dévorés tout entiers, les changeant en deux statues horriblement calcinées. A ce spectacle et contre toute attente, mon oncle laissa échapper la plus vive satisfaction et cracha au visage de son fils en s'écriant :

– Voilà ! tu as reçu le châtiment de tes crimes en ce monde, il te reste à subir les tourments éternels en l'autre !

Et de fureur, il ôta de son pied sa sandale et en frappa cruellement la figure du malheureux.

– Par Dieu, mon oncle ! intervins-je soudain consterné, dissipe mon inquiétude. Car ta conduite ne fait qu'augmenter l'angoisse où m'a plongé cette aventure à laquelle je ne comprends rien ! Le sort de ton fils n'est-il pas déjà assez dur, que tu y ajoutes l'injure de frapper son cadavre de ta sandale ?

– Ô fils de mon frère, me confia-t-il alors, apprends que cet enfant que j'ai nourri s'est épris d'amour pour sa propre sœur !... Ils se sont aimés dès leur plus jeune âge, malgré mon interdiction. J'ai d'abord pris patience en me disant : ils sont encore jeunes, c'est là un enfantillage qui leur passera. Mais comme ils grandissaient, leurs relations prirent un tour nettement répréhensible. J'en fus averti mais refusai d'y croire. Je pris à part mon fils et m'employai à le mettre en garde, avec toute l'éloquence dont j'étais capable, contre les dangers d'une telle liaison : « Prends garde, prends bien garde, lui dis-je, d'être amené un jour à commettre cette faute ! Veille sur toi-même pour ne pas y tomber, pour ne pas devenir malgré toi l'exemple de la déchéance et de la honte, un exemple que la chronique des rois ne manquera pas de transmettre d'une génération à l'autre jusqu'à la fin des temps, et par la bouche des voyageurs jusqu'à la limite extrême des pays et des continents ! Tiens-toi sur tes gardes, méfie-toi... Cette jeune fille est ta sœur, et Dieu te défend d'en user comme un mari fait d'une épouse... »

» Je ne me contentai au reste pas de lui faire mes remontrances; je pris toutes les dispositions pour dérober la jeune fille à ses regards. Mais cette maudite l'aimait aussi : oui, elle se trouvait sous l'autorité de Satan, qui sait si bien orner ce sentiment des parures les plus séduisantes. Lorsqu'ils ont compris que j'étais décidé à la fin à les séparer l'un de l'autre tout de bon, mon fils a dû faire construire cette retraite souterraine et l'aménager de la manière que tu vois. Il y a fait creuser une citerne capable de recueillir suffisamment d'eau potable, et n'a pas manqué d'y transporter toutes les provisions dont ils pouvaient avoir besoin. Et la demeure étant prête, il sut endormir mes soupçons... jusqu'à ce jour où je me décidai à partir pour la chasse. Il en profita pour attirer sa sœur en ce lieu... et il leur advint ce qu'il devait leur advenir. Ils croyaient pouvoir couler ici des jours heureux, mais le Dieu Très-Haut ne les avait pas oubliés !...

Ayant dit cela, mon oncle pleura amèrement et je mêlai mes larmes aux siennes.

– Tu remplaceras mon fils défunt, me dit-il.

Il réfléchit au malheur de ses deux enfants, se rappela celui de son frère assassiné, se souvint du mien et de la souffrance que m'avait valu mon œil crevé et laissa couler ses larmes. Je pleurai moi aussi, une grande heure de temps, sur les infortunes auxquelles les revirements du sort exposent l'homme en ce bas-monde. Puis nous nous décidâmes à quitter le réduit où nous nous trouvions : nous eûmes soin de disposer les pierres à l'entrée du tombeau comme elles l'étaient auparavant, et nous regagnâmes notre palais sans éveiller l'attention de personne.

A peine étions-nous à nouveau installés dans nos murs qu'un grand tumulte se fit entendre au-dehors; on battait du tambour, on sonnait de la trompette. Les cris des hommes se mêlaient au hennissement des chevaux et au choc des armures. Des soldats, accourus de toutes parts, se rangeaient en ordre de bataille. Le tourbillon de poussière que soulevaient les sabots des chevaux et les bottes des hommes rassemblés obscurcissait la vue. Frappés de stupeur et d'épouvante, nous courûmes aux nouvelles. On nous apprit que le vizir qui avait renversé et assassiné mon père venait de se rendre maître des portes de notre ville. Il avait rassemblé en secret ses soldats, les avait armés avec le plus grand soin, s'était employé à grossir leur troupe en recrutant des mercenaires choisis parmi les tribus nomades et avait volé jusqu'à nos portes à la tête d'une armée aussi nombreuse que les grains de sable du désert. On n'avait pu chiffrer la multitude des assaillants. Personne n'était capable de s'opposer à leur avance. Ils avaient lancé leur assaut en mettant à profit l'inattention des sentinelles, et ne tardèrent pas à occuper toute la ville sans rencontrer grande résistance.

Les habitants se mirent tous à la discrétion de l'ennemi et mon oncle fut bientôt mis à mort. Quant à moi, j'avais pu m'échapper et gagner une cachette dans un quartier éloigné du palais, ne cessant de remuer en moi-même cette pensée : « Si le vizir te voit, il te tuera de sa propre main, comme il a massacré tous les porteurs de sabre de ton père... »

Ces événements, comme bien l'on pense, n'avaient fait que raviver ma douleur et mon affliction. Songeant à mon oncle, à mon père, à mes cousins, me remémorant enfin les circonstances qui m'avaient valu de perdre un œil, je versai force larmes. Puis je me surpris à murmurer pour moi-même : « Que faire? Si je me risque dans la rue en l'état où je me trouve, les gens me reconnaîtront facilement, car tous tant qu'ils sont n'ont eu que trop d'occasions de me voir comme ils voient le soleil en plein jour. A constater comme ils se sont empressés de renier mon oncle, on peut penser qu'ils n'hésiteront pas à me tuer rien que pour obtenir les faveurs du vizir... »

Je ne trouvai d'autre moyen de m'enfuir de la ville sans encourir la mort que celui de me raser barbe et sourcils pour me donner l'aspect d'un ascète mendiant, et de prendre l'habit des derviches qalandars. Et c'est dans cet accoutrement que je quittai mon pays, sans que quiconque eût seulement songé à me reconnaître.

Mon chemin me conduisit vers Baghdad. Je voulais voir si mon sort en cette ville saurait se révéler plus favorable qu'il ne l'avait été ailleurs -- j'ai du reste l'intention de demander audience à l'Émir des Croyants, au représentant du Seigneur des mondes, que je me propose d'intéresser à mon aventure en lui en contant tout le détail. Bref, j'arrivai aux portes de la ville alors que la nuit était déjà tombée; et je me trouvais là, indécis, ne sachant où aller, quand je vis s'approcher ce personnage que vous voyez là, lequel arborait tout comme moi le costume des derviches qalandars. Il avait l'air, lui aussi, d'arriver d'un long voyage. Comme il venait de me saluer, je m'enquis auprès de lui :

– Tu es sans doute étranger en cette ville?...

– C'est en effet le cas, me répondit-il.

– Moi aussi, lui avouai-je.

Mais à peine avions-nous échangé ces quelques mots, qu'un autre derviche qalandar – le troisième personnage ici présent – s'en vint nous rejoindre en nous envoyant son salut.

– Je suis étranger en ces lieux... commença-t-il.

– Et nous pareillement, nous empressâmes-nous de lui répondre.

Et c'est ainsi que, nous étant mis tous les trois à déambuler par les rues, le destin, mes dames, nous conduisit jusqu'à votre demeure. Vous nous avez pris en pitié, vous nous avez accordé votre protection, vous nous avez fait l'aumône d'un gîte, et si grande a été votre amabilité que j'en suis presque venu à oublier que j'étais borgne et que j'avais perdu ma barbe...

Le premier derviche qalandar avait terminé son récit.

– Palpe ton chef! l'invita alors la belle hôtesse des

lieux, assure-toi qu'il est bien en place, et va-t'en vite d'ici.

– Par Dieu ! répondit-il, sache que je ne déguerpirai pas avant d'avoir entendu le récit que s'apprête à nous faire mon collègue...

Les aventures du premier qalandar avaient déjà plongé les assistants dans l'étonnement.

– C'est l'histoire la plus merveilleuse que j'aie jamais entendue de ma vie !... murmura le khalife à l'oreille de Dja'far, son vizir.

– Mais déjà le deuxième qalandar se levait et prenait la parole...

HISTOIRE
DU DEUXIÈME DERVICHE
QALANDAR

Sache, ô dame, que je ne suis pas moi non plus borgne de naissance, j'en prends Dieu à témoin [1]. Si j'ai perdu un œil, ce n'est qu'à la suite de tribulations dont je m'en vais te faire le récit.

Moi aussi, je suis fils de roi, et j'ai reçu de mon père la meilleure éducation. J'ai appris à lire jusqu'à me trouver capable de réciter le sublime Qoran tout entier dans les sept versions admises [2]. J'ai approfondi la

1. Ms A, t. I, fol. 47, Nuits 40 à 52 ; Ms B, fol. 29, Nuits 40 *b* à 48 ; Ms C, t. I, fol. 61, Nuits 40 à 51 ; éd. Boulaq, Nuits 12 *b* à 14 *a*. Dans la traduction de Galland, ce récit correspond aux Nuits 40 à 52 ; dans celle de Mardrus, aux Nuits 12 à 14.

2. Il s'agit des sept lectures canoniques du Qoran, qui spécifient la manière de réciter le texte sacré, de le ponctuer, de le vocaliser, etc. Elles ont été codifiées par Ibn-Moudjâhid, mort en 936.

science des astres. J'ai parcouru les traités de jurisprudence religieuse, et ces traités, il m'est arrivé de les commenter devant les assemblées de savants. Je me suis occupé de grammaire et de philologie, et j'ai su déployer dans le domaine de la composition littéraire des talents qui m'ont permis de surpasser sans peine tous les écrivains de mon temps. J'ai acquis enfin, dans l'art de l'expression claire et de l'éloquence, assez de maîtrise pour voir ma renommée se répandre dans tous les pays et sous tous les climats. Bref, tous les rois avaient eu vent de mes compétences et prisaient au plus haut la distinction de mon talent littéraire.

Et voici qu'un jour, le souverain de l'Inde en personne m'envoya chercher. Il fit remettre à mon père force cadeaux précieux, tous objets de grande valeur et de grande rareté, seuls dignes d'être offerts à un roi, et cela à seule fin qu'il me donnât l'autorisation de partir. Je fus pourvu par mon père de tout ce qui pouvait être nécessaire à mon voyage, au point que mon bagage remplissait six chariots. Je lui fis mes adieux et pris la route qu'empruntait d'ordinaire la poste royale, à la tête de mes six convois.

Nous roulâmes de la sorte un mois entier, jusqu'à ce qu'un certain jour apparût à l'horizon un tourbillon de poussière. Une heure plus tard, comme le vent déchirait en lambeaux cette nuée et en dispersait les volutes vers les hauteurs du ciel, nous aperçûmes une troupe de cinquante cavaliers, bardés de fer de pied en cap, lesquels fonçaient sur nous à vive allure, aussi farouches que des lions en colère. C'étaient des coupeurs de route. Ayant vite constaté que nous étions peu nombreux, peureusement massés autour des ballots bien enveloppés qui renfermaient les présents destinés au roi de l'Inde, ils dégainèrent leurs sabres et pointèrent sur nous leurs lances, impatients de s'emparer par la force d'un chargement qu'ils devaient croire copieusement garni de pièces d'or. Nous leur fîmes signe que nous n'avions pas l'intention de combattre et tentâmes de leur expliquer que nous étions des ambassadeurs, officiellement dépêchés vers le Grand Roi de l'Inde, et qu'à ce titre, nous avions droit à leur protection.

– Nous ne vivons pas sur la terre de ce roi, se bornèrent-ils à nous répondre. Nous ne sommes donc pas tenus de lui obéir.

Et ils se précipitèrent sur mes compagnons dont ils firent aussitôt un affreux carnage. Je fus le seul à pouvoir leur échapper. Profitant de ce qu'ils étaient occupés à faire main basse sur nos trésors, j'eus la force, bien que blessé, de m'enfuir à toutes jambes droit devant moi, ignorant tout à fait où me portaient mes pas. En un instant, je venais d'abdiquer ma puissance pour me trouver livré à l'état le plus vil, je venais d'échanger ma richesse contre le dénuement le plus total.

Je cheminai tout le jour et pus, la nuit venue, m'abriter dans une grotte qui s'ouvrait au haut d'une montagne. Le lendemain, dès mon réveil, je repris ma route et ne m'accordai pas un instant de repos jusqu'au soir. Cette existence errante dura tout un mois de temps, au bout de quoi j'atteignis une ville solidement fortifiée et fort bien construite, où je ne tardai pas à constater qu'abondaient richesses et denrées de toutes sortes. Elle semblait inspirer aux habitants qui avaient trouvé refuge à l'intérieur de ses murs une gaîté turbulente.

L'hiver venait de la quitter, emportant avec lui ses frimas, et le printemps lui avait succédé, prodiguant alentour ses brassées de roses. L'air laissait rayonner une lumière éblouissante; l'eau roulait avec force dans le lit des ruisseaux qui arrosaient l'endroit; des nuées d'oiseaux répandaient partout leurs chants les plus aimables. Bref, la cité où je venais d'arriver était parfaitement conforme à l'évocation du poète :

Une ville qui traite avec honneur
tous ceux qu'elle abrite...
une ville où règne en souveraine
la paix...

Ville semblable à un paradis qu'on eût embelli
de mille sortes d'ornements...
ville qui ne cesse d'accomplir des prodiges
en faveur de ses hôtes!...

Dès mon entrée dans ces murs, mon cœur fut partagé entre la joie et la douleur, toutes deux pareillement intenses. J'étais heureux de me retrouver enfin en un lieu habité où il faisait visiblement bon vivre; mais je souffrais de m'y voir dans cet état de misère qui était désormais le mien. La marche avait épuisé mes forces; la peau de mon visage était tirée par la fatigue; mes mains, mes pieds étaient tout écorchés et encroûtés de boue; les soucis et les chagrins se lisaient clairement sur mes traits; mon teint avait perdu sa fraîcheur d'autrefois et ma démarche même était changée.

J'errai quelque temps par les rues, ne sachant trop

où aller. Avisant alors la boutique d'un tailleur, je m'approchai et m'employai à saluer celui-ci avec toute la courtoisie dont j'étais capable. Il m'accueillit fort aimablement, n'ayant pas manqué d'observer qu'il avait affaire à un homme dont les manières trahissaient l'origine aisée. Il m'invita à m'asseoir à ses côtés et s'efforça de me mettre à l'aise en déroulant pour moi le fil d'une longue conversation. Comme il s'inquiétait à la fin des circonstances qui m'avaient conduit en ce lieu, je lui fis le récit de mon aventure, sans lui rien cacher des déboires auxquels m'avait exposé le hasard des événements. Il parut vivement touché par mes malheurs.

– Jeune homme, me dit-il, ne découvre à personne le fin mot de ton identité, car le roi de cette ville est l'un des plus farouches ennemis de ton père, à l'encontre duquel il entend exercer son droit de vengeance. Garde donc soigneusement ton secret.

Sur quoi il fit apporter de la nourriture, à laquelle on me vit faire honneur du meilleur appétit. Il voulut bien partager mon repas et nous restâmes à bavarder ensemble jusqu'à la tombée de la nuit. Il arrangea enfin une chambre près de la sienne et me pourvut de couvertures et de tout ce qu'il me fallait pour dormir agréablement.

J'étais installé chez lui depuis trois jours lorsqu'il me prit à part :

– Connais-tu, me demanda-t-il, quelque métier qui te permette d'assurer ta subsistance?

– Je suis assez versé dans la jurisprudence religieuse, répondis-je. Je passe pour avoir d'excellentes lumières sur les diverses branches des sciences aussi bien qu'en littérature. Je suis tout ensemble poète, grammairien, calligraphe...

Il m'arrêta :

– Tout cela ne te vaudra pas un seul sou dans notre pays.

– Par Dieu! répliquai-je, c'est que je ne sais faire rien d'autre que ce que je t'ai dit...

– En ce cas, tu n'as plus qu'à ajuster vaillamment la ceinture qui te tient les reins, qu'à te munir d'une hache et d'une bonne corde... et à t'en aller par la campagne ramasser assez de bois pour gagner tant bien que mal ton pain de tous les jours. Mais surtout, je te le recommande, veille à ne révéler ton origine à quiconque : ce serait t'exposer à une mort certaine. Cache avec soin le secret de ton identité jusqu'à ce que Dieu te donne quelque occasion de sortir de ce mauvais pas.

Il m'acheta une cognée et une corde et me confia aux soins d'un des bûcherons qui vaquaient chaque jour à leur travail aux abords de la ville. Je sortis en leur compagnie, passai toute ma journée à abattre du bois et m'en revins le soir avec un chargement que je vendis pour une demi-pièce d'or. Je m'empressai de remettre cet argent au tailleur qui avait pris à charge de me nourrir et retournai dès le lendemain à la tâche.

Une année passa de la sorte. Et voilà qu'un certain jour, ayant poussé plus avant mes pérégrinations autour de la ville, je découvris une vallée d'une merveilleuse fertilité, toute plantée de beaux arbres et arrosée de torrents gorgés d'eau. Avisant sur mon chemin un tronc d'arbre de bonne espèce, je résolus de l'arracher et commençai à creuser la terre tout autour de manière à en dégager les racines. C'est ainsi que je mis au jour un anneau profondément enterré dans le sol, lequel anneau se trouvait attaché à ce qui me parut être une porte de bois massif. Je tirai cet anneau à moi et la porte céda : par-delà l'ouverture béante, un escalier descendait dans les profondeurs de la terre. Je m'y engageai et me retrouvai au bout d'un moment au fond d'une sorte de puits qui donnait accès à une véritable demeure souterraine. L'édifice dans lequel je venais de pénétrer, bâti sur de puissantes fondations et disposé avec un art consommé, était un véritable palais : un palais tel qu'il ne m'avait jamais été donné d'en voir ! J'en parcourus les pièces et me trouvai soudain en présence d'une jeune fille dont la beauté m'éblouit : beauté idéale qui évoquait l'éclat d'une perle de grand prix, ou celui du soleil dans sa splendeur. Il lui eût suffi d'ouvrir la bouche pour guérir dans l'instant les cœurs affligés ou pour rendre captif l'homme le plus intelligent et le mieux avisé. Taille bien prise, seins haut dressés, joues soyeuses, visage étincelant dans une nuit de cheveux, lèvres dessinées avec le souci de la plus exacte symétrie... Telle enfin que le poète l'a chantée :

Elle avait pour elle quatre alliés
qui jamais ne se sont réunis
sans obtenir la victoire sur mon cœur
...et en évitant toute effusion de sang :

lumière sur son front,
avivant encore les roses de ses joues...
lumière sur ses lèvres,
éclairant son sourire...

Dès qu'elle m'aperçut, elle s'écria :

– Ô toi qui viens ici, es-tu de la race des hommes ou de celle des djinns?

– Je suis un homme, répondis-je.

– Et comment es-tu parvenu jusqu'à notre demeure? Sache que je suis restée quelque vingt-cinq années enfermée ici sans jamais voir le visage de quelqu'un qui appartînt à la race humaine!

– Ô dame, je suis venu ici en n'ayant d'autre guide que ma bonne fortune, qui semblerait vouloir me faire oublier mes chagrins... ou que ta bonne étoile, qui t'offre peut-être là l'occasion de te décharger de ta peine...

Je lui narrai mes aventures, qui parurent l'affliger beaucoup, et elle me fit à son tour ses confidences :

– Moi aussi, je m'en vais te raconter mon histoire... Sache que je suis la fille d'un roi qui répond au nom d'Euthyme et qui tient le siège de son gouvernement dans l'île d'Énos. Mon père m'avait donnée en mariage à un mien cousin, mais la nuit même de mes noces, alors que chacun faisait fête, un ifrite parvint à s'emparer de ma personne et à m'enlever dans les airs, pour me déposer à la fin en ce lieu après un voyage qui dura une grande heure de temps. Ce personnage a nom Djirdjis, fils de Djimriche, et se trouve être un cousin de Satan par les femmes. Il a pourvu cette demeure de tout le nécessaire – nourriture, boisson, friandises, mets de toute sorte – afin que j'y vive confortablement. Il vient me voir tous les dix jours et passe la nuit à mes côtés, car il a réussi à me prendre toute, oui, à l'insu de ma famille!... Lorsque j'ai besoin de lui, que ce soit pour me procurer quelque objet indispensable ou pour toute autre affaire, et cela de jour comme de nuit, je n'ai qu'à effleurer de la main cette inscription que tu vois là, gravée sur deux lignes, au seuil de la porte; et je n'en ai pas encore ôté la main que déjà je le vois devant moi. Voilà à présent quatre jours qu'il est parti; il ne reviendra que dans six jours : veux-tu me tenir compagnie cinq jours à peine, et t'en aller la veille de son arrivée?

– Ô dame, m'écriai-je, c'est mon rêve le plus cher, et je me tiendrai pour trop heureux de le voir se réaliser!

Mon enthousiasme eut l'air de grandement la réjouir. Elle me prit la main et m'introduisit par une porte cintrée dans une pièce aménagée en salle de bains. Elle commença par m'ôter mes habits, puis enleva les siens... et nous nous retrouvâmes tous les deux dans l'eau. Elle me lava et me baigna tout le corps, et quand enfin il nous fallut sortir de l'eau, elle me revêtit d'un costume neuf, m'installa sur un siège dressé au beau milieu d'une estrade et me tendit un grand verre où elle m'invita à boire. Elle prit place à mes côtés, et l'heure qui suivit fut consacrée à la conversation; après quoi elle m'offrit à manger, ce qui me permit d'assouvir ma faim, et me convia à m'étendre sur un divan :

– Dors et récupère tes forces, me conseilla-t-elle, car tu sembles fatigué.

Ainsi me fut-il donné de déposer tous les soucis de la vie quotidienne. Mon souffle me revint, et après une heure de sommeil, je me réveillai comme elle venait de se mettre à me masser. Je me dressai tout soudain, la remerciant et invoquant Dieu en sa faveur, et pus constater que je me trouvais en excellente forme.

– Ô jeune homme ! me lança-t-elle alors, que dirais-tu maintenant si nous ouvrions quelque flacon du meilleur cru ?...

– Fais donc, m'empressai-je.

Elle se dirigea vers une armoire dont elle sortit une vieille bouteille scellée, dressa la table et disposa dessus les plus délicieuses friandises – sans oublier de m'offrir ces vers de circonstance :

Aurions-nous eu vent de votre visite,
nous aurions fait une nappe de notre sang
répandu en votre honneur, et de nos prunelles
un tapis étendu sous vos pas.

L'éclat de nos joues
aurait recouvert le sol
afin que de vos pieds
vous pussiez fouler nos paupières.

Je la remerciai de toute mon âme. L'amour que je me sentais déjà lui porter venait à l'instant de se proclamer le tyran de ma personne, imposant sa loi à chacun de mes membres. Mon chagrin avait disparu. Jusqu'au soir nous échangeâmes des coupes de vin, à la suite de quoi je passai auprès d'elle une nuit délicieuse, une nuit comme il ne m'en avait jamais été donné de connaître à ce jour ! Le matin en se levant nous incita à lier la joie de l'instant présent à celle que nous avions goûtée la veille, et cette joie nous tint ensemble jusqu'au milieu du jour. Le bonheur m'avait soûlé à tel point que j'en venais à perdre l'exacte conscience de mon état. Je marchais en titubant, porté à droite, porté à gauche.

– Ô ma belle, m'écriai-je enfin, que ne remontes-tu avec moi jusqu'à la surface de la terre! Il est temps pour toi de quitter cette prison où tu es enfermée!

– Ô mon maître, répondit-elle en riant, écoute en silence ce que je vais te dire. Le mieux n'est-il pas pour toi de passer régulièrement neuf jours ici, en ma compagnie, et de laisser le dixième à l'ifrite?

– Non! protestai-je dans mon ivresse. Je ne le permettrai pas! Je m'en vais même détruire à l'instant cette inscription que tu m'as montrée, gravée sur le seuil; et sitôt qu'apparaîtra le monstre, je le tuerai! Des êtres de son espèce, j'ai l'habitude d'en occire à la dizaine!...

Dès qu'elle m'entendit parler de la sorte, je la vis pâlir et elle se mit à me supplier :

– Non, par Dieu! ne fais pas cela!

Et ces vers lui fournirent un ultime argument :

Toi qui songes déjà à quitter ton bien-aimé,
ne te hâte pas trop,
car les coursiers de l'exil
suivent de près ceux de l'étreinte.

Oui, évite la hâte
car le temps est félon
et toute amitié mène
à la séparation.

Mais mon ivresse fut plus forte que tous ses conseils. Je me ruai vers la pierre du seuil que je frappai d'un coup de pied. Nous eûmes à peine le temps de prendre conscience de ce que j'avais fait : l'atmosphère autour de nous venait de s'obscurcir, un coup de tonnerre éclata, accompagné d'éclairs, et je sentis le monde se refermer sur nous cependant que l'ivresse s'envolait de ma tête.

– Que se passe-t-il? eus-je encore le temps de lui demander.

– C'est l'ifrite qui annonce sa venue en ce lieu, me répondit-elle. Ô mon maître, sauve ta vie! Grimpe vite cet escalier qui te ramènera en haut!

J'étais sous le coup d'une si grande frayeur que, pressé de monter me mettre à l'abri, j'en oubliai en bas ma cognée de fer et mes chaussures. A peine avais-je gravi quelques marches que la terre se fendit derrière moi, livrant passage à l'ifrite. Je l'entendis s'adresser à la dame :

– Quelle est la raison de ce grand trouble où tu me jettes? Quel danger te menace donc?

– Maître, répondit-elle, j'ai senti aujourd'hui l'angoisse peser sur ma poitrine. Voulant me mettre mieux à mon aise, j'ai bu un peu de vin. Mais quand j'ai voulu me lever pour vaquer à mes occupations, la boisson m'a fait tourner la tête; j'ai trébuché et, par mégarde, mon pied est allé cogner contre ce seuil de pierre.

– Tu mens! femme de mauvaise vie! lui cria-t-il.

Jetant un coup d'œil autour de la pièce, il venait d'apercevoir mes souliers et ma cognée.

– Peux-tu me dire d'où proviennent ces objets?

– Je ne les avais pas remarqués, s'étonna-t-elle. Je les découvre à l'instant même... Sans doute est-ce toi qui les as traînés jusqu'ici, accrochés à quelque pan de ton habit, sans y prendre garde...

– Tes ruses, femme perverse, ne sont sur moi d'aucun effet!

Et se saisissant d'elle, il lui arracha ses vêtements et l'attacha par les bras et les jambes à quatre anneaux fixés dans le mur. Puis il se mit à la fouetter et à lui faire subir divers tourments de sa façon, afin de la forcer à avouer la vérité.

Ô dame, je ne pus supporter d'entendre ses pleurs. Mais mon épouvante, plus forte que tout, me poussa à continuer de gravir l'escalier, marche après marche, aussi doucement que je pus, jusqu'à me retrouver à la fin hors de ce palais souterrain. J'en refermai avec soin l'issue et ne manquai de la recouvrir de terre, soucieux de laisser l'accès à ces lieux aussi invisible que je l'avais trouvé. Je songeais sans cesse à la jeune fille qu'il m'avait fallu quitter. J'évoquais en mon cœur sa beauté, la bienveillance qu'elle avait manifestée à mon égard, les services qu'elle m'avait rendus... Ainsi, elle avait séjourné vingt-cinq ans dans cette retraite sans avoir à y subir aucun dommage, et il avait suffi que je me présente, oui, il m'avait suffi de passer une seule nuit à ses côtés pour la voir, de mon seul fait, livrée aux pires souffrances. Mon deuil ne cessait de croître, mon inquiétude ne cessait de s'étendre... Je me remémorais mon ancienne dignité royale et les injures auxquelles m'avait exposé le siècle félon, me réduisant à l'état de pauvre bûcheron sans fortune : le destin ne m'avait ensuite ménagé un bref moment de joie limpide que pour mieux me précipiter, avec l'arrivée de cet ifrite, dans une existence mieux dévastée que jamais. Certes, j'avais tout lieu de m'adresser d'amers reproches, mais ils n'empêchaient pas mes larmes de couler; non plus que les vers où je cherchais ma consolation :

Le sort s'entête à me persécuter
comme si j'étais son pire ennemi;
à chaque instant il manifeste
l'aversion en laquelle il me tient.

A peine m'a-t-il procuré par mégarde
un bref instant de bonheur,
que déjà à nouveau il m'accable
de tous les maux qui font le mieux souffrir.

Il me fallut donc reprendre ma route et m'en retourner chez mon ami tailleur. Je le trouvai qui m'attendait en proie à la dernière impatience, tel un gigot mis à cuire sur le feu. Dès qu'il m'aperçut, la joie éclaira sa face :

– Ô mon frère, s'écria-t-il, où donc as-tu été passer la nuit d'hier? J'étais plein d'inquiétude à ton sujet. Que Dieu soit loué de t'avoir ramené sain et sauf!

Je le remerciai pour ses bons sentiments et me retirai à l'intérieur du logis, l'esprit décidément préoccupé par mon aventure. Je ne pouvais de toute façon m'en prendre qu'à moi-même et à ce zèle excessif qui m'avait poussé à agir si inconsidérément. Ah, que ne m'étais-je abstenu de fouler sottement du pied ce seuil de pierre, au fond de la maison souterraine : j'aurais évité de la sorte un nouveau malheur... J'en étais à me livrer à ces considérations quand mon ami le tailleur s'en vint me retrouver.

– Jeune homme, me dit-il, un vieillard étranger vient de se présenter qui t'attend dehors : il te rapporte ta cognée et tes souliers. Il a eu l'idée de s'adresser aux bûcherons à qui il a conté son aventure dans les termes que voici : « Je venais de sortir à l'appel du muezzin pour réciter la prière de l'aurore, quand mon pied a heurté cette hache et ces chaussures que quelqu'un avait dû égarer là. Savez-vous à qui ces objets peuvent bien appartenir ? Et indiquez-moi donc où habite cette personne, que je puisse lui rendre son bien... » Les bûcherons ont reconnu ta cognée et lui ont désigné la maison où tu demeures : « Cet instrument, lui ont-ils dit, appartient au jeune étranger qui gîte chez le tailleur. » C'est ainsi que le vieillard en question s'est retrouvé à la porte de ma boutique. Va le trouver et récupère ce qui t'appartient.

A ce discours, perdant toute contenance, je m'étais senti pâlir. J'eus à peine le temps d'ouvrir la bouche pour répondre au tailleur que la terre se fendit à mes pieds, livrant passage au vieillard étranger en lequel je reconnus aussitôt l'ifrite...

Il avait eu beau user à l'encontre de la jeune femme des pires tourments, elle n'avait rien révélé qui pût le mettre sur ma piste. Alors il avait pris ma cognée et mes chaussures et lui avait lancé :

– Ce n'est pas en vain que je suis un ifrite de la maison d'Iblîs [1] ! Je saurai bien ramener ici le propriétaire de cette cognée !

Et il n'avait pas mis longtemps à prendre le chemin de la ville où il s'était présenté, comme l'on sait, sous

1. Voir note p. 85.

les traits de ce vieillard étranger qui venait d'apparaître à mes yeux.

Bondissant hors du sol entrouvert, il se rua sur moi et, sans même me donner le temps de souffler mot, il m'arracha à cette chambre où nous nous trouvions et s'envola avec moi dans les airs. Une heure au moins s'écoula avant que son pied ne touchât à nouveau le sol qu'il frappa avec violence... et qui nous engloutit à l'instant dans ses profondeurs. Et je me retrouvai de la sorte au beau milieu de ce palais souterrain où j'avais passé la nuit.

Mes regards allèrent aussitôt vers la jeune fille : elle était attachée, entièrement nue, à des anneaux de fer, et le sang ruisselait le long de ses flancs. L'ifrite la détacha, prenant bien soin de couvrir sa nudité, et lui dit :

– Ô femme perverse, cet homme que tu vois là est bien ton amant, n'est-ce pas? Réponds!

Elle me jeta un bref coup d'œil et répondit :

– Je ne le connais pas. Je le vois à l'instant pour la première fois.

– Malheur à toi! s'écria-t-il. Ainsi donc, malgré tous les tourments que tu as déjà endurés, tu persistes à refuser de le reconnaître!

– Je ne le connais pas, reprit-elle. Et il m'est impossible de mentir à son sujet, car alors, oui, tu le tuerais...

– Fort bien! puisque tu prétends ne point le connaître, prends ce glaive et tranche-lui donc le cou!

La femme s'empara de l'arme, marcha jusqu'à moi et me fit face. D'un simple battement de cils, je lui adressai une supplique et elle dut comprendre mon langage, car je la vis me répliquer d'un clin d'œil qui disait clairement : « Je ne puis te faire reproche, malgré tous ces tourments qu'il m'a fallu endurer ! » Je la considérai longuement, et mon regard signifiait : « Songe que l'heure de la clémence est arrivée... » Ses joues exprimèrent alors les sentiments qui habitaient son âme, et me revinrent en mémoire les vers du poète :

Si ma bouche se tait, parlent mes regards
qui t'apprendront ce que je ne puis dire,
car l'amour manifeste assez
les sentiments qui en moi sont celés.

A l'instant de la rencontre,
si nos larmes ont un sens secret,
je préfère me taire et laisser mes yeux
te parler en leur nom.

Mes regards ont l'éloquence de celui qui sait
tout ce qu'un coup d'œil peut exprimer :
un simple battement de paupières, et tu sauras
à quelle parole renvoie ce signe.

Nos cils se chargent de formuler
nos requêtes réciproques,
car nous avons beau nous taire,
Amour, lui, sait comment parler...

Elle laissa tomber le glaive que tenait sa main et déclara :

– Comment pourrais-je tuer quelqu'un que je ne

connais pas? Comment pourrais-je prendre sur moi de verser son sang?...

Et je la vis reculer de quelques pas.

– Tu ne peux te résoudre à le tuer parce qu'il a passé la nuit avec toi! hurla l'ifrite. Tu as accepté de supporter les tourments les plus cruels plutôt que de le dénoncer. Voilà qui est clair : si tu l'as pris si fort en pitié, c'est qu'un accord intime vous lie l'un à l'autre!

Se tournant alors vers moi, il me lança :

– Et toi, l'homme, connais-tu cette femme?

– Qui peut-elle être? je l'ignore, lui répondis-je. Je ne l'ai jamais vue de ma vie, sinon à cet instant et pour la première fois.

– Alors prends ce glaive et tranche-lui la tête. J'aurai ainsi la certitude que tu ignores vraiment qui elle est, et je te rendrai la liberté.

– J'accepte ta proposition.

J'empoignai le glaive et m'approchai vivement de la femme. Un simple battement de ses paupières me signifia : « J'ai fait de mon mieux pour te rendre heureux, est-ce ainsi que tu entends répondre au sentiment que je te porte?... » Un bref clin d'œil, tout aussi explicite, vint souligner cette phrase muette. A quoi je répondis, dans le même langage, que j'étais prêt à sacrifier ma vie pour préserver la sienne. Et nous restâmes encore un instant à converser de la sorte, fidèles aux propos du poète :

> *Combien d'amoureux ont su,*
> *d'un battement de cils,*
> *communiquer à l'être aimé*
> *leurs pensées les plus secrètes!*

Un seul regard jeté sur le visage
de mon bien-aimé
suffit à me révéler
ce qu'il est advenu de lui en mon absence.

Qu'il est doux, ce regard
qui transfigure son visage!
Qu'il est éloquent, le signe
que me lancent ses paupières!

L'un est écrivain génial, bien que sa rhétorique
ne doive qu'au jeu de la paupière;
l'autre n'est pas moins fin lettré
bien qu'il ne s'exprime que par l'œil.

A mon tour je laissai retomber le glaive et, reculant de quelques pas, je m'insurgeai :

– Ô cruel ifrite! à supposer que cette femme fût méchante, sotte et querelleuse, accepterais-tu, sans la connaître, de la frapper de cette arme?... Comment dès lors voudrais-tu que moi, qui ne suis pas un ifrite mais un homme, je consente à la tuer alors qu'elle m'est parfaitement étrangère? Non! je m'y refuse absolument – même si cela doit m'exposer à boire la coupe du malheur.

– Vous voilà donc à l'évidence parfaitement d'accord pour me tromper! rugit l'ifrite. Fort bien! je m'en vais vous montrer comment je punis des crimes tels que le vôtre!

Et s'emparant du glaive, il frappa la femme au poignet : la main de la malheureuse vola dans l'air; un autre coup lui trancha l'autre main. Elle jeta un dernier regard sur ses doigts, comme un mourant qui fait ses adieux aux êtres qui lui sont proches, et entra en agonie. Quant à moi, ô dame mienne, je tombai par terre évanoui et ne revins à moi que pour entendre l'ifrite déclarer :

– Voilà le châtiment réservé à la femme qui trahit son époux!

Puis se tournant vers moi :

– Sache, ô fils des hommes, que d'après la loi qui gouverne le peuple des ifrites, toute femme qui nous a trompés est réputée de commerce illicite. Comme il serait imprudent de la laisser en vie, nous nous en débarrassons aussitôt. J'avais enlevé celle-ci le soir même de ses noces, alors qu'elle avait douze ans à peine et n'avait pas connu l'homme. J'ai été son premier et son unique époux. Je venais régulièrement tous les dix jours passer la nuit avec elle, prenant à cette occasion l'aspect d'un homme. J'ai acquis aujourd'hui la certitude qu'elle m'avait trahi. Puisque notre loi nous interdit de garder auprès de nous une femme infidèle, je l'ai tuée.

» Quant à toi, dans la mesure où je ne suis pas absolument sûr que tu aies été son amant, je ne puis te mettre à mort; mais il ne m'est cependant pas possible de te laisser sortir indemne d'entre mes mains. Aussi tu vas choisir la forme animale en laquelle je m'en vais te changer à l'instant. Que veux-tu devenir : un chien, un âne, un lion, une bête fauve, un oiseau?...

Poussé par le besoin d'obtenir sa clémence, je l'implorai en ces termes :

– Ô ifrite, ne serait-il pas plus honorable pour toi de me pardonner? En te montrant clément, tu ne feras que te conformer à l'exemple fameux de cet homme qui jadis pardonna à celui qui lui portait envie...

– Et qu'est-il donc advenu de ces deux personnages? voulut savoir l'ifrite.

Pour répondre à sa question, je lui racontai alors l'histoire que voici :

Histoire de l'envieux et de l'envié

On rapporte que deux hommes habitaient, dans une certaine ville, deux maisons contiguës séparées par un mur mitoyen [1]. L'un de ces hommes était d'un caractère jaloux. Il ne cessait de porter envie à son voisin et le regardait constamment d'un mauvais œil. Et qui pis est, la jalousie le poussait à lui nuire autant qu'il le pouvait. A la fin, sa haine atteignit une telle violence qu'il en perdit le sommeil et en vint à ne plus trouver de goût aux aliments. Son voisin l'envié, cependant, multipliait autour de lui les bienfaits. Et le comble était que plus il se trouvait victime des mauvais procédés de l'envieux qui vivait à sa porte, mieux il s'entêtait dans la voie de la probité... et mieux prospéraient ses affaires.

Un jour pourtant, ayant fini par mesurer toute l'étendue de la jalousie que lui portait son voisin et toute la virulence de son insistance à lui nuire, il en

1. Ms A, t. I, fol. 51, Nuits 46 *b* à 48 *a;* manque dans le Ms B; Ms C, t. I, fol. 67, Nuits 46 *b* à 48 *a*. Dans la traduction de Galland, le présent récit correspond également aux Nuits 46 *b* à 48 *a;* il manque dans la traduction de Mardrus et dans l'édition arabe Boulaq.

tira les conséquences qui s'imposaient : il abandonna sa demeure et alla s'installer plus loin.

« Par Dieu ! s'était-il dit, je préférerais encore quitter le monde et ses habitants plutôt que de donner à ce malheureux de nouvelles occasions de nourrir sa haine... ». Et il se transporta dans une autre ville.

Il acheta là une parcelle de terrain où s'ouvrait un puits que l'on avait creusé dans l'ancien temps, et y fit bâtir une maison qu'il meubla d'une simple natte d'osier et de quelques objets de nécessité. Son but était en effet d'y adorer le Dieu Très-Haut, son Créateur, en lui offrant un lieu de culte qui fût d'abord la demeure de la vérité. Il y attira bientôt des novices désireux comme lui de s'adonner à la vie de pauvreté et qui, informés de sa renommée, accoururent vers lui de toute la ville et même des régions voisines.

Le bruit de sa réputation ne tarda pas à parvenir jusqu'aux oreilles de son ancien voisin, qui apprit par la même occasion que celui qu'il avait si bien poursuivi de sa haine récoltait bienfait sur bienfait et voyait se presser chez lui une foule de personnages considérables. Le jaloux ne sut résister au désir de prendre la route pour revoir son ancien rival, et n'eut pas trop de mal à trouver sa maison. L'envié lui fit un accueil empressé, le traita comme un ami, lui témoigna la joie que lui causait sa présence et le couvrit d'honneurs.

– J'avais à te parler, s'ouvrit alors l'envieux auprès de son hôte, et c'est pour cela même que je suis venu te trouver. Mais nul ici ne doit entendre le secret que je m'apprête à te confier. Sortons plutôt, si tu le veux bien, et gagnons un endroit retiré de ton domaine...

Et lui saisissant la main, il l'entraîna vers un endroit

isolé. Il jetait autour de lui des regards inquiets et put ainsi se rendre compte que les novices les observaient de loin.

– Frère, fit-il alors, voudrais-tu demander à tes novices de nous laisser seuls? Qu'ils se retirent un instant dans leurs cellules, car je n'aimerais pas qu'ils entendent ce que j'ai à te révéler.

L'homme vertueux consentit à demander à ses disciples de se retirer, ainsi qu'on l'en priait; sur quoi l'autre lui déclara :

– Maintenant, je m'en vais te conter mon histoire...

Et sans faire remarquer autrement son manège, il conduisit son interlocuteur jusqu'au bord du vieux puits où il s'empressa de le précipiter, assuré qu'aucun témoin ne viendrait l'accuser de ce crime. Puis, quittant subrepticement les lieux, il suivit le chemin de sa destinée, persuadé que l'homme qu'il avait si fort détesté n'était plus de ce monde.

Or ce puits se trouvait habité par des djinns qui voulurent bien soutenir dans sa chute le vertueux personnage qu'on venait d'y jeter. Ils le déposèrent avec douceur au fond de leur demeure et l'invitèrent à s'asseoir sur une grosse pierre au milieu d'eux.

– Savez-vous qui est cet individu? s'étonnaient les uns.

– Non, pas du tout, répondaient les autres.

Mais un certain djinn de leur assemblée, qui avait reconnu le personnage auquel ils avaient affaire, leur tint à la fin ce discours :

– Cet homme que vous voyez là est venu il y a quelque temps s'établir dans notre ville pour fuir le voisinage d'un envieux qui ne cessait de le persécuter.

C'est à cette occasion qu'il fit bâtir, près de l'endroit où s'ouvre ce puits, une maison où chacun put le voir mener la vie d'un bon compagnon, occupé jour après-jour à réciter la litanie des attributs de Dieu et les sourates du texte sacré. Mais l'envieux qui le détestait n'a pas tardé à se mettre en chemin et à venir le rejoindre, jusqu'à ce qu'à force de ruses il ait réussi à le précipiter parmi vous. Or il se trouve que cette nuit même, sa renommée devait parvenir jusqu'aux oreilles du Sultan qui allait se promettre de lui rendre visite dès le matin afin de le consulter au sujet de sa fille...

– Et qu'est-il donc arrivé à la fille du Sultan? s'enquit l'un des djinns auprès de celui qui venait de les informer.

– Elle est habitée par un esprit diabolique qui n'est autre que Maymoûn, fils de Damdam; et ne peut la guérir que celui qui s'entend à traiter ce genre de maladies – bien que le remède en l'occurrence soit des plus simples.

– Et quel est ce remède? demanda-t-on alentour.

– Eh bien, sachez que le chat noir qui habite la demeure de ce saint homme porte, à l'extrémité de la queue, une tache blanche de la taille d'une pièce d'argent... Or il suffit à quiconque d'arracher sept poils blancs à cet animal et de les brûler en présence de la jeune fille pour que la tête de celle-ci soit aussitôt délivrée, et cela pour toujours, de l'esprit rebelle qui la possède, et que l'infortunée soit guérie dans l'instant.

Daigne te souvenir, ô ifrite, que cette conversation se déroulait en présence de l'envié dont je viens de te parler, lequel se trouvait pour l'heure installé au fond du puits... Le bonhomme, comme on s'en doute, n'avait pas manqué de retenir les propos échangés par les djinns, et dès qu'il lui fut permis, au petit matin, de quitter sa retraite – à la grande stupeur des novices qui faisaient déjà cercle autour du puits –, il se dirigea tout droit vers le chat noir qui hantait les lieux, lui arracha sept poils blancs qu'il avait en effet au bout de la queue... et serra précieusement sur lui ce butin.

Le soleil ne s'était pas encore complètement levé que le roi, escorté de sa garde, se présentait à la porte du couvent. Il descendit de sa monture, imité par les grands personnages de sa suite, ordonna à ses soldats de former une haie d'honneur et fit son entrée dans la place. L'envié l'accueillit avec le plus profond respect, l'installa à la place réservée aux invités de marque et lui parla en ces termes :

– Veux-tu que je te révèle la raison qui t'a poussé à venir me trouver?

– Parle! se borna à répondre le roi.

– Tu m'as rendu visite afin de me demander ce qu'il convenait de faire pour obtenir la guérison de ta fille.

– Tu dis vrai, ô cheikh [1] plein de piété.

– Eh bien, ordonne à l'un quelconque de tes gens de l'amener ici. Je pense pouvoir la guérir sur l'heure – s'il plaît au Dieu Très-Haut.

Ces paroles eurent l'heur de réjouir fort le roi qui envoya aussitôt chercher sa fille. On la lui amena peu après, les bras chargés de chaînes, les poings solidement liés. L'envié la fit asseoir, la couvrit d'un voile, tira les sept poils blancs de l'endroit où il les tenait cachés

1. Le sens ordinaire du terme est « vieillard ». Mais il est donné parfois à des hommes d'autorité ou respectables.

et les fit brûler. Dans l'instant, l'esprit diabolique qui habitait la tête de l'infortunée poussa un grand cri et s'en fut, cependant que la jeune fille, retrouvant ses esprits et prenant conscience de ce qui l'entourait, se voilait pudiquement le visage.

– Que m'est-il arrivé? s'étonna-t-elle. Qui m'a conduite en ce lieu?

Le sultan, au comble de la joie, se précipitait déjà vers l'envié, impatient de baiser les paupières et les mains de cet homme respectable. Se tournant ensuite vers les grands personnages du royaume, il les interrogea :

– Quelle récompense, selon vous, dois-je accorder à celui qui vient de guérir ma fille?

– Tu dois la lui donner en mariage, lui fut-il répondu.

– Vous avez raison, approuva le roi.

Les épousailles furent bientôt célébrées et l'envié se retrouva ainsi gendre du roi.

Un peu plus tard, comme son vizir venait de mourir, le souverain consulta à nouveau son entourage :

– Qui pourrions-nous bien désigner pour succéder à notre vizir?

– Ton gendre, s'entendit-il répondre.

Et l'envié devint de la sorte vizir...

Enfin, quand le roi mourut à son tour, chacun s'interrogea :

– Quel sultan allons-nous établir à la place de notre sultan?

– Le vizir actuellement en exercice, répondirent d'un commun accord tous les grands du royaume.

Et l'envié se vit à la fin proclamé sultan de son peuple, qu'il s'employa à gouverner avec justice.

Or voici qu'un jour, comme il défilait dans la plus brillante compagnie, entre sa femme, ses vizirs et les premiers dignitaires de sa cour, son chemin croisa celui de l'homme qui l'avait poursuivi autrefois de sa haine. Il jeta sur lui un regard et murmura à l'un de ces conseillers :

– Tu m'amèneras cet homme, en ayant soin de ne lui causer ni frayeur ni alarme.

Un peu plus tard, comme l'envoyé s'en revenait auprès de son prince, accompagné par celui qui avait été jadis le pire ennemi de celui-ci, voué qu'il était au tourment de l'envie, il entendit le roi ordonner :

– Vous lui ferez remettre cent *mithqâls* [1] d'argent que vous prendrez sur mon trésor personnel, et préparerez à son intention vingt chargements de marchandises précieuses qu'il aura loisir de revendre à son profit. J'exige enfin qu'une escorte d'honneur le reconduise jusqu'à la ville où il tient sa demeure.

Sur quoi il fit ses adieux à celui qui l'avait tant haï, sans même songer à lui faire reproche de tout le mal qu'il lui avait causé.

Lorsque j'eus terminé mon histoire, ô dame, je me mis à exhorter l'ifrite :

– Considère la clémence dont l'envié a su faire preuve à l'égard de son ennemi, et ce malgré la haine que ce dernier lui vouait, malgré tous les dommages qu'il s'était ingénié à lui faire subir, malgré la vengeance

1. *Mithqâl :* unité de poids qui se confond parfois avec le dinar – lequel, à l'origine, pesait exactement un mithqâl (soit 4,25 g.).

qui l'avait lancé sur les routes du voyage à seule fin de lui faire tort, oui, à seule fin de le précipiter au fond de ce puits où il aurait dû trouver la mort... Voilà un homme qui n'a pas voulu répondre au mal par le mal, qui n'a pas hésité à pardonner à qui l'avait maltraité, bref, un homme qui a su user de la générosité la plus libérale, amenant par ce moyen un criminel endurci à verser des flots de larmes sur ses fautes passées...

Et je citai pour finir ces vers à la rescousse :

Montre-toi libéral envers le coupable,
car la générosité est la première vertu
de ceux qui ont le pouvoir de punir le crime
ou de l'absoudre.

Si je m'accuse de tous les péchés
sans en excepter un,
daigne conférer à ta clémence
toutes les formes qu'il lui plaira de prendre.

Car celui qui veut un jour
obtenir pardon de plus puissant que lui
doit savoir lui-même pardonner
à plus faible que lui...

Mais l'ifrite était inflexible :

– Pour ce qui est de mon projet de t'ôter la vie, me dit-il, je t'ai fait savoir que j'y avais renoncé. En revanche, pour ce qui est d'obtenir un pardon qui t'autorise à t'échapper d'entre mes mains sans y avoir subi le moindre dommage, sache que c'est là chose impossible. Il faut absolument que j'exerce sur ta personne la puissance de mes procédés magiques...

Et à peine avait-il prononcé ces mots qu'il m'emporta une fois de plus dans les airs, si haut que la terre apparut bientôt à mes yeux comme un simple nuage blanc. Il m'abandonna au sommet d'une montagne et, avant de me quitter, ramassa devant moi une poignée de terre sur laquelle il marmonna des phrases incompréhensibles, dont je pus malgré tout saisir qu'elles étaient porteuses de sorts dont je n'allais pas tarder à être la victime. Et le fait est qu'au bout d'un instant, il me jeta cette poussière au visage en me criant :

– Quitte la forme qui est la tienne et prends à l'instant celle d'un singe !

Il venait à peine de disparaître, pressé sans doute de s'en aller son chemin, que je me sentis aussitôt devenir singe selon son vœu. Cette métamorphose me plongea d'abord dans la désolation et dans les larmes. Ah ! je pouvais accuser l'injustice de la vie, qui s'ingénie à n'accorder aucune joie sans en troubler la limpidité de quelque manière... Mais il me fallait songer aussi à descendre de la montagne où l'on m'avait abandonné. Quand je fus rendu en bas, je me retrouvai dans une plaine immense où je cheminai durant un mois entier avant d'atteindre enfin le rivage de la mer.

Comme je longeais la rive, inspectant l'horizon, j'aperçus un navire qui naviguait en vue de la côte et fendait hardiment les flots, ayant pris le vent bien en poupe. J'arrachai aussitôt une branche d'arbre que je me mis à agiter en tous sens afin d'attirer l'attention des gens du navire, courant d'un bout à l'autre de la plage que longeait le navire sans ménager mes gesticulations, mais il m'était interdit d'articuler le moindre mot, ce qui me plongeait dans la tristesse.

Quand le bateau fut au plus près, je vis que les gens du bord laissaient filer la passerelle pour me permettre de monter, et je ne me fis pas prier pour bondir. Le bâtiment était de belles dimensions. Les marchands qui l'occupaient transportaient avec eux des marchandises de toute sorte, outre une importante cargaison de poivre.

Dès qu'ils aperçurent ma figure, ils se récrièrent à qui mieux mieux en s'en prenant au capitaine :

– Comment! c'est à cause d'un singe que tu nous as exposés au danger, nous et toutes nos marchandises! Ne sais-tu pas qu'il suffit d'un animal de cette espèce pour que la bénédiction de Dieu déserte à l'instant n'importe quel lieu!

– Je m'en vais l'occire sur l'heure, déclara un passager.

– Une flèche bien décochée fera l'affaire, suggéra un autre.

– Il sera plus simple encore de le noyer, proposa un troisième.

A ces paroles, je m'étais précipité jusqu'auprès du capitaine et, saisissant le pan de son vêtement avec le geste du client qui implore l'appui de son protecteur, je laissai couler les larmes sur mes joues. Le maître du navire et tous ceux qui assistaient à la scène, observant cette étrange conduite, furent dans l'émerveillement. L'un d'eux s'apitoyait déjà, et le capitaine en profita pour prendre la parole :

– Marchands, ce singe est venu chercher refuge auprès de ma personne. J'ai décidé de lui accorder le droit d'asile. Il peut désormais compter sur mon engagement : si l'un d'entre nous vient à le blesser, ne serait-ce qu'avec une épine, il pourra me compter au nombre de ses ennemis déclarés.

Ce capitaine me traita dès lors avec la plus extrême gentillesse. Comme je comprenais tout ce qu'il me disait, ce m'était un jeu que d'obéir ponctuellement à ses ordres. Seule me manquait la parole articulée, car ma langue s'avérait incapable de prononcer le moindre mot en réponse aux discours de mon maître.

Nous fîmes bonne route pendant cinquante jours de temps, mettant à profit le beau temps et la faveur des vents, et nous atteignîmes de la sorte une ville de fort belle étendue, peuplée d'une foule de gens si impressionnante qu'elle nous parut à l'abord impossible à dénombrer. Notre navire, manœuvrant avec aisance, fit son entrée dans le port et fut bientôt à quai. Peu après, des messagers du roi qui gouvernait cette cité se présentèrent à bord et nous accueillirent par ce discours :

– Ô marchands qui vous trouvez ici assemblés, sachez que notre sultan se félicite de vous voir débarqués chez lui sans encombre. Il ne vous demande qu'une chose : que chacun d'entre vous daigne considérer le rouleau de papier que voici, sur lequel il voudra bien tracer, à son intention, une ligne de sa plus belle écriture. Il se trouve en effet que notre roi avait à son service un vizir qui s'entendait à merveille à résoudre les problèmes que pose l'exercice du pouvoir, et qui était au surplus un calligraphe accompli. Or à la mort de ce vizir, notre souverain s'est juré, sur sa glorieuse Foi, de ne lui donner pour successeur qu'un homme qui fût capable d'écrire aussi bien que lui...

Un des messagers présenta alors aux marchands un rouleau de papier large d'une coudée et long de dix, sur lequel tous ceux qui savaient écrire, du premier jusqu'au dernier, tracèrent soigneusement une ligne d'écriture. Quand tous eurent accompli leur tâche, je bondis et leur arrachai la feuille des mains. Ils poussèrent des cris de colère et me donnèrent l'ordre de leur rendre le rouleau à l'instant, convaincus que je n'allais pas manquer de le déchirer et de le jeter à la mer. Au lieu de quoi je m'employai à leur faire comprendre par signes que je n'avais d'autre intention que d'y inscrire à mon tour une ligne tracée de ma main. De stupeur, ils commencèrent par se récrier :

– A-t-on jamais vu un singe écrire!...

Mais le capitaine une fois de plus intervint :

– Laissez-le donc écrire ce qu'il lui plaira. S'il couvre la feuille de gribouillages, nous le chasserons ou nous le tuerons, voilà tout. Mais si jamais il s'avérait qu'il excelle dans l'art de la calligraphie, sachez que je n'hésiterais pas à le prendre pour fils, car jamais à ce jour je n'ai rencontré créature plus intelligente ni plus honnête. Oui, je souhaiterais à mon propre fils de faire preuve de la même finesse et de la même éducation...

Je pris donc le calame, le trempai dans l'encrier, et transcrivis les vers suivants, en lettres ornées dans le style *riqa'* :

Si le Temps dressait la liste des actions d'éclat
signés par les plus nobles cœurs,

notant aujourd'hui les tiennes,
il jetterait les autres dans l'oubli.

Que Dieu ne nous rende pas tous orphelins
en permettant que tu disparaisses un jour,
car en ce monde tu es le père
et la mère de tout bienfait...

Puis je continuai en lettres serrées, dans le style *mouhaqqaq :*

Il possède un calame dont l'utilité surpasse
tout ce qui existe de par le monde.
Le moindre mot, la première syllabe qui franchit
ses lèvres lui vaut d'emblée la plus haute gloire.

Celui que glorifie pareille plume passe en renom
la citadelle la mieux bâtie :
que cinq doigts tiennent ce roseau, et la ville
la mieux défendue s'effondre!

Je fis suivre cette calligraphie d'une autre, composée cette fois en lettres déliées, dans le style *rîhâni :*

Par l'Être Un, par l'Unique, par l'Éternel,
que celui qui écrit

ne tende jamais la main vers le calame
si ce geste doit ôter à quelqu'un
la nourriture que Dieu
lui a dévolue...

Puis d'une autre encore, tracée selon la graphie courante dont usent d'ordinaire les copistes :

Seul l'être qui aura su écrire
évitera l'universelle pourriture :
le Temps de lui ne gardera intacts
que les mots qu'il aura tracés.

N'écris donc de ta main
que des mots qui réjouissent,
car tu les retrouveras
au jour de la Résurrection !

Je fis suivre ces vers de deux autres distiques composés, eux, en lettres grasses, dans la manière dite *thoulouth* :

Quand il nous a fallu subir l'exil
loin de toi,
oui, lorsque tu nous as voués
à souffrir les affres du Temps,

c'est vers les lèvres de l'encrier
que nous avons porté nos plaintes,
et le calame en son langage
a su les faire parler.

J'y ajoutai encore ces vers, tracés selon le mode *toûmâr*, dont on use pour remplir les volumes destinés aux bibliothèques :

Si tu ouvres l'encrier de la puissance
et des faveurs,
fais en sorte d'écrire avec l'encre
de la générosité et du Don gracieux.

Toi qui détiens le pouvoir, veille bien
à n'écrire que des paroles de bonté,
car le fil de ton calame et celui de ton sabre
sont les vrais témoins de ton mérite.

Et je terminai sur ces mots, transcrits dans la manière la plus usuelle :

Mets en Dieu ta confiance
et tu vivras en toute sécurité.
Accepte Ses décisions car Lui seul est bon
et connaît toutes choses.

Ne dis jamais, en parlant de toi,
« ma » science, « ma » sagesse,
car tout ce qui est appartient à Dieu,
le Très-Haut, le Très-Grand.

Quand j'en eus fini de mes exercices, je tendis le rouleau aux messagers qui s'en emparèrent en me manifestant des signes non équivoques d'admiration et s'empressèrent de le porter au roi. Dès que celui-ci eut contemplé mon écriture, il manifesta bien haut son émerveillement et ordonna à ses domestiques :

– Prenez une mule et la tenue d'apparat que voici. Je les destine à l'auteur de ces sept calligraphies.

Comme ils lui répondaient par un sourire et que le roi commençait à s'en irriter, ils lui expliquèrent :

– Ô roi du temps, ô maître incontesté de ces jours et de ce siècle, apprends que celui qui a écrit ces lignes n'est autre qu'un singe.

– Comment pouvez-vous affirmer une chose pareille? s'insurgea le roi.

– La chose est à nos yeux certaine et sans aucun doute possible, lui répondit-on. Nous le jurons par le prix que représente pour nous ta grâce : oui, celui qui a écrit ces lignes est bel et bien un singe!

Ces mots plongèrent le roi au plus profond de l'étonnement. Il ordonna aussitôt :

– Qu'on amène en ma présence ce singe dont vous parlez.

Et il spécifia bien aux messagers chargés d'emmener et la mule et le costume :

– Ne faites venir ce singe ici qu'après lui avoir fait revêtir le vêtement d'honneur que je vous confie et l'avoir invité à prendre place sur la mule. Et n'oubliez pas de convoquer enfin la propriétaire de l'animal.

Nous étions toujours à bord, n'ayant même pas eu encore le temps de débarquer, que nous vîmes réapparaître les envoyés du roi qui se saisirent du capitaine et de ma personne, me firent endosser un habit d'apparat, m'installèrent sur une mule et firent escorte autour de nous comme s'ils eussent été nos serviteurs. Toute la ville de par ma faute était sens dessus dessous. On quittait les maisons pour me venir regarder sous le nez, on se pressait sur mon passage : oui, je crois bien qu'il n'y eut personne qui ne se précipitât dans la rue pour m'y aller voir. A peine étais-je arrivé au palais que la cité tout entière se trouvait bouleversée par la nouvelle : le Roi avait choisi un nouveau vizir pour gouverner son royaume... et ce vizir était un singe !

Sitôt en présence du roi, je me prosternai à terre devant lui, le saluai profondément par trois fois et baisai le sol à ses pieds, puis, devant tous les dignitaires du royaume, je m'assis sur mes talons à la façon des êtres humains. Devant pareil étalage de bonnes manières, les assistants ne cachèrent pas leur admiration, et le roi moins que tout autre :

– Voilà qui tient décidément du prodige ! s'écria-t-il.

Sur quoi il congédia tous les émirs et tous ceux qui étaient là pour se retrouver seul avec moi, n'autorisant à demeurer en notre compagnie qu'un domestique ainsi qu'un jeune bouffon de cour.

Il lança un ordre et l'on avança une table bien servie. Comme il me faisait signe que j'eusse à partager son repas, je me levai avec empressement, baisai le sol avec respect pour le remercier de son invite et, après m'être lavé sept fois les mains, pris place à ses côtés en m'asseyant une fois de plus sur mes talons. Je me servis en observant scrupuleusement les règles du meilleur usage. Enfin, quand j'en eus fini, je m'emparai d'un calame, le trempai dans l'encre et, appuyé sur le rebord de la table basse, je transcrivis ces vers :

Accours auprès des sarcelles qui se prélassent
dans le bain printanier d'une vinaigrette...
Prononce l'éloge funèbre de la friture
et le panégyrique des filets de viande grillée !

Célèbre la mémoire des perdrix, ces volatiles
que pour ma part je n'ai cessé d'honorer;
et n'oublie pas de mentionner
poussins frits et poulardes!

Ô regrets de mon cœur
pour deux plats de poisson qu'escortent
deux galettes de pain
aux douces senteurs!

Dans les poêlons à frire, les œufs
ouvrent leur grand œil triste,
désolés d'avoir eu à finir leurs jours
– sort cruel! – sur un brasier ardent...

Dieu! l'excellente grillade!
Et ce rafraîchissant plaisir ensuite
d'un brin de salade trempé
dans le vinaigre des écuelles!

Ah! que la faim ne me tourmente sans me laisser
trouver refuge auprès de la soupe de froment,
bonne à manger à la lueur des anneaux d'or
qui scintillent aux bras des femmes!

Patience, ô mon âme, car la fortune
se plaît aux changements imprévus :
tel jour elle te condamne au jeûne,
et le lendemain te délivre de tout souci...

Le roi lut ce que je venais d'écrire et se prit à réfléchir longuement. La scène dont il se trouvait témoin était décidément bien extraordinaire... On desservit les mets et l'on nous présenta la boisson, dans des hanaps de verre fabriqués tout exprès pour cet usage. Le roi but le premier puis me tendit la coupe. Je baisai la terre devant lui, trempai mes lèvres dans le breuvage, et m'empressai d'écrire ces vers à son intention :

Ils m'ont brûlé avec des tisons ardents,
impatients d'obtenir mes aveux,
mais ils m'ont trouvé ferme
dans l'adversité [1]

– discrétion qui m'a valu
d'être couvert d'éloges...
et de poser souvent mes lèvres
sur les lèvres des belles...

Cette fois, mes vers eurent le don de jeter le roi dans un véritable embarras... « Se peut-il, avait-il l'air de songer, que de si bonnes manières, qu'une instruction si accomplie soient vraiment réunies en sa personne! Se trouveraient-elles seulement chez un être humain qu'elles ne manqueraient pas de faire de lui le personnage le plus extraordinaire de son temps... »

Il me présenta un jeu d'échecs et me demanda par signes si j'étais disposé à jouer une partie avec lui. J'acquiesçai d'un mouvement de tête, baisai la terre une fois de plus et me mis à disposer les pièces sur

1. Le buveur bien né accepte la coupe de vin mais n'avouera jamais qu'il a bu, pas plus qu'il ne trahira le nom de celui qui l'a fait boire : discrétion qui lui vaudra d'être convié ensuite dans les plus aimables assemblées.

l'échiquier, de son côté d'abord, puis du mien. Je perdis la première partie, m'arrangeant cependant pour montrer à mon adversaire que je ne restais pas démuni devant ses attaques; mais je gagnai la deuxième et la troisième, ce qui ne laissa pas de le remplir de stupéfaction. A la fin, reprenant la plume, je lui offris ces vers :

Les deux armées ont combattu avec acharnement,
heure après heure, tout au long du jour,
et le temps s'écoulant, leur ardeur
n'a fait que croître.

Mais à présent que l'obscurité de la nuit
tombe sur eux, contraints de dormir sur place,
les soldats ennemis s'apprêtent
à partager fraternellement le même lit...

D'étonnement et de stupeur, devant cette dernière marque de délicatesse, le roi manqua perdre le souffle. Se tournant alors vers son domestique, il lui intima :

– Ô Mouqbil, va-t'en vite trouver ta maîtresse Sitt'al-Housn, « Dame-de-Perfection », et dis-lui de venir parler à son père, qui se propose de lui montrer un phénomène extraordinaire et merveilleux entre tous.

L'eunuque resta un bon moment absent et s'en revint avec la fille du roi. Mais dès que celle-ci fut dans la salle et m'eut dévisagé, je la vis qui s'empressait de se voiler la face avant de s'écrier :

– Père, est-ce ainsi que se manifeste chez toi le soin jaloux de ma réputation!... Je m'étonne d'avoir eu à subir de ta part cette injure : m'exposer à découvrir mon visage devant un étranger !...

– Ma fille... s'étonna le roi, je ne vois personne d'autre ici que ce jeune esclave, ce domestique qui t'a élevée et moi-même qui suis ton père. A quel étranger fais-tu allusion, devant qui tu doives te voiler le visage ?

– Je fais allusion à ce jeune homme, répliqua-t-elle en me désignant. Il s'agit là en effet du fils d'Eutyméros, roi des îles Anbous, ensorcelé et transformé en singe par les soins d'un ifrite issu de la fille même d'Iblis, lequel ifrite l'a transformé de la sorte après avoir tué sa propre femme, elle-même fille de roi. Oui, celui que tu vois ici sous l'aspect d'un singe est en réalité un homme : un homme instruit et de bonne éducation, sage et vertueux...

Sidéré par ce qu'il venait d'apprendre, le roi fixa ses regards sur moi et m'interrogea :

– Ce que ma fille vient de déclarer à ton sujet est-il vrai ?

Je fis un signe de tête affirmatif. Le roi se tourna alors vers sa fille :

– Par Dieu qui est au-dessus de toi, mon enfant, comment as-tu pu savoir que nous avions affaire en sa personne à un être ensorcelé ?

– Dans mon enfance, répondit-elle, il m'a été donné de fréquenter une vieille femme, fourbe et perfide mais fort versée dans la magie, qui m'a initiée aux secrets de la sorcellerie et à ses méthodes. J'en ai retenu les principes et les ai gravés en ma mémoire : je peux ainsi réciter quelque soixante-dix chapitres qui traitent de cet art, dont le moindre me donne les moyens de transporter en moins d'une heure toutes les pierres de cette ville par-delà le mont Qâf, de l'autre côté de l'océan qui entoure la terre habitée...

– Au nom de Dieu au-dessus de toi, ô mon enfant, s'écria le roi émerveillé, pourquoi m'as-tu laissé dans l'ignorance de tout cela, dans l'ignorance de ce pouvoir extraordinaire que tu possédais? Je t'en conjure, par le prix auquel tu estimes la vie de ton père, délivre cet homme du sort qu'on lui a jeté, et je ferai de lui et mon vizir et ton époux!

– Soit! lui répondit-elle. Je ferai comme tu veux, ne serait-ce que par amour et par respect pour toi.

Elle s'en alla chercher un petit couteau de fer sur lequel un nom était gravé en caractères hébraïques et disposa au centre de la salle un globe entouré d'arcs de cercle, où se trouvait inscrit un autre nom mais transcrit, lui, en caractères coufiques [1]. Après un long moment d'attente, nous vîmes les objets alentour s'estomper à nos yeux tandis que l'atmosphère s'obscurcissait, tout comme si le monde s'était refermé sur nous. C'est alors qu'apparut à nos regards, fondant vers nous du haut des régions célestes, un ifrite qui avait pris la forme d'un lion, lequel avait au moins la taille d'un bœuf. Déjà nous reculions, saisis d'épouvante, quand la jeune fille cria :

– Arrière! chien immonde!

– Femme félonne, tonna alors l'ifrite, tu m'as trompé en trahissant ton serment! N'étions-nous pas convenus tous les deux de ne jamais nous opposer l'un à l'autre?

– Et de quel droit, ifrite maudit, peux-tu exiger de

1. Variété d'écriture arabe au dessin angulaire fortement accentué, fréquemment utilisée pour décorer les monuments; elle fut mise au point par les artisans de la ville de Koûfa (aujourd'hui en Iraq).

moi que je sois fidèle à un serment prêté à un être de ton espèce?

– En ce cas, reçois ce qui te revient...

Et ayant prononcé ces mots, le fauve leva sa patte griffue et en frappa la jeune fille. Mais celle-ci, lui arrachant l'un des poils de sa crinière, transforma ce dernier en un sabre effilé à l'aide d'une incantation de sa façon, et en frappa de toutes ses forces l'animal qu'elle trancha par le milieu en deux moitiés qui s'envolèrent chacune de son côté. La tête du monstre retomba alors sur le sol et devint scorpion, tandis que la donzelle, de son côté, se métamorphosait en un serpent gigantesque. Après une heure de combat, le scorpion se changea en vautour et s'enfuit du palais par la voie des airs, bientôt poursuivi par le serpent transformé pour l'occasion en orfraie. Tous deux disparurent un long moment à nos yeux, puis reparurent, surgis de la terre qui venait de s'ouvrir brusquement devant nous, sous l'aspect d'un chat à la robe bigarrée qui miaulait, râlait et crachait à faire peur, talonné de près par un loup qui lui donna la chasse une bonne heure de temps d'une salle à l'autre du palais. Le loup vainquit le chat qui poussa un long miaulement et devint ver de terre, lequel rampa jusqu'au bord du bassin où se trouvait une grenade à l'intérieur de laquelle il se glissa. La grenade se mit aussitôt à grossir et grossir jusqu'à atteindre la taille d'un melon aux tranches bien renflées, mais le loup, ayant pris cette fois la forme d'un coq, fondait déjà sur elle. On vit alors le fruit s'élever dans les airs et tourner tout autour de la salle, pour retomber à la fin sur le dallage de marbre en laissant échapper une multitude de graines qui s'éparpillèrent sur le sol.

» Le coq se précipita sur les graines et se mit à les picorer l'une après l'autre, mais il ne put avaler la dernière qui avait chu dans le bassin. On le vit alors crier jusqu'à s'égosiller, tout en battant des ailes et en nous faisant force signes de son bec, voulant nous signifier par là que nous eussions à chercher avec lui le pépin de grenade qu'il n'avait pas réussi à trouver. Comme nous ne comprenions pas son langage, il poussa un cri si terrible qu'il nous sembla un instant que le palais allait s'écrouler sur nos têtes; puis, regardant plus attentivement autour de lui, il aperçut le pépin qui s'était réfugié contre la paroi de la pièce d'eau. Il se précipita dessus tout joyeux et allait s'en emparer quand ledit pépin se laissa glisser dans le courant, se changea en poisson et s'enfonça dans la profondeur des eaux. Ce que voyant, le coq à son tour devint poisson, mais de plus grande taille que son compère, et plongea à sa suite...

» L'abîme les engloutit cette fois pendant deux heures de temps, au cours desquelles on n'entendit rien d'autre que des cris, des appels au secours et des hurlements qui nous firent trembler d'effroi. Ce fut encore l'ifrite qui revint le premier à la surface, sous la forme d'un tison enflammé, toujours traqué par la jeune fille, muée pour le coup en un flambeau ardent. Le monstre crachait par sa bouche des nuages d'étincelles brûlantes, mais des flammes lui sortaient aussi par les yeux et par tout le corps. Le combat qui les opposa alors, enveloppés d'une véritable muraille de feu, dura une heure encore. Nous étions pour notre part si fort incommodés par la fumée qui s'amoncelait dans les salles du palais que nous manquâmes d'étouffer. Mais bientôt ce furent les flammes elles-mêmes, dont l'intensité menaçait de tout embraser, qui nous firent voir le péril dont nous étions le plus directement menacés. Persuadé avec les autres que nous étions près de succomber et que rien ne pouvait nous sauver d'une perte définitive, je n'eus désormais plus qu'une pensée : « Il n'y a de puissance et de force qu'en Dieu le Très-Haut, le Très-Grand!... »

» Un long moment s'écoula encore avant que l'ifrite ne parvînt à sortir de dessous la fournaise, sous l'apparence d'une torche embrasée. D'un bond il toucha au plafond de la salle et cracha sur nous un souffle de feu, mais fut à l'instant rejoint dans un grand cri par sa poursuivante. La nuée brûlante que l'ifrite avait lancée vers nous s'était accompagnée de violents jets d'étincelles. L'une d'elles m'atteignit à l'œil droit qu'elle consuma instantanément. Ainsi j'étais toujours un singe, et j'étais borgne! Quant au roi, une autre étincelle l'avait brûlé au visage et en avait ravagé la moitié, lui dévorant la barbe et lui attaquant si avant la mâchoire que ses dents avaient roulé sur le sol. Enfin le domestique fut touché à la poitrine et mourut sur l'heure, mangé par les flammes. Désespérant de la vie, nous tenions désormais pour assurés d'être rendus à notre fin, lorsque nous entendîmes tout à coup une voix crier :

– Dieu est le plus grand! Dieu est le plus grand! Dieu a triomphé! Il a remporté la victoire, abandonnant l'impie à son triste sort!

Cette voix était celle de la fille du roi, qui venait de vaincre l'ifrite. Nous cherchâmes des yeux ce dernier : il n'était plus qu'un tas informe de cendres sur le sol.

La jeune fille vint vers nous et nous dit :

– Qu'on m'apporte une écuelle d'eau.

Elle m'en aspergea en murmurant ces mots :

– Sois délivré! par le nom du Dieu Très-Haut qui seul peut t'exorciser!

Un tremblement convulsif me secoua tout entier, et l'instant d'après, j'étais redevenu un être humain comme les autres. L'adolescente s'écria alors :

– Le feu! le feu!... Ô père tu vas souffrir beaucoup à cause de moi!... Sache en effet que je ne puis vivre plus longtemps. Mon ennemi m'a décoché un trait de feu qui m'a transpercée de part en part. Bien que je n'aie pas l'habitude de combattre les djinns, je n'ai pas mis trop de temps à en venir à bout. Mon seul tort est d'avoir tardé à ramasser les pépins dispersés de cette grenade, alors que je venais de me transformer en coq. Je n'ai pas eu le temps de m'emparer de la dernière graine, où s'était réfugiée l'âme de l'ifrite. Y aurais-je réussi que je l'aurais mis à mort sur-le-champ. Mais il m'a fallu continuer à guerroyer sous terre et dans les hauteurs du ciel. Chaque fois que mon adversaire ouvrait sous mes pas une nouvelle porte du domaine de magie, je parvenais à annihiler ses sortilèges et à ouvrir sous ses pas une porte plus vaste encore du même domaine. Mais il me fallut à la fin ouvrir la porte du feu, que bien peu ont la possibilité de forcer sans s'exposer aussitôt à la mort. Sans doute étais-je plus habile que cet ifrite, car j'ai fini par en venir à bout – avec l'appui du Destin. Mais Dieu seul connaît les souffrances que j'ai dû endurer pour vous sauver...

Elle s'interrompit soudain, ne pouvant plus s'exprimer que par des cris, implorant notre secours :

– Le feu!... Délivrez-moi du feu!...

– Mais mon enfant, voulut la consoler le roi son père, moi aussi j'ai été atteint par un trait de feu... et tu vois, je suis encore en vie... Il est vrai, j'y songe, que ton domestique a péri à l'instant même où le feu l'a touché, et que cet homme a perdu un œil dans les mêmes conditions... Mais comment cela se peut-il?...

A ces mots il mêla ses pleurs à ceux de sa fille et tous deux demeurèrent en cet état un long moment. Mais une heure ne s'était pas écoulée que nous entendions la malheureuse pousser à nouveau son cri :

– Le feu!... le feu!...

A l'instant une étincelle venait d'apparaître à son pied et le dévorait... Bientôt une autre s'attaque à ses jambes. Elle hurle de plus belle :

– Le feu!... le feu!...

Une autre la mord à la poitrine et la fait hurler au secours, répétant sans cesse :

– Le feu!... le feu!...

Bientôt elle n'est plus qu'un brasier ardent qui se consume sous nos yeux sans qu'on puisse rien faire pour l'éteindre, et son supplice dure jusqu'à ce qu'il ne reste plus d'elle que quelques cendres.

Par Dieu, ô dame, je peux te dire que la mort de cette jeune fille me bouleversa de chagrin : j'aurais préféré avoir à passer le restant de ma vie dans la peau d'un chien ou d'un singe, ou même mourir sur-le-champ, plutôt que de la voir succomber à pareil tourment pour ne nous laisser à la fin de son corps qu'un tas de cendres... elle qui avait déployé de tels efforts pour me sauver!...

Lorsque son père comprit que tout était fini, il se frappa le visage et je ne pus m'empêcher de faire de même, laissant ma douleur s'exhaler en amères lamentations. Tous les serviteurs du palais, tous les préposés aux divers travaux de la maison royale étaient accourus. Lorsqu'ils aperçurent leur sultan anéanti par la souffrance, prostré devant deux tas de cendres, ils furent saisis d'épouvante. Il leur fallut reprendre leurs esprits avant d'être en mesure de lui prodiguer des soins qui le rendissent à la vie. C'est alors qu'il leur conta ce qu'il était advenu de sa fille, mais son récit ne fit que porter leur deuil à son comble.

Les obsèques de la pauvre enfant durèrent sept jours entiers; après quoi le roi fit bâtir un mausolée où seraient recueillies les cendres de l'infortunée, cependant que celles de l'ifrite étaient dispersées au gré du vent. Le drame l'avait rendu malade et il lui fallut tout un mois pour recouvrer ses forces, pour voir repousser sa barbe et se retrouver à nouveau inscrit par Dieu sur la liste des hommes de bonne santé. Alors seulement il me fit venir devant lui et me dit :

– Jeune homme, écoute bien ce que je vais te dire et garde-toi de me désobéir car tu irais aussitôt à ta perte.

– Parle, Seigneur, lui répondis-je. Je ferai point par point tout ce que tu m'ordonneras de faire.

– Écoute : nous avons vécu ici de la manière la plus heureuse, à l'abri des vicissitudes de l'existence, jusqu'à ce jour où tu as porté chez nous ton visage noirci par la destinée. Alors la malchance s'est appesantie sur nous : j'ai perdu ma fille par ta faute, mon domestique a succombé et je n'ai moi-même échappé que de peu à la mort. Car tu es bien à l'origine de toutes ces calamités : oui, dès l'instant où nous t'avons aperçu, le malheur nous a poursuivis, nous privant en peu de temps de tout bien digne d'estime. Ah ! pussions-nous ne t'avoir jamais connu ! Mais maintenant que l'irrémédiable est accompli, je n'exprime qu'un seul vœu : te voir quitter définitivement ce pays. Tu partiras sans protester, car tu n'ignores pas que tu n'as été sauvé qu'à notre préjudice. Et tu te garderas de revenir, car si jamais je t'aperçois après cette conversation que nous venons d'avoir, tu peux être certain que je te ferai mettre à mort.

Il avait conclu son discours par un cri de colère et je m'étais hâté de me retirer loin de sa présence, ivre de désespoir, titubant tel un homme sourd et aveugle. Pleurant mon triste sort, je fus bientôt hors de la ville, errant à l'aventure sans savoir où diriger mes pas. Je repassais dans mon esprit toutes les infortunes que j'avais subies. Je revoyais mon entrée triomphale dans cette ville; et comparer cet épisode à l'humiliation de ma fuite présente ne faisait qu'ajouter à mon angoisse. Avant de prendre la route, je m'étais arrêté un instant dans un établissement de bains public où je m'étais fait raser barbe et sourcils; enfin j'avais revêtu la robe noire et grossière de ceux qui acceptent d'attirer sur leur personne les railleries de la foule. Depuis ce temps, ô dame, sache qu'il ne se passe pas de jour que je ne revive d'une manière ou d'une autre les malheurs que je viens de te conter : depuis la mort de ces deux adolescentes qui toutes deux avaient si bien su m'aimer... jusqu'à la perte de mon œil droit... Oui, chaque jour me voit verser bien des larmes sur mon infortune, tandis que je me répète ces vers :

Je ne sais plus quelle contenance prendre
face aux revirements du sort, face aussi
au Miséricordieux; car les malheurs
me viennent toujours d'une région que j'ignore.

Je ne demande pourtant qu'à m'armer de courage
en attendant que la Patience elle-même
se fatigue... et qu'à me munir de patience
en attendant le secours de Dieu.

Je patienterai donc
afin que Dieu sache que le tourment
qu'il m'a fallu endurer
fut plus amer que la myrrhe...

Non, la force de l'amertume
qui est celle de la myrrhe
n'est rien comparée à celle
qu'il m'a fallu remâcher!

Non, l'amertume la plus amère
n'équivaut pas à celle qui mord
un cœur trahi par le destin
et qui crève de ce tourment.

Qui a dit que la vie offrait des jours exquis?
Sans doute a-t-il oublié le jour
où il goûta cette amertume
plus amère que n'est la myrrhe...

Je parcourus ainsi maintes régions de la terre, visitais maintes villes et finis par me diriger vers Baghdad la Grande où j'espérais me faire introduire auprès de l'Émir des Croyants, à qui je me promettais de conter mon histoire : oui, je voulais le rendre témoin de tous les événements qui avaient passé sur la touffe de cheveux qui couronne mon front! J'y fis mon entrée cette nuit même, pour trouver sur mon chemin mon frère que voici, qui errait lui aussi par les rues. Je l'ai salué et je lui ai dit :

– Je suis un étranger.

Il m'a répondu :

– Je suis, moi aussi, un étranger en ces lieux.

Et à peine avions-nous fait connaissance que se présentait à nous cet autre derviche que voici, lequel s'empressait de nous rejoindre et de nous dire :

– Je suis un étranger...

A quoi nous nous empressâmes de lui répondre :

– Eh bien, nous aussi, nous sommes des étrangers comme toi...

C'est ainsi que nous nous sommes mis à déambuler tous les trois au long des rues de la ville, surpris par la nuit, et que le destin nous a acheminés jusqu'à vous et nous a permis d'être introduits dans cette demeure.

Te voilà désormais informée, ô dame, des circonstances qui m'ont valu de devenir borgne de l'œil droit et de me faire raser la barbe...

Comme les autres, la jeune fille le congédia sur ces mots :

– Palpe bien ta tête et assure-toi qu'elle est à sa place sur tes épaules. Et maintenant, va-t'en d'ici...

Et comme les autres, il se récria :

– Par Dieu, je ne quitterai pas ces lieux avant d'avoir entendu l'histoire de mes autres compagnons...

On lui délia donc les bras et il alla s'installer à côté du premier qalandar, cependant que leur compagnon, le troisième derviche, prenait la parole...

HISTOIRE DU TROISIÈME DERVICHE QALANDAR

– Mon histoire, ô dame illustre, ne ressemble guère à celle de mes deux confrères [1]. Je crois pouvoir dire qu'elle est bien plus étrange et plus surprenante encore que la leur, bien qu'elle ait eu en ce qui me concerne le même résultat : me faire perdre l'œil droit et m'amener à sacrifier ma barbe. Mais alors que mes compagnons ont eu à subir à l'improviste les coups du sort et les effets pervers d'une méchante destinée, c'est sciemment, pour ma part, que j'ai provoqué la mauvaise fortune, attirant de mon plein gré sur ma per-

1. Ms A, t. I, fol. 57, Nuits 53 à 62; Ms B, fol. 36, Nuits 49 et 50 *a* (l'histoire des Dix Borgnes est remplacée par celle des Quarante Derviches); Ms C, t. I, fol. 76, Nuits 52 à 62 *a;* éd. Boulaq, Nuits 14 *b* à 15 (l'épisode du jeune garçon est remplacé par la visite aux trésors enfouis sous terre, dont le Cheval Noir qui éborgne le héros; ce récit paraît beaucoup moins vraisemblable que celui du manuscrit original). Dans la traduction de Galland, le présent récit correspond aux Nuits 53 à 62 *a;* dans celle de Mardrus, aux Nuits 14-15.

sonne une foule d'ennuis aussi horribles les uns que les autres. Voici mon histoire...

Mon père, qui était roi de haute dignité et de grande puissance, mourut un jour en me laissant lui succéder au pouvoir. La capitale de mon royaume s'élevait au bord de la vaste mer et commandait à un grand nombre d'îles qui toutes relevaient de mon autorité : qu'on sache en effet que je ne suis autre que le roi 'Adjîb, fils de Khasîb. Enfin, j'avais à mon service une flotte composée de cinquante navires marchands, de cinquante navires de plaisance et de cent cinquante unités de guerre spécialement construites et armées pour les expéditions de conquête et la lutte contre les nations impies.

Je résolus un jour d'entreprendre une croisière à travers les îles de mon royaume. Je pris des vivres pour un mois et fis mettre à la voile. Le mois étant écoulé, j'étais de retour en ma capitale, bien résolu à repartir au plus tôt, tant j'avais pris de plaisir à ce premier périple. Je rembarquai donc quelque temps après, à la tête d'une flottille de dix navires bien équipés, munis de provisions pour deux mois complets. Mais cette fois, il semblait bien que je fusse résolu à provoquer ma propre ruine dans quelque naufrage, car des vents contraires se levèrent sur nous la nuit qui suivit notre quarantième jour de navigation. La mer était secouée par la tempête et les vagues s'entrechoquaient avec la dernière violence. Nous commençâmes à désespérer de notre salut, d'autant que l'obscurité la plus complète s'était abattue sur nous. Je compris en cette occurrence que celui qui s'expose au danger ne peut mériter que le blâme, même s'il en sort indemne.

Nous n'en adressâmes pas moins nos invocations au Dieu Très-Haut, nous confiant à sa Providence et le suppliant avec ferveur de nous épargner.

Les vents ne cessèrent de tournoyer et les flots de se faire violence jusqu'à ce qu'enfin apparût la première clarté de l'aurore. Alors seulement le vent tomba. Peu après, l'océan retrouvait son aspect clair et limpide, tandis que les vagues elles-mêmes s'apaisaient. Une heure plus tard, le soleil versait sur nous sa lumière éclatante et la mer se déployait doucement à nos regards, telle la page d'un livre. Le courant nous avait poussés vers une île où nous résolûmes de débarquer, afin de faire quelque cuisine et de nous restaurer un peu. Nous demeurâmes deux jours à ce mouillage avant de reprendre notre route, et nous voguâmes ensuite dix autres jours de temps, voyant chaque matin l'océan s'élargir démesurément devant nous, et pas la moindre terre à l'horizon.

Le capitaine du navire, fort intrigué, eut recours aux services d'un matelot qui servait à l'occasion de vigie :

– Grimpe au sommet du mât, lui dit-il, et inspecte l'horizon.

L'homme monta, resta longtemps là-haut à regarder autour de lui, puis redescendit.

– Capitaine, déclara-t-il, j'ai regardé à ma droite, et je n'ai vu que le dôme du ciel coiffant l'immensité de la mer. J'ai regardé ensuite à ma gauche, et j'ai aperçu, droit devant moi, une masse noire qui luisait doucement au soleil. Voilà ce que mes yeux ont vu.

A ces mots, le capitaine jeta brusquement son turban sur le sol, s'arracha les poils de la barbe et se frappa le visage en s'écriant :

– Ô roi, je t'annonce notre perte à tous... Il n'y a de puissance et de force qu'en Dieu le Très-Haut, le Tout-Puissant!

Sur quoi il se mit à pleurer et nous ne tardâmes pas à l'imiter, ce qui ne nous empêcha pas de chercher à en savoir plus :

– Capitaine, peux-tu quand même nous expliquer ce qui nous arrive?

– Ô maître, répondit-il en se tournant vers moi, sache que nous avons perdu notre route ce jour où la tempête nous a assaillis, et nous voilà incapables de retrouver le chemin du retour. Demain, au milieu de la journée, nous arriverons en vue d'une montagne noire entièrement faite de roches métalliques appelées « pierres d'aimant ». Les substances qui composent ce minerai ont le pouvoir d'attirer les navires jusqu'au pied de la montagne. Là, en un instant, toutes les pièces qui tiennent solidement ce bâtiment se trouveront disjointes comme par enchantement : oui, toutes, jusqu'au dernier clou, fileront vers les pierres aimantées contre lesquelles elles viendront se plaquer avec violence. Car le Dieu Très-Haut a logé dans ces roches une force secrète qui porte les objets en fer à les aimer, incapables qu'ils sont de résister à leur appel séducteur.

» Cette montagne, en vérité, est à présent toute couverte de morceaux de fer, dont la présence remonte parfois à une époque fort ancienne, car ce n'est pas d'aujourd'hui que les navires égarés fréquentent ces parages et y laissent toute leur ferraille.

» Sache enfin qu'au sommet de la montagne en question, juste à l'aplomb de l'océan, s'élève un dôme fait de ce cuivre jaune que l'on fabrique d'ordinaire en

Andalousie. Ce dôme repose sur dix colonnes, en cuivre également, et se trouve surmonté par un cavalier chevauchant un coursier de même métal. Sur la poitrine, ce personnage porte une plaque de plomb gravée de signes cabalistiques...

» Sache, ô roi, qu'un seul être est responsable de tous les naufrages qui ont endeuillé ce lieu... et que cet être n'est autre que le cavalier à la monture de cuivre! Viendrait-il seulement à être jeté à bas, tous les hommes se trouveraient à l'instant délivrés de la menace qu'il ne cesse de faire peser sur eux.

Ayant dit ces mots, ô dame, le capitaine laissa couler de ses yeux des flots de larmes. Nous ne pouvions plus douter de notre perte : il ne nous restait à notre tour qu'à pleurer sur nous-mêmes. Chacun fit ses adieux à ses compagnons, en ayant soin de leur confier ses dernières volontés, pour le cas, improbable, où l'un d'eux viendrait à échapper à la mort.

A peine la nuit était-elle écoulée que nous aperçûmes, à la lueur de l'aube, la montagne d'aimant, déjà tout près de nous. Vers le milieu de la journée, elle nous dominait de toute sa hauteur, les substances mystérieuses qu'elle recelait nous attirant vers elle avec une puissance irrésistible. Comme nous étions près d'atteindre les premiers rochers de la rive, nos navires se disloquèrent brusquement, clous et objets de fer volant comme flèches en direction des parois de la montagne où ils vinrent se ficher avec force. En un instant nous fûmes à la mer où la plupart se noyèrent, quelques-uns – nous étions bien en peine de savoir lesquels – parvenant à se sauver non sans peine.

J'étais parmi ceux que Dieu consentit à délivrer de

la mort... en considération, sans doute, des malheurs et des injures qu'Il entendait me réserver par la suite. Je m'étais agrippé à une planche, et un brusque coup de vent avait poussé celle-ci vers les rochers entre lesquels elle finit par s'échouer. Ayant pris pied sur la terre ferme, j'avisai une manière de sentier qui escaladait la falaise au-dessus de moi. Il s'agissait plutôt, à vrai dire, d'un véritable escalier dont les marches avaient été taillées à même le roc. Je m'y engageai en invoquant le nom du Dieu Très-Haut et commençai de grimper en m'accrochant au flanc de la montagne. Il me fallut déployer bien des efforts pour me hisser de la sorte d'un degré à l'autre. Mais Dieu m'aida dans cette entreprise en permettant que le vent cessât de souffler et, profitant de cette accalmie, je fus bientôt rendu au sommet. On imagine ma joie lorsque je me trouvai enfin hors de danger. Il ne me restait plus qu'à pénétrer dans ce monument que l'on m'avait décrit. Là, je procédai à mes ablutions rituelles, m'inclinant à plusieurs reprises jusqu'au sol pour remercier le Dieu Très-Haut qui m'avait protégé. Puis je m'endormis sous le dôme, du côté qui regardait la mer.

Je fis alors un songe à la faveur duquel j'entendis une voix qui s'adressait à moi :

– Ô 'Adjîb, lorsque tu te réveilleras, tu creuseras la terre à tes pieds et tu trouveras enterrés là un arc de cuivre et trois flèches de plomb sur lesquelles sont inscrites des formules cabalistiques. Tu t'en serviras pour jeter à bas de sa monture le cavalier qui veille là-haut, délivrant le monde, par ce seul exploit, d'un terrible fléau. Dès qu'il sera désarçonné, celui que tu auras blessé tombera de tout là-haut jusque dans l'océan, et tu n'auras plus qu'à t'emparer de son cheval qui se trouvera alors de ton côté. Enfin, n'oublie pas d'enterrer celui-ci à l'endroit même où tu auras trouvé l'arc de cuivre.

» Si tu agis comme je viens de te dire, tu verras alors l'océan enfler et grossir jusqu'à atteindre la hauteur de ce dôme, et une barque viendra bientôt vers toi, montée par un personnage tout de cuivre façonné – mais différent cependant de celui que tes flèches auront abattu –, lequel personnage tiendra entre ses mains deux rames. Tu prendras place dans la barque à ses côtés en évitant de prononcer le nom de Dieu, et tu le laisseras ramer dix jours de temps : tu auras atteint à ce moment-là la mer de la délivrance. Une autre personne viendra t'y chercher, qui se chargera de te transporter jusque dans ton pays d'origine. Voilà! mais n'oublie pas ceci : tout ce que je viens de t'annoncer ne pourra s'accomplir que si tu veilles à ne pas prononcer à haute voix le nom de Dieu...

Aussitôt réveillé, je me levai d'un bond, soudain plein d'ardeur. Suivant avec scrupule les indications du héraut invisible dont j'avais entendu la voix, je frappai le cavalier qui vida les étriers et le laissai rouler jusqu'à l'océan; puis je m'emparai du cheval qui s'était affalé de mon côté et l'enterrai à l'endroit où j'avais trouvé l'arc. Je vis peu après la mer s'enfler et monter insensiblement jusqu'à toucher le sommet de la montagne où je me trouvais, et une heure ne s'était pas écoulée qu'une barque venait vers moi, fendant les flots. Je remerciai le Dieu Très-Haut et proclamai ses louanges! En peu de temps l'embarcation toucha mon refuge : un personnage qu'on eût pris pour une statue de cuivre était bel et bien à bord, et je pus observer qu'il portait lui aussi sur la poitrine une plaque de plomb gravée d'un nom et de signes étranges que je ne pus déchiffrer. Je pris place dans la barque sans proférer un seul mot, et l'énigmatique matelot se remit à ses rames. Il ne cessa de les manœuvrer tout le jour, puis les jours suivants, et il en fut ainsi jusqu'à ce qu'arrivât enfin le neuvième jour.

J'étais transporté de joie. Nous avions croisé au large de plusieurs îles, aperçu à l'horizon une longue procession de montagnes : autant de signes annonçant ma délivrance prochaine et que je m'empressais de noter. A la fin, dans l'excès de mon bonheur, je lançai un cri de louanges vers le Dieu Très-Haut et proclamai la formule bénie :

– Dieu est le plus grand!... Dieu est le plus grand!... Il n'y a point de dieu, si ce n'est Allah!...

A peine avais-je prononcé ces mots que je sentis le fond de l'embarcation se soulever et que je me retrouvai projeté dans les airs, tout comme si elle m'eût expulsé de ses flancs. J'eus tout juste le temps de la voir se renverser et sombrer dans les flots.

Livré à nouveau à la mer, je me mis à nager et parvins tant bien que mal à tenir la tête hors de l'eau jusqu'à la nuit. C'est alors que mes bras et mes épaules, brisés de fatigue, commencèrent à faiblir. Ne sachant au juste où je me trouvais, perdu dans l'obscurité totale, je me laissai aller à la dérive, résolu à attendre la mort. Des vents puissants ne tardèrent pas à se lever, creusant la mer, et une vague aussi haute qu'une montagne m'emporta avec elle dans sa course pour me laisser à la fin, par une nouvelle faveur de Dieu soucieux sans doute de mon salut, sur un rivage inconnu.

Je me relevai, tordis mes vêtements alourdis par l'eau et les mis à sécher par terre. Puis je sombrai dans un sommeil profond qui me tint jusqu'au lever du jour. Sitôt habillé, je me mis à explorer les alentours, impatient de savoir en quelle terre j'avais échoué. Apercevant au loin une vallée plantée d'arbres, je me dirigeai vers elle, en parcourus toute l'étendue et, poursuivant ma route, je retrouvai bientôt le rivage de la mer... que je n'eus plus qu'à suivre pour regagner le point d'où j'étais parti. Ainsi, je me trouvais prisonnier d'une île minuscule, entourée de tous côtés par l'océan désert! Je ne pouvais, une fois de plus, que m'écrier :

– Il n'y a de puissance et de force qu'en Dieu le Très-Haut, le Tout-Puissant!...

Songeant à ce nouveau malheur qui me frappait, je souhaitai de mourir sur l'heure plutôt que de rester captif en ce lieu, sans espoir de revoir un jour mon pays.

J'en étais à ces tristes réflexions quand je vis soudain pointer à l'horizon la voilure d'un navire armé par les fils d'Adam. Je notai qu'il se dirigeait vers l'île où j'avais trouvé refuge. Sans perdre de temps, je grimpai me cacher dans le feuillage d'un arbre, jugeant prudent d'observer de là-haut ce qui allait se passer.

Le bateau accosta. Dix esclaves en descendirent, escortant un personnage que je jugeai être une sorte d'arpenteur. Ils inspectèrent le rivage, puis gagnèrent le centre de l'île. Là, les domestiques se mirent à creuser le sol pendant une bonne heure de temps, déblayant de grandes quantités de terre, et finirent par mettre au jour l'entrée d'un caveau souterrain. Un peu plus tard, ils s'en revinrent au bateau d'où ils ramenèrent des sacs de pain et de farine, des outres gonflées de beurre et de miel, des quartiers de viande séchés au soleil, des ustensiles de cuisine, des tapis et des nattes d'osier, des sièges et toute sorte de meubles, bref tout ce qui sert à garnir une maison que l'on se prépare à habiter. Le va-et-vient de ces gens entre le navire et le caveau dura ainsi jusqu'à ce qu'ils eussent débarqué la totalité de leur cargaison. Le dernier voyage accompli, tous quittèrent le bâtiment, faisant escorte à un vieillard fort avancé en âge, auquel le Temps, qui avait dû lui mener rude guerre, n'avait laissé qu'un corps squelettique, pauvre carcasse indigne du moindre égard. Le vieil homme avançait, vêtu d'une étoffe bleue que la brise faisait flotter d'est comme d'ouest, tel enfin que le décrit le poète :

Le Temps m'a fait trembler,
hélas! de quel frisson fébrile!
Car le Temps est doué
d'une force terrible, d'un courage unique...

Jadis j'avançais d'un pas égal,
sans craindre la fatigue; aujourd'hui
je ploie sous le faix de ma lassitude,
incapable même de marcher.

Le vieillard tenait par la main un adolescent aux traits exquis, qui semblait avoir grandi dans le moule de la beauté, de l'élégance et de la perfection. Il marchait, la taille svelte et droite, tel le petit d'une gazelle qu'on aurait élevé dans la tiédeur d'une serre : si gracieux qu'il ensorcelait les cœurs de tous ceux qui l'apercevaient, si accompli en tout qu'il attirait la sympathie de tous ceux qui le côtoyaient. Sa figure et tout son corps étaient d'une beauté si achevée qu'il surpassait sans peine en ce domaine l'ensemble de ses contemporains... tel enfin, lui aussi, que l'évoque le poète :

Beauté vint le trouver pour prendre ses mesures
et sitôt le quitta
baissant la tête
en signe de confusion.

« Beauté, tu t'en reviens bien à la hâte!
aurais-tu vu cette personne?
– Oui, et personne si bien faite
que jamais de pareille ne vis!... »

Leur cortège, ô dame, disparut à la fin dans la profondeur du caveau, dont je ne vis ressortir personne durant deux bonnes heures. Puis le vieillard remonta de la demeure souterraine, toujours escorté par ses esclaves, et j'observai que le jeune garçon n'était plus au milieu d'eux. Je les vis qui s'employaient à combler de terre la fosse qu'ils avaient creusée, remettant scrupuleusement les lieux dans l'état où ils les avaient trouvés en arrivant. A la suite de quoi ils rejoignirent leur navire, mirent à la voile et disparurent au large.

Alors seulement je jugeai bon de descendre de mon arbre, et ce fut pour me précipiter vers l'endroit où je les avais vus creuser. A mon tour je déblayai la terre, déployant toutes mes forces à cette tâche, tant j'avais hâte d'en finir. Une rangée de blocs de basalte apparut d'abord à mes yeux. Je parvins, en les écartant, à dégager le haut d'un escalier dont les marches étaient assemblées avec un art qui me remplit d'admiration. Je m'y engageai et me retrouvai, tout en bas, dans une véritable demeure entièrement blanchie à la chaux, tapissée de toute sorte de nattes et ornée de tentures de soie et de coussins. Le beau jeune homme qu'on avait abandonné en ces lieux était pour lors assis sur un siège surélevé, accoudé à un coussin rond, et tenait en sa main un éventail. Devant lui se trouvaient disposés légumes verts, musc, fruits, plantes à l'odeur exquise... Mais il était seul à en profiter.

Lorsqu'il m'aperçut, il pâlit et se troubla, mais je le rassurai d'un salut :

– Calme ta frayeur, ô maître. Tu n'as rien à craindre de moi, ô bien-aimé. Je suis un être humain comme toi, et de surcroît fils de roi moi aussi. C'est le destin qui m'a conduit en cette demeure, afin sans doute que je puisse te tenir compagnie dans ta solitude. Mais que t'est-il donc arrivé, que tu te sois vu condamné à vivre ainsi sous la terre?

Dès que l'adolescent eut compris qu'il avait affaire en ma personne à un homme de la même qualité que lui, il parut s'en réjouir et les couleurs lui revinrent. Il m'invita à m'asseoir tout près de lui et me parla en ces termes :

– Frère, mon histoire est étonnante et ma dernière aventure des plus étranges... Mon père se trouve être un marchand de pierres précieuses fort riche de son état et possédant en quantité serviteurs et esclaves. Il a sous ses ordres plusieurs commis qui voyagent pour son compte sur des navires de commerce; c'est grâce à eux qu'il parvient à se procurer, dans les terres lointaines, les objets précieux dont il fait négoce. Il entretient ainsi des relations avec différents rois et sa fortune est considérable.

» Malgré cela il n'était pas heureux, car Dieu ne lui avait pas accordé d'enfants. Or, voici qu'un jour lui fut révélé en songe qu'un fils lui naîtrait, mais que celui-ci ne resterait pas longtemps en vie. Il en ressentit une profonde affliction, et lorsque ma mère me conçut, il nota avec soin la date de la nuit où s'était produit cet événement et attendit avec impatience l'heure de ma venue au monde. Les mois passèrent et je naquis. Mon père avait de quoi se réjouir. Il convoqua néanmoins sages et astrologues, leur indiqua l'heure de ma conception et celle de ma naissance, et leur réclama un horoscope. Il lui fut signifié ceci :

» – Ton enfant vivra quinze années, à l'issue desquelles il sera exposé à un grave accident. S'il en réchappe, il pourra vivre encore longtemps. Et pour te prouver que cette prédiction est conforme à la vérité, nous te livrons cette autre indication... Au milieu de l'océan se dresse un roc qu'on appelle la « Montagne d'Aimant ». A son sommet veille une statue de cuivre figurant un cavalier sur son cheval. Au cou de ce cavalier est suspendu un écusson de plomb... Sache que dès l'instant où il aura été jeté à bas de sa monture, cinquante jours seulement s'écouleront avant que ton fils ne meure à son tour. Mieux, le meurtrier de ton fils sera celui-là même qui aura désarçonné le cavalier : nous avons nommé 'Adjîb, fils du roi Khasîb.

» Grande fut la douleur de mon père. Il congédia les

astrologues, se retira en sa maison et prit la décision de veiller sur moi avec le plus grand soin. Il me garda constamment près de lui et me fit donner la meilleure éducation. Et le temps passa de la sorte jusqu'à ce qu'arrivât le jour de mes quinze ans...

» Il y a dix jours exactement, la nouvelle parvint à mon père que le cavalier de cuivre venait tout juste d'être précipité dans l'océan, et que l'auteur de cette action d'éclat n'était autre que le fameux 'Adjîb, fils de Khasîb. A cette nouvelle, mon père versa des torrents de larmes. Tant le bouleversait l'idée d'avoir à se séparer de moi qu'il en perdit presque la raison. Sans plus attendre, il s'embarqua, sur le navire que tu as vu, après avoir fait aménager à mon intention cette demeure souterraine.

» Il y a fait transporter tout ce qu'il me faut pour vivre confortablement. Puisque je n'avais vraisemblablement que cinquante jours à vivre après la chute du cavalier, il lui suffisait de me garder désormais quarante jours encore en sécurité pour que le danger auquel je me trouvais exposé fût écarté. Voilà pourquoi il m'a fait enfermer ici, tout seul, bien décidé à ne venir me reprendre avec lui qu'une fois le délai fatidique expiré. Ainsi il aurait raison de la crainte de me voir expirer dans sa propre maison sous les coups de celui que tout désigne comme mon futur meurtrier, 'Adjîb, fils du roi Khasîb.

Lorsque j'eus entendu son récit, ô dame, et compris toute la portée des prédictions qui avaient salué sa naissance, je me fis en moi-même cette réflexion : « Nul doute possible, c'est bien moi, 'Adjîb, fils de Khasîb, qui ai renversé le cavalier de cuivre... Mais par Dieu!

ce ne sera pas moi qui tuerai ce garçon. Jamais je ne serais capable d'un tel acte! »

Puis, poursuivant à voix haute en m'adressant au bel adolescent :

– Seigneur, tant de malheurs te suffisent! Je souhaite moi aussi que tu ne souffres aucun dommage. Avec la permission de Dieu, sois donc débarrassé de toute crainte, de toute angoisse. Je resterai à tes côtés et t'aiderai à passer agréablement ces quarante jours fixés par le Destin. Considère-moi comme ton serviteur jusqu'à l'heure où tu pourras rejoindre enfin les lieux de ton enfance. Tu m'emmèneras alors avec toi et me feras conduire ensuite jusque dans mon pays où chacun t'attribuera le mérite de ma délivrance.

Ces paroles eurent l'air de satisfaire le jeune homme. Ayant pris place à ses côtés, je lui fis conversation et lui tins compagnie jusqu'à la nuit close, en m'efforçant de me rendre agréable à ses yeux. Quand le jour qui parvenait jusqu'à notre cachette fut tombé, je me levai, allumai une bougie et m'empressai de verser de l'huile dans trois lampes auxquelles je portai la flamme. Après quoi, à nouveau installés l'un près de l'autre, nous dégustâmes les friandises que je lui présentais et devisâmes encore jusque fort tard dans la soirée. Enfin il s'endormit et j'eus soin de le couvrir avant de m'étendre à mon tour auprès de lui. Réveillé au petit matin, je fis chauffer un peu d'eau, le tirai avec douceur de son sommeil et l'invitai à se laver le visage.

– Qu'une récompense appréciable te soit réservée pour la gentillesse que tu manifestes à mon égard, ô compagnon fidèle, me dit-il. Par Dieu! dès que j'aurai échappé aux entreprises du dénommé 'Adjîb, fils de Khasîb, dès que Dieu m'aura tiré du danger auquel m'expose l'existence de cet individu, je demanderai à mon père de te récompenser avec la plus grande générosité !

– Qu'il n'y ait aucun jour qui t'apporte le moindre malheur, répondis-je. Et que Dieu me fasse mourir avant que n'arrive l'heure de ta mort !

Je lui servis un repas léger que je partageai avec lui. Puis je fabriquai un damier sur lequel je disposai des pions, et nous nous livrâmes au jeu des fléchettes, chacun s'efforçant de mener à bien son plan d'attaque tout en déjouant les ruses de l'adversaire. Cette distraction nous occupa pendant de longues heures, nous procurant tant de plaisir que nous ne prenions qu'à peine le temps de boire et de manger. L'obscurité venue, j'allai allumer les lampes, et la soirée commença encore une fois par une dégustation de friandises. Après le repas, terminé par les sucreries du dessert, vint l'heure des conversations à bâtons rompus, courant plaisamment d'un sujet à l'autre; puis celle du sommeil.

Cette vie agréable au long des jours et des nuits me fit prendre goût à la compagnie familière du garçon. Oubliant bientôt mes soucis et tous les malheurs qui m'avaient accablé, je laissais grandir en mon cœur toute l'affection qu'il avait su éveiller chez moi. « Certes les astrologues en ont menti lorsqu'ils ont déclaré au père de cet adolescent qu'un individu appelé 'Adjîb, fils de Khasîb tuerait son enfant... Par Dieu ! cet individu de malheur, c'est moi, sans aucun doute. Mais je sais à présent que jamais je ne pourrai accomplir un tel geste, quelque raison que je puisse avoir de le faire ! »

Durant trente-neuf jours, je ne cessai donc de le servir, de veiller chaque soir en sa compagnie, de le traiter avec gentillesse et amitié. Lorsque arriva le quarantième jour, il manifesta sa joie de voir que le délai fatal touchait à sa fin et qu'il se trouvait sain et sauf, apparemment hors de danger.

– Frère, me dit-il, quarante jours sont maintenant presque entièrement écoulés. Loué soit Dieu qui m'a sauvé de la mort! Tout cela grâce à la bénédiction que m'a value ton arrivée en ces lieux! Par Dieu, je te l'ai dit, je demanderai à mon père de te récompenser largement pour tout ce que tu auras fait en ma faveur, et de te faire reconduire à ses frais jusque dans ton pays. Maintenant, ô frère, j'aimerais obtenir de ta bonté que tu me fasses chauffer de l'eau, afin que je puisse prendre un bain complet avant de changer de vêtements.

– Avec grand plaisir et honneur! répondis-je.

J'allai aussitôt mettre de l'eau à chauffer puis, prenant le garçon par la main, je l'emmenai dans une pièce aménagée à cet effet et lui fis prendre son bain. Je lui lavai tout le corps, lui choisis des vêtements propres et préparai à son intention un lit moelleux sur lequel je disposai une riche couverture. Sitôt sorti de l'eau, le bel enfant s'étendit sur cette couche et, sous l'effet du bain, s'assoupit aussitôt.

– Frère, murmura-t-il avant de sombrer complètement dans le sommeil, ouvre-moi un melon et recueilles-en le jus dans lequel tu feras fondre une bonne quantité de sucre brut...

Je choisis à son intention une fine tête de melon, la plaçai sur un grand plat rond et lui dis :

– Maître, sais-tu où se trouve le couteau? J'en ai besoin pour ouvrir le melon.

– Je l'ai rangé tout en haut de l'étagère, juste au-dessus de ma tête.

Le pied en équilibre sur le bord du lit, je tendis la main avec trop de hâte afin de m'emparer du couteau. Comme je m'apprêtais à redescendre, Dieu permit que mon pied glissât sur la couverture. Je trébuchai et m'abattis de tout mon long, le couteau à la main, sur le corps de l'adolescent. La lame s'enfonça dans son cœur. Il mourut à l'instant même.

Ainsi il avait subi le sort cruel qui lui était destiné, et c'était moi qui l'avais tué. Quand je fus en mesure de comprendre cela, je poussai un long cri de douleur, me frappai le visage de mes mains et me mis à déchirer mes vêtements en hurlant :

– Ô créatures de Dieu ! ô vous tous qui vivez en ce monde, compatissez à notre malheur ! Il ne lui restait plus qu'un jour à attendre pour que s'achevât son épreuve. Et voici que je suis cause de sa mort ! Ô Dieu, notre Dieu, j'implore ta miséricorde ! Que ne suis-je mort avant lui ! Pourquoi m'a-t-on condamné à boire, une gorgée après l'autre, ce breuvage de souffrances ? Pour que Dieu puisse voir s'accomplir ce qu'Il nous a réservé par décret ?...

Quand il me fallut bien constater, ô dame, que tout était fini, qu'il n'y avait plus de recours possible contre les décisions du ciel, je me dirigeai vers l'escalier de pierre et regagnai le grand jour. Je remis en place les dalles qui fermaient le caveau et les recouvris de terre. A peine eus-je le temps ensuite de jeter un regard vers l'océan : déjà arrivait le navire qui avait transporté en ces parages le malheureux adolescent. Le bâtiment fendait les flots, se dirigeant à bonne allure vers le rivage.

La période fixée par les astrologues venait de prendre fin : ils venaient chercher l'enfant.

« Ces gens-là, réfléchis-je, vont bientôt aborder dans cette île. Ils vont descendre dans la demeure souterraine où ils trouveront leur enfant mortellement frappé. S'ils me rencontrent en cet endroit, moi, son meurtrier, ils ne me laisseront pas en vie, voilà qui ne fait aucun doute. »

J'avisai un arbre, grimpai dessus et me dissimulai dans le feuillage. A peine étais-je installé que le navire toucha le rivage. Les mêmes esclaves en descendirent, accompagnant le vieillard de grand âge que je savais à présent être le père du garçon que j'avais tué. Parvenus à l'endroit où se trouvait enfouie l'ouverture du caveau, ils se mirent à creuser la terre, non sans s'être étonnés de la trouver si meuble.

On peut imaginer la suite... Ils descendent l'escalier et découvrent l'enfant qui a l'air de dormir, la figure reposée et comme éclairée par l'effet du bain. Il est revêtu de ses habits neufs... un couteau enfoncé dans le cœur. Ils le considèrent avec attention et comprennent enfin qu'il est mort. Ils se mettent alors à pousser des cris de douleur, à se frapper le visage, à pleurer, à sangloter, à maudire le sort cruel, à maudire la vie de ce monde avec ses misères et ses détresses... Le père de l'adolescent tombe à terre sans vie et ne revient à lui qu'au bout d'un long moment, alors que ses esclaves désespèrent de parvenir à le ranimer. Pour finir, ils enveloppent le corps du garçon dans ses vêtements et le transportent à l'air libre, puis ramènent à bord tous les meubles et effets qui avaient été installés dans la maison...

Quand le vieillard, sorti du caveau, put enfin contempler son enfant étendu sans vie sur le sol, il ramassa une poignée de poussière et la répandit sur sa tête en signe de deuil. Un esclave lui apporta un siège couvert d'étoffes de soie. On le fit asseoir. Anéanti par la souffrance, il resta un long moment à contempler son fils, sans proférer une parole. Je voyais se dérouler cette scène du haut de mon arbre, de sorte qu'à la distance où je me trouvais, ni un mot ni un geste ne pouvaient m'en échapper. Avant même que l'âge n'eût pris le temps de blanchir mes cheveux, voilà que la douleur, elle, blanchissait mon cœur, tant je souffrais de ce malheur qui s'abattait sur moi, comme je souffrais encore de ces tribulations de toutes sortes, des disgrâces, des épreuves qui n'avaient cessé de me frapper auparavant. Ô dame, j'ajouterai seulement que le vieillard demeura ainsi prostré jusqu'à ce que le soleil fût sur le point de se coucher. Alors, ses hommes le transportèrent sur le navire, où ils embarquèrent également le corps de l'enfant et, bientôt, ils eurent levé l'ancre puis disparu à l'horizon. De tout ce temps, je n'avais fait un seul mouvement pour signaler ma présence.

Je restai seul dans mon île, scrutant jour après jour le large, et la nuit, descendant dans la maison souterraine pour m'y détendre et y dormir. Pendant le mois qui se passa ainsi, je pus constater que le niveau de la mer baissait d'un jour à l'autre sur le rivage exposé au couchant. Vint un moment où l'on put voir le fond : ma délivrance était proche! Quelle joie cette espérance me fit-elle concevoir! Je m'engageai sur le fond découvert, enfonçant dans l'eau jusqu'à mi-corps, mais je pus rejoindre la terre ferme. Une immense étendue de sables mouvants s'offrit alors à mes regards : rassemblant mes forces, je la traversai avec toute la prudence qu'il fallait y mettre. A l'horizon brillait un feu, qu'on pouvait de loin prendre pour un immense brasier, constamment alimenté par des fagots. Je le pris pour but de ma marche, assuré qu'il n'y a pas de feu que personne n'ait allumé et entretenu, et pensant trouver là le moyen de ma délivrance. Puis je récitai ces vers :

L'attelage de la Fortune va de çà et de là;
un jour il nous délivre quelque bien,
après nous avoir longtemps saturés de maux;
Fortune, tu es capricieuse et jalouse!

Peut-être, la Fortune voudra bien se décider
à m'apporter une aide qui me conduise au but
et m'ayant ballotté de danger en danger,
elle finira par m'offrir le moyen d'en sortir.

Lorsque je fus tout près de ce qui m'était apparu comme un grand brasier, il me fallut reconnaître mon erreur : il s'agissait en réalité d'un palais recouvert de plaques de cuivre rouge. Et l'édifice où se reflétaient les rayons lumineux brillait tant qu'il donnait l'impression d'un gigantesque foyer.

Je ne me sentis plus de joie à ce spectacle; m'étant assis tout auprès, j'attendais un événement nouveau, qui en effet ne tarda pas à se produire. Il se présenta sous la forme d'une petite troupe de dix jeunes gens proprement vêtus et accompagnés d'un vieillard de grand âge. Chacun de ces jeunes gens avait perdu l'œil droit, phénomène qui ne laissa pas de m'intriguer : comment tous avaient-ils bien pu perdre l'œil du même côté ? A peine m'avaient-ils aperçu qu'ils me saluèrent, me disant leur plaisir de m'avoir rencontré. Puis ils me prièrent de leur raconter mon histoire. Je leur fis le récit de toutes mes tribulations passées, qui les plongea dans le plus grand étonnement. Ils m'entraînèrent alors dans le palais, où je pus voir, dans une des chambres, dix lits pourvus chacun d'un matelas bleu et d'une couverture bleue; au milieu de ces lits, un autre, plus petit, était lui aussi tendu de bleu [1].

Lorsque nous fûmes entrés dans la pièce, chacun des jeunes gens prit place sur un des dix lits et le vieillard sur celui du milieu, le plus petit. Je fus invité, moi, à m'asseoir par terre, et à ne poser aucune question sur l'infirmité ou les mœurs de mes hôtes.

Ensuite, le vieillard se leva et apporta à chacun des jeunes gens sa nourriture, toute prête sur un plateau. J'eus droit moi aussi au même traitement. Tout le monde mangea, et tout le monde but, quand le vieillard eut, de la même façon, offert la boisson dans un récipient individuel. Alors s'engagea une conversation sur mille sujets divers, ma santé, les choses admirables ou étranges que j'avais pu voir dans mes voyages. Je rapportai de bonne grâce tout ce que je savais capable d'intéresser, ainsi que les aventures qui m'étaient personnellement arrivées. Ces propos durèrent jusqu'à une heure fort avancée de la nuit, moment où les jeunes gens demandèrent au vieillard :

1. Le bleu était une couleur de deuil.

– Veux-tu nous payer maintenant notre salaire, car c'est l'heure de dormir ?

On vit le vieillard se retirer dans une sorte de réduit puis en ressortir avec dix plats, recouverts chacun d'une serviette bleue, qu'il attribua un par un, après quoi il alluma dix chandelles et les déposa chacune sur un plat. Les serviettes bleues ôtées, on vit que les assiettes portaient de la cendre, du charbon en poudre et du noir de fumée.

C'est alors que les jeunes borgnes, retroussant leurs manches, se mirent à se noircir le visage de cendres et de suie. Et tandis qu'ils se mâchuraient ainsi la face, ils déchiraient leurs vêtements, se frappaient le visage et la poitrine, laissant aller leurs sanglots et leurs larmes. Ils accompagnaient leur cérémonie de regrets sans cesse répétés :

– Nous vivions tranquilles, nous vivions à l'abri des peines; il a fallu que notre curiosité indiscrète provoquât notre perte !

La séance ne prit fin que lorsque le soleil fut sur le point de se lever. Le vieillard se mit en posture d'aller faire chauffer de l'eau : les jeunes gens s'en lavèrent le visage puis revêtirent des habits propres que je ne leur avais pas vus avant qu'ils ne se livrent à leur cérémonie.

Quant à moi, ô dame, je crus que j'allais perdre la raison en les voyant agir de façon si étrange, avec le visage tout enduit de noir. Je tombai alors dans une profonde rêverie, oubliant tous les malheurs qui m'avaient assailli dans le passé. Puis, incapable de contenir davantage ma curiosité, je profitai d'un moment de creux, que nous occupions à nous délasser en pratiquant quelques jeux de sociétés, pour leur poser brusquement la question :

– Mes amis, dites-moi, je vous prie, quelle nécessité vous pousse à vous conduire de la sorte. Vous êtes, grâce à Dieu, en possession de toutes vos facultés. Or, vous vous comportez comme se comportent des fous, et des fous seulement. Par ce qui est le plus cher à vos yeux, je vous supplie de me raconter votre histoire. Comment êtes-vous devenus borgnes? Pourquoi tenez-vous absolument à vous noircir le visage avec cette cendre et cette suie?

Se tournant vers moi, ils me répondirent :

– Jeune homme, tu n'as pas à t'étonner de voir des personnes à la fleur de l'âge agir ainsi que nous l'avons fait. Au reste, veille à ne plus poser pareilles questions.

Ils se mirent en devoir de dresser la table : pendant le repas, brûlait en moi un feu qui ne pouvait s'éteindre, une ardeur impossible à cacher. J'étais dévoré du désir de résoudre l'énigme d'une conduite si étonnante.

Après avoir mangé et bu à satiété, nous nous installâmes pour une conversation qui devait durer jusqu'au soir. La boisson habituelle fut préparée par le vieillard, et nous la dégustâmes jusqu'à ce que la nuit, arrivée sur ces entrefaites, fût au milieu de sa course.

– Ô vieillard, dirent alors les jeunes gens, accorde-nous notre salaire, car le temps du sommeil est venu.

Le vieillard disparut un instant et revint comme d'habitude avec les plats recouverts d'étoffe bleue. La même scène que la veille se déroula.

Enfin, pour ne point allonger mon récit, sache, ô dame, qu'ils répétèrent la même cérémonie durant le mois entier que je passai chez eux, se lavant au point du jour avec l'eau chaude que le vieillard préparait pour eux. Je sentais à chaque fois grandir ma stupéfaction, croître mon angoisse et s'affaiblir ma patience, au point de ne plus pouvoir ni manger ni boire.

– Jeunes gens, m'écriai-je à la fin, à bout de forces, n'allez-vous pas consentir à dissiper mon anxiété et me révéler la raison qui vous fait chaque nuit vous barbouiller le visage en répétant la même formule : « Nous vivions tranquilles, nous vivions à l'abri des peines; il a fallu que notre curiosité indiscrète provoquât notre perte! » Si vous refusez de me répondre, laissez-moi reprendre ma route pour regagner le pays où vivent les miens : je pourrai au moins m'y reposer du spectacle que vous m'offrez chaque nuit, car le proverbe dit bien : « Tourner le dos à ce qui afflige est la meilleure solution quand on ne peut y remédier. » Ainsi, quand l'œil ne voit plus ce qui le désole, le cœur ne ressent plus ce qui l'attriste.

A ces mots, ils s'approchèrent et me déclarèrent :

– Jeune homme, nous n'avons voulu te cacher notre secret que parce que nous voulions t'épargner, et par crainte de te voir devenir comme nous, soumis au même sort.

– C'est égal, je veux connaître votre secret, répondis-je.

– Jeune homme, nous te conseillons vivement de renoncer à ce projet; notre avis est fraternel : ne cherche pas à savoir ce qui nous est arrivé, tu pourrais en devenir borgne comme nous.

– J'exige que vous me fassiez connaître votre secret, insistai-je.

– Jeune homme, une fois que tu seras engagé dans

cette aventure, il n'y aura plus pour toi aucune possibilité de revenir ici demeurer en notre compagnie.

Voyant que ma décision était irrévocable, ils prirent un bélier, qu'ils abattirent puis, quand ils l'eurent écorché, ils fabriquèrent une outre de sa peau. Ils me recommandèrent alors :

– Arme-toi de ce couteau et pénètre à l'intérieur de l'outre. Nous allons la coudre sur toi et te laisser seul en ce lieu. Un oiseau géant, celui qu'on appelle *rokh*, fondra sur toi, saisira l'outre de ses griffes et toi dedans, puis prendra son vol. Lorsque, un long moment plus tard, tu sentiras qu'il t'aura déposé sur le sommet de la montagne et se sera un peu éloigné de toi, tu fendras la peau de l'outre à l'aide de ce couteau, et tu en sortiras. L'oiseau prendra peur en te voyant, il s'envolera. Aussitôt tu te mettras en route pour atteindre un palais qui s'élève bien haut dans les airs, à une demi-journée de marche de là. Il est recouvert de plaques d'or rouge, avec des incrustations de pierres précieuses, émeraudes et autres. Le bois qui entre dans la construction de ce palais est de santal et d'agalloche. En voyant cet édifice, tu ne pourras pas t'empêcher d'y entrer, et ce sera pour ton plus grand malheur : sache que c'est en y entrant que chacun de nous a perdu son œil droit et que, depuis, il se trouve dans la nécessité de se noircir chaque nuit le visage avec de la suie et des cendres. Quant à te raconter en détail ce qui nous est arrivé en cette occasion, nous ne le pouvons : le récit en serait trop long, chacun ayant eu une aventure particulière. Ce qu'il y a de sûr, c'est que la conséquence néfaste a été la même pour tous : la perte de l'œil droit. Mais puisque tu es décidé à courir à ta perte, allons, entre dans la peau du bélier.

C'est ce que je me hâtai de faire, et l'on m'enferma dans l'outre, dont l'ouverture fut cousue. L'opération terminée, ils me quittèrent pour regagner leur palais. Je restai ainsi un long moment, puis j'aperçus par la couture un gigantesque oiseau blanc qui était venu se poser près de l'outre. Il la saisit de ses serres, l'emporta dans son vol et, une heure plus tard, j'étais sur le sommet de la montagne. Fendant la peau de l'animal de mon couteau, j'en sortis, mettant en fuite l'oiseau de proie, puis, sans perdre un seul instant, je me mis en route afin d'atteindre le palais dont m'avaient parlé les jeunes gens.

Je le vis en effet tel qu'ils me l'avaient décrit. Sa porte était grande ouverte, et j'entrai. L'édifice se déployait devant moi, aussi vaste qu'un hippodrome. Le long de ses murs s'alignaient des armoires et des armoires, où il était vraisemblable que l'on enfermait les trésors, et qui avaient des battants de santal, incrustés de plaques d'or rouge entourées d'un filet d'argent. Dans la grande salle se trouvaient, assises aux places d'honneur, quarante dames, aussi resplendissantes que la lune en son plein, si belles qu'on ne pouvait se rassasier de les regarder. Elles portaient les robes les plus magnifiques du monde et des manteaux d'une couleur admirable. Dès qu'elles me virent, les dames s'écrièrent d'une seule voix :

– Aujourd'hui, c'est toi notre maître et seigneur. Nous sommes tes servantes, attentives à suivre tes ordres. Commande selon ton bon plaisir.

Ces excellentes dispositions me ravirent, d'autant

plus que l'une des femmes se leva aussitôt pour m'offrir quelque chose à manger, tandis qu'une autre me faisait chauffer de l'eau pour me laver les mains et les pieds, qu'on me passa des vêtements neufs, et que du jus de fruits me fut préparé : pour ce dernier, elles me le firent boire, souriantes, transportées de joie par ma seule présence.

Nous nous assîmes ensemble pour converser, et je dus donner de mes nouvelles. La nuit nous surprit ainsi; alors ces dames m'entourèrent toutes, sauf cinq qui dressaient la table et la garnissaient de friandises, de fleurs à l'odeur suave et d'une profusion de fruits. Quand le vin fut apporté, nous nous mîmes en devoir de le boire en cercle, elles toutes autour de ma chère personne. L'une poussait une chanson, l'autre caressait un violon de Mossoul, une troisième jouait du luth, une autre de la harpe, d'autres encore différents instruments de musique. Coupes et gobelets circulèrent parmi nous. Transporté d'une allégresse assez vive pour me faire oublier tout ce que ce bas monde pouvait réserver de calamités, je méditais :

« Voilà ce qui s'appelle une vie incomparable! Cela vaut la peine d'être vécu, ne serait-ce que de façon fugace, même si au bout se trouvent mort et anéantissement. »

Nous ne cessâmes de nous livrer à ces sortes de divertissements, et une bonne partie de la nuit s'écoula ainsi; à la fin, quand nous fûmes complètement soûls, je m'entendis proposer par les dames :

– Seigneur, choisis parmi nous celle que tu voudras, pour qu'elle passe la nuit dans ta chambre. Rappelle-toi seulement une chose : c'est que, une fois conjointe, elle ne pourra plus te retrouver d'ici à quarante jours.

Je fixai donc mon choix sur l'une d'elles, qui avait le visage agréable, les paupières délicatement rehaussées d'un liséré noir, de longs cheveux soyeux, des lèvres exquises, de longs sourcils liés et qui était experte dans tous les arts, souple comme une branche de saule ou un brin de myrte. Sa vue seule était une source de ravissement et de joie pour le cœur. Elle se présentait enfin telle que le poète l'a décrite quand il a composé ces vers :

Sa démarche? Fière comme une branche de saule
qu'agite la brise d'orient. Mais pour son pas
balancé? Je ne trouve qu'à dire : rien, non rien
de plus beau, de plus excitant, de plus doux.

Quand un sourire découvre ses dents
éclatantes de blancheur, vous diriez
qu'un éclair a brusquement brillé
dans le voisinage d'une étoile.

Elle a dénoué les flots noirs
de sa chevelure, et le jour,
illuminé de soleil, tout soudain
est devenu un moment de la nuit.

Et son visage, qui resplendit
au creux de cette ombre, illumine
le monde entier qu'il baigne de son jour
à l'orient comme à l'occident.

Sans sagesse, sans expérience,
comme est la pousse jeune d'un arbre
sans cesse agitée par la moindre brise
ou comme bondit, farouche, la gazelle.

Elle porte la parure du jeune daim,
dont elle a la démarche, et offre
à l'assoiffé une source de miel
où il boit la plus fraîche des boissons.

Et ses grands yeux, ces assassins d'amour,
ont jeté dans les geôles de la passion
ceux que le sort a désignés, aveugle,
pour mourir dans ses tourments.

Fou que je suis, vers elle je suis porté;
c'est ma jeunesse : un amour irrésistible
peut bien naître dans l'âme d'un adolescent
que la pudeur a jusque-là tenu loin des femmes.

Je me retirai pour aller passer avec elle une nuit telle que je n'en avais jamais de ma vie connu de pareille.

Le lendemain matin, toutes ces dames me firent entrer dans la salle de bains du palais, me lavèrent et me revêtirent d'habits qui étaient les plus somptueux du monde. De la nourriture me fut présentée, puis, quand je fus rassasié, de la boisson. Nous bûmes et les coupes circulèrent jusqu'à la tombée de la nuit.

– Choisis celle d'entre nous que tu voudras, me dirent-elles alors, pour qu'elle aille dormir avec toi. Nous sommes tes servantes, et restons à ton entière disposition.

J'en désignai une pourvue de toutes les qualités, tendre sur les flancs, telle que le poète l'a chantée dans les vers qu'il lui a consacrés :

Voyez : sa poitrine a deux outres
scellées avec un sceau de musc;
amants, que vous êtes malheureux :
comment pourrez-vous les étreindre?

Elle veille sur elles et les protège,
grâce aux flèches de ses regards,
et qui voudrait y porter l'assaut
en serait mortellement blessé.

Je passai près d'elle une autre belle nuit de ma vie. Le lendemain matin, j'entrai au bain et en sortis dans une nouvelle tenue. Enfin, pour faire court, il me suffit de te dire, ô dame, que je suis demeuré là une année entière, coulant la vie la plus douce qui se puisse imaginer en ce bas monde. Chaque nuit, je dormais avec une femme différente, choisie parmi les quarante hôtesses de ce palais. Je mangeais bien, je buvais à ma convenance, et mon temps s'écoulait heureux en cette agréable compagnie.

Au premier jour de l'année nouvelle, elles se mirent toutes à me faire leurs adieux, entrecoupés de larmes et de cris. Elles pleuraient abondamment, en se pendant à mon cou. Je ne comprenais rien à ces transports subits; aussi leur demandai-je :

– Qu'est-ce qui vous arrive aujourd'hui? Vous me brisez le cœur en vous mettant dans cet état!

– Puissions-nous ne t'avoir jamais connu! répondirent-elles. Nous avons fréquenté beaucoup d'hommes, c'est vrai, mais aucun n'a montré un caractère aussi doux que le tien. Veuille Dieu épargner la solitude à quiconque t'aura rencontré.

Ces discours étaient tenus dans des flots de larmes. Je revins à la charge :

– Quelle est donc la cause de votre affliction? Ma bile est si sollicitée quand je vous vois ainsi que mon foie est près de s'en aller en lambeaux.

Elles répondirent ensemble :

– Toi, si la séparation advient entre nous, ce sera de ton fait, sache-le. Tu en seras le seul artisan, à moins que tu ne suives nos conseils. Alors, nous ne nous séparerons jamais; mais si tu te rebiffes contre nos ordres, nous serons séparées de toi, et tu le seras de nous. Notre pressentiment est que tu ne tiendras aucun compte de nos recommandations, que tu déclencheras donc une punition, qui sera l'exil définitif, et voilà pourquoi nos larmes.

– Dites-moi donc votre histoire, leur demandai-je.

– Eh bien, voilà seigneur : nous sommes toutes filles de rois et nous habitons ce palais depuis fort longtemps; nous y séjournons continuellement, sans autre souci que de manger, boire, savourer les plaisirs délicats, jouer des instruments de musique et chanter. Cependant, au début de chaque année, nous quittons, pour une période de quarante jours, cette demeure, et c'est à l'occasion de ce départ que nous craignons pour toi les malheurs qui ne manqueraient pas de s'abattre sur toi si jamais tu nous désobéissais. Nous allons te confier les clefs de toutes les pièces de ce palais. Elles sont au nombre de cent. Tu peux t'en servir, regarder partout et satisfaire ta curiosité. Mange, bois, inspecte à ta guise. Dans chaque pièce, des merveilles t'occuperont l'esprit une journée entière.

» Toutefois, il en est une seule que tu ne dois pas ouvrir, et dont tu ne dois pas même t'approcher, sinon tu seras obligé de nous quitter et nous de te quitter. Hélas! nous avons bien peur que tu ne puisses te défendre de cette curiosité indiscrète qui causera ta perte. Tu as quatre-vingt-dix-neuf chambres qui se trouvent à ton entière disposition. Ouvre-les comme tu l'entends, contemple les merveilles qu'on y a entassées. Mais, nous t'en supplions, ne touche pas à cette chambre unique, qui t'est interdite. Elle flamboie des feux redoutables de l'or rouge. A peine l'auras-tu ouverte que sera prononcée la sentence d'exil qui te séparera de nous. Au nom de Dieu au-dessus de toi! par le prix auquel tu estimes notre vie, patiente durant ce laps de quarante jours, et tu nous verras revenir vivre de nouveau en ta compagnie. Maintenant, voici les clefs des cent chambres. Admire quatre-vingt-dix-neuf d'entre elles et garde-toi d'ouvrir la centième : à peine l'auras-tu ouverte que nous serons séparées de toi.

Puis l'une des dames s'avança vers moi, m'embrassa de toutes ses forces et récita ces vers en pleurant abondamment :

Le moment de la séparation arriva
pour nous, alors que son cœur
avait conclu un pacte d'alliance
avec la passion ardente et avec l'amour.

Des perles humides qui de ses yeux
jaillirent et de mes larmes, mêlées
intimement, se déploya sur sa gorge
un collier lui servant de parure.

Je leur fis mes adieux en promettant :

– Par Dieu ! je n'ouvrirai jamais cette pièce.

Elles quittèrent le palais en agitant la main et ne cessèrent de me répéter leurs recommandations sur le sujet tant que je pouvais les suivre des yeux. Alors je m'assis, seul au milieu de l'immense palais, et je me répétai en moi-même :

– Oui, par Dieu ! je laisserai cette porte sans y toucher : je ne veux pas être séparé d'elles.

Puis je me levai et allai ouvrir la première chambre. J'y entrai et me vis soudain dans un si beau jardin qu'il évoquait pour moi le paradis. Il produisait toutes les variétés de fruits que la terre peut faire pousser; des arbres élevés l'ornaient, portant des fruits savoureux, des rameaux touffus, des oiseaux doués d'éloquence; des filets d'eaux babillaient ensemble en bons compagnons de route, entre les bosquets et les rivières. En un lieu si agréable, mon inquiétude se calma et je pus me détendre, prenant mon repos. Je m'ouvris un chemin à travers le dédale des arbres, je respirai l'odeur de chaque sorte de fleurs, j'écoutai les répliques des oiseaux qui, dans leur dialogue, chantaient les louanges du Dieu Unique et Tout-Puissant. Je me rappelai alors ces vers du poète, célébrant la beauté des fruits de la terre :

Regarde cette pomme : elle a choisi
deux couleurs pour les mélanger;
eh! ne dirait-on pas que la joue de l'amant
s'est collée à la joue du Bien-Aimé?

Sur un même oreiller ils reposent, rouges
encore délicatement de s'être enlacés;
mais sur leur visage une pâleur subite
trahit la crainte de se séparer.

Saveur appétissante des fruits incomparables du poirier, qui surpasse le goût de l'eau de roses et du sucre, odeur suave qui embaume plus que le musc et l'ambre.

Le coing, à lui seul, a concentré
tous les goûts qu'aiment les hommes;
oui, c'est le fruit qui l'emporte
de loin sur tous ses congénères.

Il rappelle, subtil parfum, le vin
et puis aussi, un peu le musc,
sa couleur est sable mélangé d'or,
disque de lune en son entier.

La beauté des abricots était un plaisir pour les yeux : on aurait dit des pierres précieuses, des hyacinthes qui auraient poussé sur un arbre. Ainsi, je ne pouvais rien voir de ce verger qui ne me remplît de joie et d'émerveillement, si bien que je ne cessai de le parcourir jusqu'au soir. Ce ne fut qu'à la fin de la journée que je fermai la porte de cette chambre pour aller dormir.

Le lendemain matin, j'ouvris une autre porte et

entrai dans une nouvelle pièce du palais. Cette fois, je me trouvai aussitôt au bord d'une grande prairie où volaient des nuées d'abeilles. Tout autour coulait un ruisseau d'une eau limpide, arrosant du jasmin, des rosiers, du henné, des roses blanches musquées, des narcisses, des violettes, des poivriers, des giroflées, des chrysanthèmes, des lis. Un léger souffle agitait ces fleurs qui répandaient chacune son parfum au point de saturer l'air de la prairie. Je parcourus ces lieux, en admirant les merveilles, oubliant mes soucis le temps de la promenade. Puis je quittai ce spectacle enchanteur pour ouvrir une autre porte, qui donnait, celle-là, sur une vaste salle pavée de marbres de différentes couleurs, de métaux précieux et de somptueuses mosaïques. Des cages en bois d'aloès et de santal, façonnées au tour, s'y balançaient, abritant des oiseaux à la voix charmeuse, comme le rossignol, le pigeon à collier, le ramier, le merle, la tourterelle, la palombe et cent autres espèces au chant mélodieux. Je les contemplai, la joie au cœur, tout débarrassé de mes soucis, dégagé de mon anxiété. Le soir venu, je dormis tout mon soûl, et me réveillai le lendemain matin pour ouvrir une quatrième porte.

J'entrai dans une grande maison où s'alignaient quarante chambres ouvertes. Je les parcourus toutes, examinant leurs trésors : elles regorgeaient de perles, d'émeraudes, de pierres précieuses, d'hyacinthes, de rubis, de coraux montés sur des parures, de métaux rares, d'argent, d'or. Ces splendeurs auraient pu remplir de bonheur à elles seules la vie de tout le genre humain, et elles se trouvaient là en une telle abondance que j'en fus ébloui. Je me dis en moi-même :

« De pareils trésors ne sont l'apanage que de très

puissants empereurs. Si tous les rois de la terre rassemblaient en un seul lieu ce qu'ils ont de plus précieux, il n'est pas dit qu'ils arriveraient à une telle profusion. »

Mes soucis se dissipèrent, la joie m'envahit et je m'écriai :

– A présent c'est moi le roi de ce siècle, car je puis disposer à ma guise de tous ces trésors, pierres précieuses de toutes les couleurs, sommes prodigieuses d'argent et d'or. Je possède de surcroît toutes ces dames qui me servent selon mon bon plaisir et n'ont que moi au monde...

Ô dame, je ne cessai de nourrir ces sentiments en admirant toutes les merveilles que ces portes dissimulaient, jusqu'à ce que les trente-neuf jours se fussent écoulés. Il ne restait plus qu'un seul jour et une seule nuit pour que ma solitude connût son terme. J'avais ouvert quatre-vingt-dix-neuf chambres, et il ne restait que la dernière que je n'eusse pas explorée, conformément à ce que l'on m'avait bien recommandé.

Ce fut juste le moment que choisit mon esprit pour se mettre à songer au secret que l'on désirait me cacher; l'anxiété me prit tout soudain, et Satan prononça contre moi la sentence funeste qui devait provoquer mon malheur. Hélas! le jour avait passé. Il ne restait plus qu'une seule nuit jusqu'au retour des dames : plus qu'une nuit, et elles reviendraient vivre en ma compagnie, pour une année entière. Je ne pus trouver la patience nécessaire pour m'empêcher d'aller à la porte prohibée. Je me livrai au diable et ouvris le battant couvert de plaques d'or. A peine étais-je entré dans la pièce que je respirai une odeur extraordinaire, qui me fit tomber à terre de tout mon long et me tint évanoui une heure. Puis j'arrachai mon âme du fond de mes entrailles, fortifiai mon cœur et, me relevant, je pénétrai jusqu'au fond de la chambre. Elle était tapissée de fleurs de safran; des bougies l'éclairaient, ainsi que des lampes en or et en argent, alimentées par une huile précieuse qui dégageait en brûlant un parfum pénétrant; quant à la cire des bougies, elle était piquée d'aloès et d'ambre. Je vis d'énormes encensoirs, chacun de la grosseur d'un chamelon, remplis de braise ardente, qui laissaient échapper des volutes d'ambre gris mêlé d'encens, de musc, de cire parfumée et de safran. J'aperçus pour finir, ô dame, un cheval de belle race, noir comme une nuit aveugle, qui avait devant lui une mangeoire de cristal blanc, remplie d'un côté de sésame décortiqué, de l'autre d'eau de rose parfumée au musc. Ses rênes et sa selle étaient d'or rouge.

Tout ce spectacle ne laissait pas de m'étonner et je me dis que cette bête devait posséder une puissance peu commune. Alors Satan m'inspira l'idée funeste de tirer le cheval, de l'amener jusqu'à la porte du palais et de le monter. Je mis ce plan à exécution. Mais quand je fus installé sur le dos de l'animal, il ne bougea pas et resta fièrement campé à sa place. Je le piquai du talon : en vain. Plein de colère, je pris un fouet, dont je lui cinglai les flancs. Sentant le coup, il fit retentir un hennissement aussi puissant que le tonnerre. Il ouvrit alors deux larges ailes, et m'emporta dans les airs, si haut que je ne distinguai plus les objets au-dessous de moi, sur la surface du sol. Après un parcours d'une heure environ, il s'abattit sur la terrasse d'un autre palais et se débarrassa de moi d'une ruade. Puis il me fouetta de sa queue et m'atteignit au visage si cruellement qu'il me creva l'œil, le fit couler sur ma joue, et m'affligea de cette infirmité où vous me voyez maintenant. Je m'écriai aussitôt :

– Il n'y a de puissance et de force qu'en Dieu le Très-Haut, le Tout-Puissant ! Je n'ai cessé de trouver ridicules les jeunes gens borgnes avec qui j'ai vécu, et me voilà borgne comme eux.

Je regardai du haut de ce nouveau palais ce que l'intérieur en contenait : dix lits d'étoffe bleue. C'était la demeure des jeunes gens borgnes qui m'avaient conseillé, mais en vain, de ne pas tenter l'aventure où je m'étais engagé contre leur avis.

Alors je descendis de la terrasse et vins auprès des lits de mes anciens compagnons. A peine m'étais-je assis que parurent les jeunes gens accompagnés du vieillard qui leur préparait la nourriture. Ils s'écrièrent en me voyant :

– Que nos hôtes ne soient pas les bienvenus en ces lieux ! Que le séjour en cette demeure ne leur soit pas agréable !... Nous n'avons point de place ici pour toi !... Puisses-tu n'avoir pas réchappé du danger auquel tu as voulu t'exposer !...

– Je ne m'en irai pas d'ici que je ne sache pour quelle raison vous vous noircissez le visage de cendres et de suie, leur répondis-je.

– La cause de notre chagrin, la voici : chacun de nous a subi un malheur pareil au tien. Chacun de nous a vécu à son tour la vie la plus délicieuse, où il a savouré les plaisirs les plus exquis. Mais nous n'avons pu maîtriser pendant quarante jours notre curiosité, ce qu'eût récompensé une année entière consacrée au seul soin de manger et de boire, servi par d'autres. Voilà comment nous avons tout perdu : poulets rôtis, œufs de poules, et sommeil sur des divans recouverts de soie; vins capiteux, sommeil sur des seins moelleux. Nous n'avons pas renoncé à notre curiosité indiscrète, tant que nous n'étions pas borgnes. Nous voici maintenant au désespoir, victimes de notre propre faute.

– Ne me tenez pas rancune pour ma conduite, repris-je. Je suis maintenant comme vous. Je voudrais ma part des plats emplis de suie, que je puisse me noircir moi aussi le visage.

Je pleurai abondamment en disant ces mots.

– Par Dieu! par Dieu! s'écrièrent-ils, nous ne te garderons pas. Il n'est pas possible que tu restes. Va-t'en trouver refuge à Baghdad et cherche là-bas quelqu'un qui puisse t'aider à réparer les malheurs que tu as subis.

Lorsque je me rendis compte qu'il n'y avait aucun moyen de les attendrir et que j'étais libre de repartir sans qu'ils m'en fissent grief, je pris la route de Baghdad, en proie à la tristesse et au remords qu'éveillait en mon âme le souvenir de mes tribulations et de mes fautes passées. J'avais tué de ma propre main le bel adolescent enfermé dans l'île. Je m'étais trouvé une sinécure avec les belles dames du palais et, délivré de la nécessité de travailler pour gagner mon pain, j'avais tout perdu par la faute de mon indiscrète curiosité. Le désespoir me tourmenta si fort que je me rasai la barbe et les sourcils, fis le vœu de renoncer aux plaisirs, adoptai un maintien austère et me fis derviche borgne de l'ordre des qalandars.

Alors Dieu décréta pour moi un voyage facile et me

permit de l'accomplir en bonne santé et sans encombre jusqu'à ce que j'arrive à la fin dans cette ville de Baghdad, hier au début de la nuit. Je trouvai sur mon chemin les deux collègues que voici, debout sur la place, perplexes, ne sachant où diriger leurs pas. Je les saluai et leur dis :

– Je suis étranger en cette ville.

– Nous aussi, nous sommes étrangers en cette ville, me répondirent-ils sur-le-champ.

Or, par une curieuse coïncidence, nous étions tous les trois derviches de l'ordre des qalandars, et tous les trois borgnes de l'œil droit. Le fait surprit les passants. Mais toi, ô dame, tu sais maintenant tout ce que tu voulais savoir sur mon compte. Tu n'ignores plus comment je suis devenu borgne et pour quelle raison je me suis rasé la barbe...

A la fin de ce récit, l'adolescente se leva et dit aux trois derviches :

– Palpez bien vos têtes, assurez-vous qu'il n'y manque rien et partez vite d'ici : que chacun d'entre vous aille le chemin de son destin...

– Par Dieu ! protestèrent-ils, il n'est pas question que nous sortions de cette demeure que nous n'ayons entendu l'histoire de nos autres compagnons !

Se tournant alors vers le khalife, Dja'far et Masrour, la dame déclara :

– A votre tour, c'est vrai, de nous conter votre histoire.

Ce fut Dja'far qui s'avança et qui parla :

– Ô dame, sache que nous sommes natifs de Mossoul.

Nos affaires nous ayant conduits en votre ville, nous avons pris gîte, dès notre arrivée, dans une auberge fréquentée par les marchands. Négocier notre fonds de marchandises et procéder à quelques échanges nous prit jusqu'à la tombée du jour. C'est alors que nous crûmes bon de nous rendre à l'invite d'un collègue qui avait convié chez lui à un festin tous les marchands du lieu. Nous avons pris en sa compagnie notre part de bon temps, prolongeant même notre visite car l'endroit était plaisant, non moins que les chants qui s'y donnaient. Malheureusement, à la suite d'une altercation entre les convives, le chef de la police, attiré par le vacarme, organisa une rafle et fit cerner la maison. Il put mettre la main sur certains des présents, tandis que d'autres réussissaient à prendre la fuite. Nous avons eu pour notre part la chance d'en réchapper, mais quand nous nous sommes retrouvés devant le portail de l'auberge, il nous fallut bien constater que celui-ci était bouclé, et il n'était pas question de le faire ouvrir avant le lever du soleil.

» Fort embarrassés de nos personnes, nous nous sommes donc mis à errer dans les rues sans trop savoir où aller, craignant surtout de tomber entre les mains des gens du guet, qui n'auraient pas manqué, s'ils nous avaient trouvés, de nous faire subir quelque affront. Et puis le destin nous a fait passer devant votre porte... Nous avons entendu des chants mélodieux, le bruit assourdi de conversations amicales : il n'en fallait pas plus pour nous convaincre que se donnait là encore quelque fête réunissant des personnes d'excellente compagnie. Nous décidâmes très rapidement de nous mettre à votre service pour le restant de la nuit, tout prêts à apporter notre écot à vos réjouissances, afin de finir dans la joie une soirée si bien commencée.

» Vous nous avez fait le plaisir de nous admettre en votre présence, nous honorant de vos bienveillances et de votre générosité, jusqu'au moment où l'indiscrétion de notre compagnon a failli tout gâter. Vous savez maintenant pour quelle raison nous sommes entrés dans cette demeure...

– Ô dames, s'écrièrent les trois derviches qalandars, ô maîtresse, nous ne formulons qu'un souhait : obtenir de ta bonté la délivrance de ces trois individus. Fais nous don de leur personne, afin qu'ils puissent un jour t'en rendre grâce.

La jeune fille qui siégeait sur le divan proclama alors, à l'adresse de toute l'assemblée :

– Soit, j'accepte de vous faire don de vos vies, tous tant que vous êtes. Vous pouvez quitter cette maison, il ne vous sera rien fait de mal.

Ainsi quittèrent-ils la demeure des trois dames. Lorsqu'ils furent dehors, le khalife dit aux qalandars :

– Compagnons, où avez-vous l'intention d'aller à présent? Le jour n'est pas encore éclos.

– Par Dieu! ô notre maître, nous l'ignorons!

– Alors venez avec nous! reprit le khalife. Vous dormirez sous notre toit.

Puis se tournant vers Dja'far, il ajouta à mi-voix :

– Reçois chez toi ces trois hommes, et demain matin, amène-les-moi, que nous inscrivions dans nos Annales le récit complet des aventures dont ils nous ont régalés cette nuit.

Dja'far suivit les ordres de son maître et le khalife

regagna son palais où il se retira en ses appartements particuliers. Mais le sommeil ne vint pas le rejoindre. Les aventures des trois qalandars, réduits à leur pitoyable état après s'être trouvés déchus de la dignité royale, ne laissaient ni de l'émouvoir ni de le troubler. Le souvenir de la jeune fille aux deux levrettes noires le hantait aussi, comme celui de la belle adolescente au corps flagellé. Incapable de dormir, il attendit avec impatience la venue du jour.

Quand le soleil fut levé, il s'installa sur son trône et fit admettre en sa présence son vizir Dja'far qui ne manqua pas de se prosterner et de baiser le sol à ses pieds.

– Ce n'est pas le moment de lambiner! lui lança le khalife. Va plutôt me quérir ces jeunes filles, que je puisse entendre de leur bouche la solution de l'énigme des deux chiennes. Et amène aussi avec toi les trois qalandars. Allons, fais vite!

Le cri qu'il poussa en renvoyant Dja'far laissait percer la colère. Le vizir disparut sans attendre afin d'exécuter les ordres de son maître. Une heure ne s'était pas écoulée qu'il était de retour en compagnie des trois jeunes filles et des trois derviches qalandars. Il invita ces derniers à s'avancer aux pieds du khalife et fit installer les trois adolescentes derrière le rideau destiné à cacher aux regards les femmes citées à comparaître en ce lieu. Alors le khalife prit la parole :

– Femmes, nous vous pardonnons d'avance vos fautes, considérant les bienfaits dont vous nous avez comblés et la gentillesse avec laquelle vous nous avez accueillis sous votre toit. Peut-être ignorez-vous encore l'identité de votre hôte de cette nuit : celui même devant lequel vous vous tenez à présent. Je vais vous la révéler : vous êtes devant le septième souverain, par rang de succession, de la lignée des Abbassides, maître de ce royaume. Oui, vous êtes devant le khalife al-Rachîd, fils d'al-Mahdi, de la descendance d'al-Hâdi, frère d'al-Saffâh, lui-même fils de Mouhammad [1]...

» A présent, ô femme, toi la première des trois, parle sans ambiguïté. Raffermis ton courage et ne nous dis que ce qui est conforme à la vérité. Tu peux t'exprimer en toute franchise : allons, livre-nous tout ce que tu as à raconter, et veille à débarrasser ton discours de tout mensonge. N'aie pas peur de parler vrai, même si tes aveux te paraissent à même de t'exposer à quelque châtiment. Allons, révèle au khalife pourquoi tu as pris l'habitude de fustiger ces deux chiennes noires, et pourquoi tu te laisses aller à verser tant de larmes en leur compagnie après les avoir pareillement traitées...

A ce discours, l'adolescente prit la parole et raconta...

RÉCIT DE LA PREMIÈRE DAME

Encore une aventure étrange que la mienne, tissée de tant de faits surprenants que, les eût-on gravés au coin des prunelles humaines, ils eussent été matière à

1. Après ce Mouhammad, fils d'Ali, et après Ibrahim, fils du même, viennent en effet sur le trône : Abou'l-'Abbas Abdallah al-Saffâh (750-754); puis son frère Abou Dja'far Abdallah al-Mansoûr (ici al-Hâdi, 754-775); puis son fils al-Mahdi (775-785); puis son fils al-Hâdi (785); puis son frère Haroun al-Rachîd (786-809).

réflexion pour tous ceux qui se plaisent à tirer leçon de l'expérience d'autrui. Écoutez plutôt [1]...

Ces deux chiennes noires que vous avez vues sont mes sœurs, nées de la même mère et du même père que moi. Quant à ces deux autres jeunes femmes, celle qui porte sur son corps les marques de coups que vous avez pu apercevoir et celle qui fait chez nous office d'intendante, elles sont nées d'une autre mère mais sont filles de mon père également. Lorsque ce dernier mourut, elles s'en allèrent vivre chez leur mère après avoir reçu leur part d'héritage, nous laissant mes deux sœurs et moi auprès de la nôtre. Les jours passèrent ainsi, jusqu'à ce que notre mère à son tour mourût. Elle nous laissait trois mille pièces d'or que nous partageâmes équitablement entre nous, et mes deux sœurs employèrent leur argent à se constituer un trousseau et ne manquèrent pas de se trouver chacune un époux.

Le mari de notre aînée réalisa sa propre fortune et celle de sa femme, acheta un fonds de marchandises afin de se livrer au négoce dans les pays lointains et partit en voyage avec elle. Au bout de cinq années, nous apprîmes que l'individu en question avait mangé la fortune entière de notre sœur, lui avait ravi tout ce qu'elle possédait et l'avait abandonnée sans ressources au bout du monde. Elle parcourut longtemps les différentes contrées de la terre à sa recherche, s'épuisa en tours et détours sur les chemins de l'exil. Puis je

1. Ms A, t. I, fol 66, Nuits 63 à 66; Ms B, fol. 40, Nuits 50 *b* à 59 *a;* Ms C, t. I, fol. 90, Nuits 62 *b* à 66; éd. Boulaq, Nuits 16 à 17 *a*. Dans la traduction de Galland, le présent récit correspond aux Nuits 62 *b* à 66; dans celle de Mardrus, aux Nuits 16 à 17.

restai sans nouvelles de ses pérégrinations jusqu'au jour où je la vis surgir devant moi sous l'aspect d'une pauvre mendiante, vêtue de guenilles, la tête recouverte par un voile aussi sale qu'usé. Bref, elle se trouvait dans le plus triste des états et je demeurai à cette vue comme frappée de stupeur.

– D'où te vient cet aspect misérable? m'étonnai-je.

– Aucun mot n'est capable de peindre mes malheurs, fit-elle. Le sort a simplement voulu me faire subir ce qu'il avait décidé que je subisse...

Je la pris aussitôt avec moi et la conduisis aux bains, ô Émir des Croyants, et dès qu'elle en fut sortie, je l'invitai à revêtir des vêtements neufs, lui préparai un bon plat de pot-au-feu, lui offris à manger de ma main, lui versai à boire du jus de fruits, et la soignai de la sorte tout un mois durant.

– Ô ma sœur, lui disais-je, tu es l'aînée de nous trois, tu remplaces donc notre mère défunte. Sache que les biens que j'ai reçus pour ma part d'héritage ont largement fructifié – grâce à la bienveillante protection de Dieu. Ces cinq dernières années écoulées, je n'ai cessé de filer la soie pour la vendre aux ateliers de tissage. Mes affaires ont prospéré et me voilà à la tête d'une petite fortune. Profitons-en toutes les deux, toi et moi, et tu vivras heureuse dans cette maison.

Je la traitai ainsi avec la plus grande bonté et la gardai chez moi une année entière. Tout ce temps-là nous tint l'inquiétude du sort dévolu à notre autre sœur mariée, laquelle se présenta un beau jour à nous dans un accoutrement guère mieux reluisant que celui de son aînée. Je l'accueillis de même manière, la soignai de mon mieux et lui fis passer une robe décente.

Ce qui fit qu'au bout d'un moment, mes deux sœurs s'en vinrent me dire :

– Nous ne pouvons rester plus longtemps privées d'homme. Il nous faut un mari.

– Ô mes sœurs, m'écriai-je, quel bien peut-on espérer aujourd'hui de l'état de mariage? L'homme pourvu des qualités où se reconnaît un bon maître de maison est un animal rare. Restez plutôt ici et vivons ensemble toutes les trois dans la paix. N'avez-vous pas déjà fait un premier choix qui ne vous a pas apporté, que je sache, grand-chose de bon?...

Elles ne voulurent pas prendre mes paroles en considération, ô Émir des Croyants, et sans égard pour mes conseils, elles s'en retournèrent vivre chacune avec un mari – ce qui me valut encore quelques dépenses de bonnes pièces d'or, puisqu'il leur fallait un trousseau... Le temps qu'elles passèrent avec leurs nouveaux époux ne fut pas plus long pour cela. Après avoir accompli son affaire, chacun des deux maris s'employa à ramasser ses effets, à les emballer avec soin et à prendre le chemin du voyage, abandonnant sa conjointe à la solitude. Je vis de la sorte mes sœurs se présenter une fois de plus à moi, confondues en excuses :

– Sœurette, me dirent-elles, tu es la plus petite de nous trois quant à l'âge, mais la plus grande quant au discernement. Notre première expérience conjugale ne nous avait pas suffi, bien qu'elle se fût avérée des plus néfastes; il nous a fallu recommencer. Désormais, sache que nous nous abstiendrons de prononcer jusqu'au mot de « mariage ». Prends-nous comme servantes en ta maison. Nous ne te réclamerons pas plus d'une bouchée de nourriture en échange de nos services.

– Ô mes sœurs, leur répondis-je, je n'ai personne au monde qui me soit plus cher que vous...

Elles s'installèrent donc à nouveau chez moi, n'eurent pas à se plaindre de ma générosité, et une année encore passa de la sorte : la troisième depuis notre dernière séparation. Mes biens prospéraient, je m'installais dans l'aisance, et l'abondance ne tarda pas à régner dans notre foyer. C'est alors que je pris la décision, ô Émir des Croyants, de me livrer à mon tour au commerce avec les pays lointains. J'achetai un fonds de marchandises, fis armer un vaste navire au port d'al-Basra [1] et embarquai marchandises, bagages et tout ce qui est nécessaire à un voyage de commerce. Une fois à bord, nous eûmes la chance d'être favorisés par le vent, qui ne tarda pas à nous emmener fort loin sur la mer.

Plusieurs jours passèrent, au bout desquels nous perdîmes notre route, incapables désormais de savoir où nous allions. Après vingt journées de cette navigation incertaine, le matelot de vigie, grimpé au haut du mât afin d'inspecter l'horizon, s'écria :

– Bonne nouvelle! bénédiction!...

Il eut à peine le temps de redescendre, suffoquant d'émotion, et sitôt après avoir soufflé nous déclara :

– J'ai clairement aperçu de là-haut les édifices d'une ville qui repose près du rivage comme une colombe apprivoisée...

Nous pouvions nous réjouir : une heure ne s'était pas écoulée que déjà notre navire touchait les quais du

1. Le grand port situé aux bouches du Tigre et de l'Euphrate, par lequel passait l'essentiel du commerce maritime de Baghdad.

port. Je fus prompte à descendre à terre, autant pour me délasser que pour voir ce que les lieux pouvaient offrir d'intéressant. Parvenue à la porte fortifiée qui s'ouvrait dans l'enceinte de la cité, j'avisai un groupe d'hommes armés de bâtons et m'approchai d'eux, quand je m'aperçus qu'il s'agissait là d'êtres humains changés en pierre sous l'effet d'une mystérieuse malédiction! Poussant mon exploration plus avant dans la ville, les seuls habitants que j'y pus découvrir, tant dans les boutiques que dans la rue, n'étaient que statues. Nulle âme en vue; aucune bouche capable de souffler sur un feu pour en aviver la flamme... J'avais beau tourner, je n'apercevais rien de vivant. Toute la population se trouvait métamorphosée en pierre, parfaitement incapable d'entendre aucun cri, aucun appel.

Quand je parvins au cœur de la cité, mes pas me portèrent jusqu'à une porte au vantail plaqué d'or rouge, à demi recouvert par une tenture de soie. « Par Dieu! me dis-je, voilà bien un phénomène étrange. N'y aurait-il vraiment personne en ce lieu aussi? »

Je franchis la porte et me retrouvai dans une grande salle, laquelle donnait dans une autre d'aussi vastes dimensions, laquelle encore dans une autre... Je déambulai ainsi un bon moment, allant d'une pièce à l'autre, sans trouver sur mon chemin le moindre être vivant. Le silence qui planait sur ce palais n'était pas loin de me glacer d'épouvante. Je courus me réfugier dans les pièces de ce qui me parut être le harem et que des femmes avaient probablement habitées : je me vis dans une suite d'appartements où le bonheur avait laissé des traces... ce bonheur qui autrefois avait dû établir là sa demeure. Les murs tout autour étaient recouverts de tentures tissées de fils d'or. Au milieu de ce décor luxueux trônait immobile, je m'en aperçus bientôt, une personne qui ne pouvait qu'être l'épouse du roi de céans, la reine elle-même. Elle était vêtue d'une robe sur laquelle étincelaient des perles d'une limpidité admirable, chacune de la taille d'une noisette, et portait sur la tête une couronne entièrement garnie de pierres précieuses. Autour d'elle, le moindre espace était tendu d'étoffes de soie enrichies de filaments d'or.

Dans la partie surélevée du salon, un divan occupait la place d'honneur : il était d'ivoire serti d'étincelantes plaques d'or et orné à ses extrémités de deux grenades, d'une seule émeraude verte chacune. Une moustiquaire le recouvrait de ses plis, fermée en guise de boutons par des perles; au travers de ce voile, une lumière faisait luire doucement la forme d'une aiguière. Je gravis les marches qui donnaient accès à la place et passai la tête par l'ouverture du tissu transparent. Ô Émir des Croyants! ce lieu était occupé par une pierre précieuse aussi grosse qu'un œuf d'autruche! Placée là sur une manière de tabouret, elle rayonnait d'un feu brasillant qui captivait le regard. Sur le divan proprement dit, le matelas ainsi que la couverture étaient de soie. Près des accoudoirs brûlaient deux cierges. Cependant aucun être humain n'était en vue... Saisie de stupeur, je me demandais qui avait bien pu allumer ces cierges, et à l'intention de quel hôte, puisque l'endroit était vide.

Je visitai encore la cuisine, le cellier aux boissons, puis les chambres du trésor royal, avant d'étendre mon exploration aux autres maisons de la ville, que j'inspectai l'une après l'autre sans y trouver âme qui vive, tout cela faisant naître en moi un tel ébahissement que j'en venais à douter de mes propres impressions. La nuit tombante me trouva livrée à cette occupation. Je me hâtai alors vers la porte fortifiée par laquelle j'étais venue, mais ne pus la trouver. Je m'égarai dans le dédale des rues et des bâtiments et passai une heure de la sorte sans pouvoir trouver nulle part d'issue ni de refuge. Il ne me restait plus qu'à rejoindre le divan recouvert de voiles transparents derrière lesquels brûlaient les deux cierges... Parvenue là, je m'étendis sur le matelas et tirai la couverture à moi. Mais c'est en vain que j'essayai de dormir; le sommeil ne venait pas.

On devait être au milieu de la nuit quand un air lointain, doucement psalmodié, parvint à mes oreilles. Je me dressai sur ma couche, charmée par cette musique inattendue. Puis je gagnai l'endroit d'où semblait venir ce chant et parvins ainsi à la porte entrebâillée d'une chambre. A l'intérieur, à ce que je pus en voir, était disposée une rangée de pupitres, tout prêts, eût-on dit, à accompagner la récitation du Qoran, lesquels étaient tournés vers un mihrab [1] entouré des accessoires habituels – lampes allumées suspendues au plafond, deux cierges et un tapis à même le sol. Sur le tapis était installé un jeune homme de belle apparence, occupé à lire des prières dans un manuscrit d'aspect vénérable. Je m'étonnai de le voir en vie alors que tous les habitants de la ville, frappés de malédiction, se trouvaient changés en pierres. Le personnage que j'avais devant

1. Sorte de niche indiquant, dans les mosquées, la direction de la prière.

moi avait l'air en excellente santé, ce que je ne pouvais m'expliquer et qui me parut dès l'abord parfaitement extraordinaire...

Poussant la porte, je pénétrai dans l'oratoire, saluai l'étranger et lui dis :

– Louanges à Dieu qui m'a octroyé la faveur de ta rencontre ! Voici enfin l'occasion de notre délivrance à tous, mes amis les passagers du navire et moi-même ! Ainsi allons-nous pouvoir revenir sains et saufs près de nos familles... Par le prix des paroles sacrées que tu psalmodies, honorable jeune homme, ne refuse pas de répondre à mes questions.

L'adolescent me regarda en souriant et répondit :

– Explique-moi d'abord, ô servante du Dieu Très-Haut, comment tu es arrivée en ces lieux, et je te conterai ensuite par le détail ce qu'il est advenu de ma personne et de tous les habitants de cette ville, que tu as vus frappés de malédiction lors même que je me trouve, moi, indemne de tout péril...

Je le mis au courant de notre histoire, lui relatant comment notre navire avait perdu sa route et avait dérivé pendant vingt jours de temps. Puis je le questionnai à mon tour :

– A toi à présent de me mettre au fait de ce malheur qui a frappé la ville et ses habitants...

– Patiente un peu, sœurette, me répondit-il. Je te raconterai tout...

Il roula le parchemin, le serra à la place qui lui était réservée, sur une étagère élevée, et me fit asseoir à ses côtés.

Je considérai son visage qui brillait comme un beau clair de lune. Que voilà un jeune homme pourvu de toutes les qualités désirables! avais-je enfin lieu de me dire. Oui, c'était bien lui que le poète avait décrit ainsi :

L'astrologue en sa nuit s'est mis à l'affût,
et la taille d'un garçon à la beauté parfaite
a resplendi soudain
sous le brillant clair de lune.

Les peines ont fui comme au lever radieux
du soleil, laissant la lune perplexe.
L'astre du jour devançait-il son heure?
Était-ce pour la chasser déjà?...

Le Dieu Très-Haut l'avait revêtu d'un vêtement de beauté, que le duvet des joues rehaussait encore d'une parure de charme et de perfection. Tel enfin que le chante en ces vers un autre poète...

Le serment qui me lie, je l'ai prêté
par l'ivresse que suscite en moi le battement
de sa paupière, par la courbure de ses hanches,
par les flèches sorcières qu'il me lance.

Oui, je l'ai juré par la douceur de ses flancs,
par ses regards qui blessent tel le sabre effilé,
par la clarté de cette mèche sur son front,
par l'ombre noire de ses cheveux...

Par ces sourcils qui interdisent le sommeil
à mes yeux, qui m'ont assailli et vaincu,
et qui m'ont soumis pour jamais
à ses ordres et à sa loi...

Par ces boucles, arcs dont les flèches,
décochées depuis les tempes,
portent la mort aux amants
sous la forme d'une sentence d'exil...

Par les roses de ses deux joues,
par le myrte-duvet de ses tempes,
par le rouge corail de son sourire,
par les perles qui scintillent entre ses lèvres...

Par le parfum de son haleine,
par l'eau délicieuse que sa salive,
mélangée de miel, a fait couler pour moi,
aussi enivrante que le vin...

Par la délicatesse de son cou,
par le tendre rameau
de sa taille,
piédestal de sa poitrine aimée...

Par la douce consistance
de sa croupe, tour à tour frémissante
et immobile, par le fin dessin
de ses deux hanches...

Par la soie de son toucher,
par la vivacité de ses gestes,
par toutes les beautés cachées
qu'il garde en lui...

Par ses mains généreuses,
par la sincérité de son langage,

par sa naissance illustre
et son pouvoir sans rémission...

Le musc, ne le connaissent
que ceux qui ont humé l'odeur secrète
de mon bien-aimé, parfum exquis
suave entre tous.

De même est le soleil
qui ose briller en son absence;
de même le croissant de lune,
parcelle de son ongle adorable...

Je le regardai, ô Émir des Croyants, et sa vue seule me voua à la mort, car un simple coup d'œil suffit à allumer le tourment de la passion. Sentant que mon cœur s'accrochait à lui, je lui dis :

– Ô maître, ô toi l'aimé de mon cœur, raconte-moi ce qui est arrivé à cette ville où tu habites.

– Sache, ô servante d'Allah, me confia-t-il alors, que cette ville appartenait à mon père... lequel est devenu une pierre noire que tu as peut-être aperçue en visitant ce palais maudit. Quant à la reine, ma mère, tu as dû la découvrir dans le même état en écartant le rideau léger qui commande sa retraite...

» Le roi mon père régnait donc sur cette ville et sur ses habitants, tous de la religion des Mages et adorateurs du feu [1] : oui, délaissant le culte dû au Roi Tout-Puissant, ils se prosternaient devant le feu seul et ne juraient que par lui. Quant à moi, fils d'un père qui toujours

1. C'est-à-dire de confession zoroastrienne.

me considéra comme un don de Dieu, je grandissais entouré de bienfaits qui jamais ne cessèrent tant que dura mon enfance. Quand je fus en âge, une vieille femme que nous avions au palais m'enseigna secrètement le Qoran, n'ayant de cesse de me répéter : « On ne doit adorer que le Dieu Très-Haut! » Je retins cette leçon de sa bouche, ainsi que les autres préceptes de l'islam, le tout à l'insu de ma famille.

» Or voici qu'un jour se fit entendre sur la ville un cri terrible. Une voix disait : « Ô gens de ce pays, délaissez le culte du feu! Adorez Dieu seul, le Maître de Miséricorde! » Personne n'écouta cet avertissement. A deux autres reprises, dans les deux années qui suivirent, la même voix leur lança la même objurgation, en vain. Trois années s'étant ainsi écoulées, la ville prit soudain l'aspect que tu lui vois aujourd'hui. Moi seul échappai au malheur; et depuis lors, je passe le plus clair de mon temps assis à l'endroit où tu me vois, uniquement occupé à adorer le Dieu Très-Haut. Je dois pourtant avouer que ma patience, minée par la solitude, a atteint son extrême limite, car comme tu as pu voir, je n'ai personne auprès de moi qui puisse me tenir agréablement compagnie.

Je répondis à ce discours, sachant déjà mon cœur prisonnier, que mon âme acceptait la tyrannie de son pouvoir absolu :

– Lève-toi et accompagne-moi donc jusqu'en la ville de Baghdad, où celle qui se tient maintenant devant toi comme ta servante est connue pour être une personne honorable parmi les siens, donnant ses ordres à quantité de domestiques et d'esclaves. Sache en effet que je possède quelques biens et un fonds de commerce que j'ai partiellement investi dans la cargaison d'un navire, lequel se trouve présentement ancré aux portes de la ville. Nous nous sommes égarés sur l'océan et Dieu nous a conduits vers toi, m'offrant par là-même la faveur de faire, en ta personne, la connaissance d'un jeune homme dans la fleur de l'âge...

Sache, ô Émir des Croyants, que je ne cessai de lui tenir ce langage jusqu'à ce qu'il eût accepté ma proposition. Finalement, il voulut bien me dire « oui », et je passai la nuit couchée à ses pieds, croyant à peine à mon bonheur.

Lorsque le jour fut levé, nous chargeâmes nos épaules des riches étoffes de soie qui faisaient l'ornement du palais de son père, objets de grande valeur eu égard à leur faible poids. Puis, traversant la ville en sa compagnie, je gagnai les fortifications et fus bientôt rendue à nouveau sur le rivage. Là je retrouvai mes sœurs auprès du capitaine et de mes serviteurs qui m'avaient vainement cherchée. Grande fut la joie qu'ils manifestèrent en me voyant. Je leur racontai l'histoire du jeune homme prisonnier de cette ville maudite, ce dont ils s'émerveillèrent beaucoup. Quant à mes sœurs – qui devaient par la suite se trouver transformées en ces deux chiennes que tu as vues, ô Émir des Croyants –, dès l'instant où elles aperçurent l'adolescent et comprirent qu'il m'appartenait, elles manifestèrent tous les signes de la plus aigre jalousie, bien résolues désormais à me nuire.

Nous embarquâmes sans tarder, fort satisfaits des marchandises de prix que nous ramenions avec nous. J'étais pour ma part la plus heureuse de tous, comblée par la présence du jeune homme à mes côtés. A peine étions-nous installés à bord qu'un bon vent se mit à souffler, favorisant notre allure et nous permettant de reprendre commodément notre route. Comme nous étions occupées à évoquer nos aventures, mes sœurs me dirent :

– Qu'entends-tu faire de ce jeune homme que tu as ramené avec toi ?

– Je compte le prendre pour mari, leur répondis-je sans hésiter.

Sur quoi je m'empressai de rejoindre mon compagnon à qui je fis cette déclaration :

– Maître, j'aimerais que tu ne t'opposes point à mes projets. J'ai l'intention, lorsque nous parviendrons à Baghdad, notre ville, de me mettre à ta disposition et de te servir. Oui, je serai ta servante : tu seras mon époux et je serai ta femme...

– J'accepte de grand cœur ! s'écria aussitôt l'adolescent. Tu es à mes yeux la reine des femmes. Sache que je serai toujours d'accord avec ce que tu arrêteras.

Je retournai auprès de mes sœurs et leur déclarai :

– J'ai décidé, comme unique butin de cette expédition, de me contenter de ce garçon que vous voyez là... Tout le reste, toutes les marchandises que renferment les cales de ce navire, tout vous appartient : ce sera votre bénéfice. Sachez en effet que de cet instant, l'adolescent qui voyage à mes côtés est ma propriété comme je suis désormais la sienne...

Je savais pourtant que leur jalousie, quoique tenue secrète, ne désarmait pas. Il n'y avait qu'à observer leurs visages, qui venaient de changer de couleur : le sentiment qu'on y pouvait lire était bien d'envie.

Les vents cependant continuaient de nous être favorables et nous ne tardâmes pas à rejoindre le golfe de la Paix [1], que nous longeâmes jusqu'à arriver en vue du port d'al-Basra. Nous avions encore à passer une dernière nuit à bord. Ce que mes sœurs surent mettre à profit : dès qu'elles me virent plongée dans le sommeil, profondément endormie, elles me soulevèrent avec le matelas sur lequel j'étais étendue et me jetèrent à l'eau, et firent subir le même sort à mon compagnon, lequel se noya.

Ah! comme j'aurais aimé périr avec lui! Si j'en réchappai, ce fut par hasard : ma tête, au fond de l'eau, heurta une roche, ce qui me réveilla à l'instant et me permit d'éviter le pire. Quand j'eus recouvré l'usage de mes sens, je me vis au milieu des flots. Je compris aussitôt que mes sœurs m'avaient trahie, et remerciai Dieu de m'avoir donné la vie sauve. Loin déjà, le navire filait vers l'horizon, rapide comme l'éclair. Jetant un regard à la ronde, j'avisai quelques rochers non loin de là – leur présence m'avait déjà sauvé la vie. Je réussis à y prendre pied et attendis là jusqu'à l'aube. La lueur du jour me fit bientôt apercevoir le rivage : je me trouvais juste en face d'une langue de terre qui avançait au milieu de l'eau, prolongée à son extrémité par le tronc d'un arbre mort [2]. Je parvins à m'y agripper et me retrouvai ainsi sur la terre ferme. Je me débarrassai promptement de mes vêtements que je mis à sécher au soleil après les avoir essorés avec soin. Dès qu'ils furent secs, je me mis en route, après m'être

1. Le golfe Persique.

2. Le port d'al-Basra, déjà à cette époque, éloigné de la mer par l'ensablement du delta, était un port fluvial. La naufragée se trouve donc vraisemblablement sur l'un des bras du fleuve.

rassasiée de quelques dattes qui poussaient là et m'être désaltérée d'un peu d'eau.

Quand je constatai qu'il devait me rester quelque deux heures de marche encore avant d'atteindre la ville, je m'assis pour prendre un peu de repos. Presque aussitôt un énorme serpent, dont le corps devait bien avoir la grosseur d'un tronc de palmier, avança dans ma direction. Il broutait l'herbe à droite et à gauche et sa langue, qui caressait le sol, avait un bon empan de long. Sur son passage, le sol restait marqué d'un profond sillon. Mais voilà déjà qu'à ma surprise, un autre serpent fondait sur lui et le mordait cruellement à la queue. Le nouvel arrivant, mince comme une lance mais deux fois plus long, semblait résolu à mener bataille : l'autre cependant ne songeait qu'à s'échapper et remuait désespérément en tous sens, tandis que des larmes coulaient de ses yeux.

Prenant en pitié la victime, ô Émir des Croyants, je ramassai une grosse pierre à mes pieds et, implorant dans le même temps le secours de Dieu, j'en écrasai l'assaillant qui s'en trouva tué net. L'autre, à ce moment, ouvrit grand deux ailes et s'envola dans les airs, si haut qu'il disparut bientôt à mes regards.

Je m'étendis un instant pour me remettre de mes émotions, mais la fatigue, après m'avoir fait somnoler, eut raison de moi et je m'endormis. Lorsque je m'éveillai, je trouvai une esclave noire installée à mes côtés, occupée à me masser les pieds. Je me dressai sur mon séant et fus debout l'instant d'après.

– Ô ma sœur, qui es-tu? m'étonnai-je.

– Comme tu oublies vite! me répondit-elle. Je suis celle à qui tu as rendu service, celle à qui tu as accordé un bienfait qui mérite reconnaissance. Oui, je suis ce serpent que tu as vu tout à l'heure en ce lieu. Avec le secours du Dieu Très-Haut, tu m'as sauvée de la mort en tuant mon ennemi. Je ne suis revenue ici que pour t'offrir la récompense que tu mérites : sache en effet que j'ai rejoint ton navire et que j'ai donné ordre à mes serviteurs de le couler. Mais rassure-toi, toutes les marchandises qui se trouvaient à bord sont déjà chez toi en lieu sûr.

» Apprends aussi que je n'ignore rien de la conduite de tes sœurs à ton endroit. Tu n'as cessé de leur faire du bien au long des jours, et, jalouses de ce jeune homme que tu t'étais trouvé, elles n'ont pas hésité à vous jeter tous deux à la mer. Ton compagnon y a trouvé la mort. Quant à elles... Vois ces deux chiennes au pelage noir : ce sont elles... ce sont tes sœurs.

» Maintenant, écoute-moi bien. Je jure, par Celui qui a créé les cieux, de t'enfermer pour le restant de tes jours au fond d'un cachot souterrain si tu as le malheur de contrevenir aux ordres que je m'en vais te donner...

A ces mots, comme prise d'un frisson, elle devint semblable à un grand oiseau et, nous logeant sur ses ailes mes deux sœurs et moi, elle s'envola dans les airs et nous déposa presque aussitôt chez nous, oui, dans ma propre demeure. Au premier coup d'œil, je constatai que toutes les marchandises du navire se trouvaient bien là – ce qui ne pouvait avoir été fait que par l'entremise de cette créature.

– Je jure, dit-elle alors, par Celui qui a laissé les deux mers en liberté, séparées l'une de l'autre [1] – et

1. Allusion au verset 61 de la Sourate XXVII du Qoran : « Qui a établi des montagnes et dressé une barrière entre les deux mers ? »

c'est le second serment que je fais –, je jure donc que je te transformerai en chienne comme j'ai fait de tes sœurs si tu ne m'obéis!... Voilà ce que je veux : que tu leur infliges chaque nuit trois cents coups de fouet pour les punir de ce qu'elles ont fait.

Je me rendis à ses ordres, sur quoi elle prit congé.

Et voilà : depuis le jour où ce serment a été prononcé, chaque nuit, je corrige ces deux chiennes jusqu'à ce que leur sang coule sur le sol. Mon affliction pourtant est grande, à agir ainsi, car ce n'est pas moi qui ai choisi ce châtiment qu'il leur faut subir. Telle est la raison qui m'oblige à verser tant de larmes après les avoir châtiées. Elles savent que je ne suis pas responsable de cette conduite cruelle et agréent mes excuses.

Voilà mon histoire, ô Émir des Croyants, et le secret de mon comportement étrange.

Ce qu'ayant ouï, et parvenu ainsi au fin mot de l'énigme, le khalife s'émerveilla grandement. En suite de quoi il ordonna à Dja'far d'inviter la seconde jeune fille à expliquer la raison des traces de coups qui lui couvraient la poitrine et les flancs.

Celle-ci prit donc la parole :

– Écoute mon histoire, ô Émir des Croyants...

RÉCIT DE LA DEUXIÈME DAME

A sa mort, mon père m'avait laissé de grandes richesses. J'épousai l'homme le plus riche de Baghdad et, pendant un an, je menai à ses côtés la vie la plus douce qui se puisse imaginer. Mais au bout de ce temps, il mourut, me léguant à son tour la part de ses biens qui me revenait, et se montant à la valeur de quatre-vingt-dix mille pièces d'or. Commença alors pour moi une existence heureuse : je commandai des toilettes somptueuses, toutes rehaussées de broderies d'or. Ces dépenses ne m'empêchaient pas de voir croître ma fortune. Et comme ma renommée se répandait partout, je commandai une collection de dix robes, de mille pièces d'or chacune [1].

Or, un jour que je me tenais dans ma maison, on introduisit une vieille femme. Et quelle vieille femme, vous auriez vu cela ! Un visage ébouillanté, des sourcils tirés, des yeux pétrifiés, des dents cassées, une peau tavelée d'éphélides, des paupières chassieuses, une tête aux cheveux rares et d'une blancheur douteuse, un corps galeux, une taille affaissée, un teint délavé, une lèvre supérieure toujours humide, enfin telle que le poète l'a décrite lorsqu'il a composé ces vers :

> *Voyez briller sur sa face opulente*
> *la pléiade des sept horreurs : une seule*
> *pourtant, et déjà elle eût représenté*
> *l'abomination de la désolation.*
>
> *Une figure ridée où coule en pléthore*
> *l'humeur jaunâtre, une gorge où siège*
> *la constipation chronique, des cheveux*
> *atteints d'un arrêt de croissance...*

1. Ms A, t. I, fol. 70 à t. II, fol. 4, Nuits 67 à 69 *a;* Ms B, fol. 42, Nuits 59 *a* à 65; Ms C, t. I, fol. 96, Nuits 67 à 69; éd. Boulaq, Nuits 17 *b* à 18 *a*. Dans la traduction de Galland, ce récit correspond aux Nuits 66 à 69; dans celle de Mardrus, à la Nuit 17.

La vieille me salua, baisa la terre devant moi et dit :
– Ô dame, laisse-moi t'apprendre que ma fille, qui n'a plus son père, va célébrer ses noces cette nuit, et se prépare aux cadeaux d'épousailles. Nous sommes étrangères en cette ville et n'y connaissons personne. Aussi est-ce le cœur brisé de solitude que nous venons te présenter cette requête, mais le service que tu nous rendras te fera gagner du mérite devant Dieu : si tu pouvais venir à cette fête, les autres dames de la ville y viendraient aussi, sachant qu'elles t'y verraient. Alors, le cœur humilié de ma fille connaîtrait le réconfort, sans compter l'honneur que nous ferait ta visite.

Ensuite, la vieille se mit à réciter ces vers :

Vous avoir avec nous serait un grand honneur;
croyez-le, c'est sincère; mais si vous refusez
de nous visiter, rien ne pourra nous consoler,
non, rien ne pourra remplacer cette grâce.

Puis elle pleura et me supplia humblement d'accéder à sa demande. Mon cœur en fut attendri; je lui répondis que j'acceptais volontiers son invitation, et j'ajoutai :
– Oui, je le ferai afin de plaire au Dieu Très-Haut. Je ne choisirai pour cadeau d'épousailles que des bijoux de grand prix, que je prendrai sur les miens, bracelets d'or ou d'argent et pièces serties d'émail.

Ma réponse la ravit, et elle se jeta à mes pieds pour les embrasser.

– Que Dieu te récompense et te couvre de Ses bienfaits, s'écria-t-elle. Qu'Il console ton cœur comme tu as consolé le mien. Mais, ô dame mienne, ne te dérange pas tout de suite pour nous rendre service; il suffit que tu te tiennes prête à l'heure du dîner, et je passerai alors te prendre moi-même.

Quand elle m'eut quittée, je me mis à préparer les cadeaux que j'avais l'intention d'offrir à la mariée : perles serties en broche, pièces d'émail de couleurs variées, différents bijoux et parures. J'étais loin alors de me figurer ce qui m'attendait et qu'on avait, à mon insu, préparé pour moi.

A la tombée de la nuit, je vis arriver la vieille, rayonnante de contentement, incapable de contenir sa joie. Elle me baisa les mains et me dit :

– Apprends, ô dame, que la fine fleur des femmes les plus huppées de la ville est chez nous. Tout ce monde t'attend et guette ton arrivée.

Je me préparai aussitôt, et ceignis ma tunique de dessus. La vieille me montrait le chemin, et je la suivais avec mes servantes qui me faisaient une escorte, quelques pas en arrière. Au bout d'un moment de marche, nous fûmes devant une maison, située dans une belle rue, balayée et arrosée de frais. Sur la porte, une tenture noire [1] retombait jusqu'à terre en plis majestueux. Au-dessus, brillait une lanterne pourvue d'une tête en or ciselé. Au vantail, étaient gravées ces strophes :

Visiteur, c'est ici la maison de la joie :
ses murs apportent à celui qui ici réside
le calme et la sérénité, et ici il oublie
tous ses soucis, qu'il laisse à la porte.

1. Le noir était la couleur officielle de la maison des khalifes abbassides.

L'eau qui retombe en jet dans le bassin,
jour et nuit murmure et charme les oreilles;
entendez sa musique douce à l'âme,
qu'elle débarrasse de tous ses chagrins.

Ici, poussent quatre variétés de fleurs
et chacune embaume d'un parfum agréable,
mais quel bouquet subtil exhalent ensemble
myrte, rose, giroflée et chrysanthème matricaire!

La vieille heurta à la porte, qui s'ouvrit aussitôt, et l'on nous fit entrer. Les murs étaient tapissés de tentures de soie et des cierges brûlaient, disposés en deux rangées à gauche et deux autres à droite du visiteur; il était ainsi honoré d'une double haie de lumière allant de la porte d'entrée à la place d'honneur du salon : un divan en genévrier marqueté de pierres précieuses que recouvrait une tenture de satin à franges.

A peine arrivée au divan, je vis en descendre une jeune fille magnifique. Ô Émir des Croyants, on eût dit un éclat de l'astre nocturne brisé, avec un front aussi brillant que la lune en son plein ou qu'un rayon du soleil à l'aube. Telle enfin que l'a décrite le poète qui lui a consacré ces vers :

Nous avons vu, escortées d'une belle troupe,
arriver des jouvencelles dignes de Chosroès,
et elles montaient de magnifiques montures
aussi nobles qu'elles, de la plus pure race.

A leurs joues brillent des jardins de roses,
car elles ne sont que fleurs éclatantes,

ces pommettes couleur sang-de-dragon.
Ô la saveur exquise de ces joues!

Ces pucelles ont la taille la plus svelte,
et quand elles ferment à demi les yeux,
vous les diriez alanguies; alors elles offrent
à l'œil ravi tous les traits de la perfection.

Sous les boucles surmontant leur frange,
s'étend le front : il semble que l'on voie,
barrée par une ligne ténébreuse de soucis,
briller une éclatante aurore de joies.

L'adolescente m'accueillit en ces termes :

– Bienvenue en ces lieux à notre sœur chérie et respectée. Qu'elle se considère chez elle dans cette demeure.

Puis elle récita ces vers :

Si ces murs savaient qui daigne les visiter,
ils l'accueilleraient transportés d'émotion,
comme un qui baise la trace des pas de l'hôte,
et déborderaient de joie à la bonne nouvelle.

A leur manière ils chanteraient, exultants,
ce chant que l'on chante à qui vous honore :
Que soient les bienvenues ces personnes
parées de bienveillance et de générosité!

Elle s'approcha ensuite de moi, ô Émir des Croyants, et ajouta :

– Ô dame mienne, j'ai un frère qui me surpasse

encore en beauté. Il t'a vue alors que tu assistais à des fêtes et à des réjouissances publiques. Les qualités de grâce et de splendeur dont le destin t'a pourvue avec la plus grande libéralité, il les a contemplées avec émotion. Comme il sait que tu occupes à juste titre le rang de dame dans ta société, lui, qui jouit de la même considération dans la sienne, a désiré que fût tramée une ruse bien conduite pour obtenir ton agrément à son projet d'être ton époux et de t'avoir pour femme.

Je lui répondis :

– Oreille attentive et bon vouloir ! J'acquiesce à ce projet.

A peine avais-je proféré ce « oui » qui donnait mon accord à leur plan, ô Émir des Croyants, que la jeune fille frappa ses mains l'une contre l'autre et qu'à ce signe une armoire s'ouvrit. Un jeune homme s'en échappa, un adolescent à la jeunesse parfaite, et luxueusement vêtu. Sa taille était convenable, son corps avait d'harmonieuses proportions, bref, il était d'une beauté accomplie, offrant tout ce qu'on peut souhaiter en ce domaine. Paré d'une agréable coquetterie, il avait des sourcils arqués, prêts à lancer leurs flèches, et des yeux capables de capturer les cœurs à l'aide de procédés de magie blanche. En somme, il était tel que l'a vu le poète :

Le croissant de la nouvelle lune,
voilà à quoi ressemble son visage.
Sur lui, ainsi que des perles,
brillent les signes du bonheur.

Il me suffit de porter le regard sur lui pour l'aimer. Il s'assit à mes côtés et nous bavardâmes ensemble une heure de temps.

C'est alors que, de nouveau, la jeune fille frappa ses mains l'une contre l'autre et qu'à ce signe une autre armoire s'ouvrit, d'où surgirent cette fois un juge et quatre témoins. Ils s'installèrent pour rédiger le contrat de mariage. Le futur fit inscrire cette clause que je ne devais jamais porter les yeux sur une autre personne que lui. Je donnai mon accord, mais lui ne consentit à me croire qu'après m'avoir fait prêter le serment le plus solennel que je tiendrais mon engagement. Je me réjouis de l'heureuse conclusion de l'affaire, et je ne voyais pas arriver la nuit, tant j'avais hâte de me retirer seule en sa compagnie.

Je dormis à ses côtés et passai la nuit la plus agréable de ma vie, toute remplie d'assauts qu'entrecoupaient des trêves paisibles. Il me traita avec bonté et nous nous aimâmes durant un mois complet, qui s'écoula pour moi en m'apportant le bonheur le plus serein dont on pût rêver.

Un jour, je voulus acheter un coupon d'étoffe de soie et demandai à mon mari la permission de sortir. L'autorisation obtenue, je gagnai le marché aux étoffes, accompagnée par la vieille et suivie d'un eunuque. J'entrai dans la halle aux soieries. La vieille me signala :

– Ô maîtresse, il y a là un marchand fort bien fourni en toutes sortes de tissus. C'est lui-même un jeune élégant, et tu trouveras chez lui tout ce que ta fantaisie souhaitera demander, beaucoup plus facilement que chez n'importe quel commerçant. Prenons la décision d'aller le voir, tu ne le regretteras pas.

Nous nous rendîmes donc à cette boutique qu'elle m'indiquait, et j'y vis un jeune homme élancé, aux formes graciles, beau à voir et qui rappelait ces vers du poète :

Son corps est tout minceur et sveltesse :
sous une riche chevelure qui rehausse sa grâce,
il fait des ravages dans les cœurs des hommes,
alternant dans son assaut lumière et ténèbres.

Et ce grain de beauté qui orne sa joue,
le charme peut-il vous en échapper ? Voyez :
l'anémone n'a-t-elle pas toujours une tache,
une tache noire sur sa corolle rouge vif ?

Je demandai à la vieille de le prier de nous montrer une soierie de fabrication soignée.

– Prie-le toi-même, me répondit-elle.

– Ne sais-tu pas, répliquai-je, que j'ai fait à mon mari le serment de ne jamais parler à un homme ?

Elle se résolut donc à faire la demande elle-même :

– Montre-nous des coupons d'étoffe, commanda-t-elle.

Il nous présenta sa marchandise, qui nous plut beaucoup. Je me décidai pour un tissu précis, dont je voulais un morceau. Je passai encore par la vieille pour en savoir le prix. Elle obéit, mais le jeune commerçant répondit :

– Pour prix de ce coupon, je ne demande ni pièces d'argent ni pièces d'or, mais seulement le droit de déposer un baiser sur le point culminant de sa joue.

– Dieu me garde de donner mon accord à cette demande! me récriai-je.

Mais la vieille me fit remarquer :

– Ô dame mienne, qu'y a-t-il de mal? Tu ne lui adresseras pas la parole et il ne t'adressera pas la parole, il ne fera que ce qu'il a dit. Tu peux obéir!

J'approchai mon visage. Alors l'adolescent mordit dans la chair de ma joue, dont il arracha un morceau. Je tombai aussitôt évanouie, et perdis conscience une bonne heure. En revenant à moi, je vis le marchand sur le seuil de sa boutique; il ne tarda pas à s'éloigner, tandis que le sang continuait de couler de ma blessure, au grand désespoir de la vieille qui brûlait de colère et manifestait en même temps un gros chagrin.

Pleine de compassion, elle me conseilla :

– Ô dame mienne, dis-toi que le danger que Dieu a écarté de ta route était encore plus grand. Allons, courage, debout, et songeons aux moyens auxquels il te faudra recourir pour éviter l'opprobre. A peine rentrée, tu n'as qu'à montrer ta hâte de regagner ta chambre et, là, tu tomberas sur ton lit, comme recrue de faiblesse. Je fermerai sur toi les rideaux et t'apporterai les poudres médicinales et l'onguent que nous placerons sur ta joue. En trois jours, il n'y paraîtra plus.

Nous nous levâmes et, à petits pas, nous rentrâmes. Sitôt chez moi, je ne pus en effet que tomber à terre, en proie à une douleur de plus en plus vive. On m'apporta une potion calmante, que je bus en me cachant derrière les tentures.

A l'entrée de la nuit, mon mari me rejoignit dans ma chambre et me demanda :

– Que t'est-il arrivé, ô femme chérie?

Je lui répondis que j'avais la migraine. Il alluma une bougie, s'approcha de moi, vit mon visage avec la plaie sur ma joue et s'écria :

– D'où vient cela ?

Je lui servis cette histoire :

– Je me dirigeais vers le marché aux étoffes pour acheter un coupon, quand soudain un portefaix m'a bousculée. La rue était étroite, et il transportait des fagots de bois mort. Le bout d'une branche m'a égratignée, à travers mon voile qui, sous le choc, s'est déchiré. Voilà pourquoi j'ai cette blessure à la joue, comme tu vois.

– Demain, conclut mon jeune mari, j'irai demander au gouverneur de faire pendre les portefaix de la ville jusqu'au dernier.

– Ô maître, protestai-je, le cas n'est pas pendable, et encore moins pour une catégorie entière de gens. C'est nous qui aurions leur sang sur la conscience et moi davantage, qui serai la cause du châtiment prématuré de leur péché.

– Dis-moi alors les circonstances exactes dans lesquelles cette blessure t'a été faite.

– Eh bien, c'est un ânier qui m'a fait monter sur sa bête et qui l'a tout à coup fait passer à une allure un peu rapide pour moi. L'âne a trébuché, me faisant tomber la tête en avant, juste sur un tesson de bouteille qui par le plus grand des hasards se trouvait là par terre et du coup m'a blessée à la joue.

– Par Dieu ! répliqua mon mari, je ne permettrai pas que le soleil se lève sans que notre vizir Dja'far le Barmécide ait fait pendre tous les muletiers de la ville, ainsi que tous les balayeurs des rues.

– Attends, maître, par Dieu! l'affaire s'est passée de la manière que je vais te dire... Ne fais pas pendre des gens pour n'importe quelle raison futile.

– Dis-moi alors d'où vient cette blessure sur ta joue.

– C'est l'effet d'un décret rendu par Dieu, d'un arrêt du destin. Je suis tombée dans le piège qui m'était tendu...

Je continuai en bredouillant des paroles inintelligibles. Il insista pour connaître le fin mot de l'aventure. Je m'y refusai et lui répondis en termes violents.

Alors, il cria un ordre, ô Émir des Croyants. Aussitôt une armoire s'ouvrit, d'où sortirent trois esclaves noirs. Sur un signe de mon époux, ils m'arrachèrent de mon lit et me traînèrent jusqu'au milieu de la grande salle, après m'avoir lié les bras derrière le dos. Ensuite, ils durent, toujours comme il le leur commandait, l'un se mettre à ma tête, l'autre me tenir les genoux, le troisième dégainer un sabre.

– Ô Sa'd, cria mon mari, tranche en deux cette femme d'un seul coup de ton sabre. Vous deux, vous prendrez chacun la moitié de son corps et vous le jetterez en pâture aux poissons du Tigre. Tel est le châtiment de celui qui trahit la foi donnée.

Ces mots réactivèrent sa colère et il déclama ces vers :

Que se présente un tiers avec qui je partage
les faveurs d'une maîtresse, alors je refuse
que la passion d'amour ait empire sur mon âme,
même si je dois mourir de ma soif d'aimer.

Je dirai à mon âme : meurs en toute dignité,
car, crois-moi, il ne peut provenir aucun bien
d'un amour partagé et tu n'as rien à espérer
de qui s'attache à un autre en même temps.

Puis il ordonna à l'esclave noir qui portait le fer de m'en frapper. Une fois sûr que la décision de son maître était irrévocable, il me demanda, un genou déjà sur moi :

– Ô dame mienne, voici ta dernière heure arrivée. As-tu un dernier vœu à exprimer?

– Laissez-moi, demandai-je, un peu de liberté de mouvement, car j'ai quelques mots à dire à mon époux.

Je redressai la tête et me mis à méditer brièvement sur l'état dans lequel je me trouvais désormais : la chute avait fait suite à la grandeur, et voilà que ma vie était sur le point de recevoir cet avilissant point final; je fus alors la proie d'un immense chagrin : les sanglots m'étouffèrent et je versai des torrents de larmes.

Mais mon époux ne se laissa pas attendrir. Le regard plein de colère, il lança encore ces vers :

Si ton partenaire t'annonce que fastidieuse
était votre étreinte, te traite avec dureté,
et choisit un autre compagnon pour amant,
afin de pouvoir assouvir sa passion d'amour,

annonce-lui en retour que de lui tu étais las,
toi de lui, avant qu'il ne le fût de toi
et que tu te contenteras bien du souvenir
des instants qu'ensemble vous avez passés.

Ce langage, ô Émir des Croyants, fit redoubler mes larmes, et je lançai ces vers en retour, sans le quitter des yeux :

Qui m'a établi dans la demeure de ma passion,
pour rester au seuil et me voir m'y débattre?
Qui m'a condamné à veiller, paupière meurtrie,
et puis s'est endormi indifférent, serein?

Qui m'a jeté aux rets de l'insomnie, un jour,
en me disant : « A présent, fais à ta guise? »
Mon cœur est blessé, mes pleurs intarissables,
car je ne veux pas dévoiler mon secret.

Qui m'avait promis d'être constant en amour
au moment d'établir son empire sur mon cœur,
et lorsque ce prince se mua en un tyran cruel,
qui alors a choisi les voies de la trahison?

Mon amour est né quand j'étais encore enfant,
naïf, et en feu, de la passion inexpert;
est-ce maintenant que je sais, d'expérience,
est-ce maintenant qu'ils vont me tuer?

Je m'interrompis, la voix étranglée, puis repris :

Tu m'as fait porter le faix de la passion,
moi qui ne pouvais qu'à grand-peine supporter
sur ma peau écorchée le poids de ma tunique
et qui aurais voulu m'arracher tout vêtement.

Si je meurs à présent, cela n'est pas merveille
et je le savais; mais je n'arrive pas à croire
que mon corps, après notre rencontre, ait pu
garder l'enthousiaste faculté de connaître.

Entendant cela, il me brutalisa, en paroles autant qu'en gestes. Puis, me regardant en face, il me jeta à la face :

C'est toi, infidèle, qui te détournant de moi,
es allée te livrer à l'affection d'un autre;
toi la cruelle qui as choisi de m'abandonner;
pourtant, rien de nous ne le laissait penser.

Je pars, je te fuis, c'est moi qui le décide,
puisque haïssable te fut toujours ma présence;
crois-moi, ton absence ne brisera pas ma vie :
tu m'as donné l'exemple, et je veux t'imiter.

Et puis, bientôt mon cœur sera pris ailleurs
et bientôt un autre objet occupera mes soins :
ainsi, c'en sera fini de notre amour passé,
mais c'est toi et nul autre qui l'auras voulu.

Il répéta à l'esclave :

– Allons, coupe-la par le milieu du corps, car nous voulons être débarrassé du souci qu'elle nous cause. Qui donc désormais peut s'intéresser à sa vie?

Mais pendant notre joute poétique, ô Émir des Croyants, et tandis que la mort me paraissait inéluctable, voilà que, au moment même où tout espoir de conserver ma vie m'avait désertée, la vieille était entrée tout soudain dans la pièce. Elle alla se jeter aux pieds de mon époux, versa des flots de larmes et le supplia :

– Ô fils, je t'en conjure, au nom des soins que je t'ai donnés quand tu étais enfant, au nom de ces mamelles que j'ai dénudées pour t'allaiter, au nom de toute cette vie que j'ai vouée avec zèle à ton service, oublie, par égard pour moi, sa faute. Tu es encore jeune, ne te rends pas responsable de sa mort. La sagesse dit bien : Celui qui tue sera tué. Quelle importance qu'un fétu, qu'un ciron comme cette femme reste ou non en vie sur cette terre? Tourne-lui le dos avec indifférence, et débarrasse ton cœur de cette préoccupation.

Elle continua de pleurer et de se lamenter jusqu'à ce qu'il daignât enfin m'épargner. Cependant, il ajouta :

– Au moins, je la dois marquer d'un stigmate dont elle restera flétrie jusqu'à la fin de ses jours.

Il donna alors ses ordres : les esclaves durent me déshabiller et m'étendre sur le sol, après quoi ils me tinrent si étroitement que je ne pouvais bouger. Lui-même alla chercher une baguette en bois de cognassier, dont il me fustigea si violemment les flancs que je ne tardai pas à perdre connaissance, et désespérai de pouvoir survivre à ce supplice. Puis il me fit prendre et transporter par les esclaves noirs, à la tombée de la nuit, dans ma propre maison, sous la conduite de la vieille.

Ces directives furent ponctuellement exécutées. Je fus jetée sur le sol, abandonnée seule dans ma demeure, sans connaissance jusqu'au lendemain matin. A ce moment-là, je pus me lever et songer à traiter les plaies de mon corps, en leur appliquant les poudres et les onguents qu'il fallait. Les coups avaient boursouflé ma chair, lacéré ma peau et rendu mes flancs semblables à ceux des malfaiteurs qui ont subi le châtiment du fouet. Je restai quatre mois ainsi, sans forces, dans un état d'extrême débilité.

Complètement guérie au bout de ce temps, et mes sens m'étant enfin revenus, je m'en allai voir la maison que j'avais habitée avec mon époux. Je la trouvai délabrée et pour ainsi dire en ruine. La rue qui la bordait disparaissait d'un bout à l'autre sous les décombres. Quant aux appartements, envolés, ou du moins il était impossible d'en reconnaître la trace. J'allai, avec ce mystère, trouver ma sœur, ou plutôt ma demi-sœur, car nous n'avons que le même père, cette femme qui garde auprès d'elle ces deux chiennes noires que tu vois là. L'ayant saluée, je lui racontai mon histoire :

– Ô ma sœur, me dit-elle, qui donc peut se vanter d'avoir subi sans dommages les revers de la vie et les misères de l'existence?

Puis elle me consola par ces mots :

Veux-tu savoir le lot qu'apporte le destin :
des malheurs, encore des malheurs! Patience!
Car un jour, c'est la perte de la fortune,
un autre la séparation d'avec le Bien-Aimé...

Elle me raconta ensuite ses aventures avec ses sœurs, les tourments que celles-ci lui avaient infligés, et la métamorphose qu'elles avaient dû subir à titre de punition. J'en vins ainsi à me joindre à leur groupe et à partager leur vie, chacune veillant dans sa conversation à ne faire aucune allusion à quelque homme que ce soit. Puis vint nous rejoindre cette autre adolescente qui s'occupe de l'approvisionnement de la maison. C'est elle qui se charge des courses, car il fallait bien quelqu'un qui prît en main les questions d'intendance.

Ah! comme j'aurais souhaité que cette vie s'écoulât longtemps sur le même mode tranquille, et que jamais n'advînt aucune nuit semblable à la dernière! La jeune fille était sortie, comme d'habitude, faire les achats de la maison et, en revenant du marché, elle avait ramené avec elle un portefaix, qu'elle nous invita à garder avec nous pour le prendre comme souffre-douleur et cible de nos moqueries. Le premier quart de la nuit ne s'était pas écoulé que nous nous trouvions en compagnie de cet homme-là et des trois derviches de l'ordre des qalandars. La conversation continua. Le tiers de la nuit ne s'était pas écoulé que nous nous trouvions en compagnie de trois marchands supplémentaires, pleins d'égards pour nos personnes, qui se disaient originaires de Mossoul...

Ils nous racontèrent leur histoire et nous devisâmes familièrement avec eux. Cependant, nous leur avions posé des conditions avant de les admettre chez nous, conditions qu'ils avaient promis d'observer. Mais ils manquèrent à leur promesse, et nous les traitâmes en conséquence. Puis, sur notre demande, ils nous contèrent par le menu tout ce qui leur était arrivé; il ne leur en fallut pas davantage pour obtenir notre pardon. A peine nous avaient-ils quittées que nous fûmes convoquées devant toi, ô Émir des Croyants. Telle est notre histoire, et tel le récit de nos aventures...

Tout ayant été dit, le khalife ne laissa pas d'être émerveillé de leur histoire et du récit de leurs aventures. A la première jeune fille, il dit :

– Dis-moi quelque chose de plus sur ce djinn-serpent femelle qui a jeté un sort à tes deux sœurs et les a transformées en chiennes. Sais-tu où elle habite? dans quelle région? A-t-elle fixé avec toi le moment où elle peut te retrouver?

– Ô Émir des Croyants, répondit la dame, elle m'a remis une touffe de cheveux en me disant comment il fallait en user : « Dès que tu voudras m'appeler, m'a-t-elle prévenue, tu en brûleras deux, et je me rendrai auprès de toi, même si tu es derrière le mont Qâf. »

– Où sont ces cheveux? demanda le khalife.

Elle les lui présenta. Le khalife prit la touffe entière et la brûla, ce qui eut aussitôt pour effet de faire trembler le palais sur ses fondations et apparaître le djinn-serpent, lequel tint ce discours :

– Que le salut soit sur toi, ô Émir des Croyants. Sache que cette femme que tu vois ici m'a rendu un service si important que je ne pourrai jamais la récompenser autant qu'elle le mérite : elle m'a sauvée de la mort en tuant mon ennemi. Je savais la conduite de ses sœurs envers elle, et j'avais décidé de la venger, pour m'acquitter de la dette de reconnaissance que j'avais contractée auprès d'elle. Je commençai par penser qu'il fallait tuer ses sœurs, mais je changeai d'avis, car cela aurait certainement peiné ma bienfaitrice, alors je me contentai de les changer en chiennes, par un sort que je leur jetai. Mais maintenant, ô Émir des

Croyants, si tu veux qu'elles soient délivrées, tu n'as qu'un mot à dire et je t'obéirai avec amour et déférence, attentive comme je le suis à l'expression de ta volonté.

– Travaille à les délivrer, ô Esprit, répondit le khalife, puisque nous avons ôté le voile qui couvrait leur affliction. Une fois que ces filles seront sauvées par tes soins, seule celle qui est marquée du fouet sera encore à plaindre. Puisse le Dieu Très-Haut alléger ses souffrances et l'aider à découvrir ses sentiments devant celui qui l'a traitée avec injustice ! Qu'Il assure Lui-même la revanche de cette malheureuse, afin que je puisse avoir la certitude qu'elle a été sincère.

– Je vais donc, ô Émir des Croyants, délivrer les deux victimes, dit l'ifrite-femelle. Mais si tu veux savoir qui s'est comporté avec la troisième dame de façon si cruelle en la marquant du fouet, apprends qu'il est plus proche de toi que tous les hommes de ton entourage.

Elle prit alors un verre d'eau, prononça dessus une certaine formule de conjuration, en une langue inconnue, et aspergea les deux chiennes qui, immédiatement, échappèrent au sortilège et reprirent leur forme humaine antérieure.

Après quoi, l'ifrite-femelle reprit la parole :

– Ô Émir des Croyants, celui qui a fouetté cette jeune femme dont tu parlais n'est autre que ton propre fils Al-Amîne, frère d'Al-Ma'moûn [1]. Il avait entendu par-

1. Al-Amîne : fils du khalife Hâroun-al-Rachîd et de Zoubayda, fille de Dja'far, fils d'Al-Mansour. Il fut proclamé prince héritier en 789. De caractère passionné, il dut lutter, à son avènement, en 809, contre les partisans de son demi-frère Al-Ma'moûn, né d'une esclave persane. Il périt en 813, alors que les troupes de son adversaire avaient emporté d'assaut les principaux quartiers de la capitale.

ler de la perfection de sa beauté et avait ourdi, pour l'épouser en toute légitimité, l'intrigue qui t'a été relatée. Sous ce rapport, le mariage est valide, et aucun tort ne lui revient. Car il avait posé à sa femme comme condition de ne jamais rien faire sans l'en avertir et elle, de son côté, s'était engagée par serment solennel à tenir cette promesse, qu'elle n'a pas honorée par la suite. C'est ce qui a conduit ton fils à la décision de la mettre à mort, idée sur laquelle il est revenu en réfléchissant sur la responsabilité qu'il allait encourir, et par crainte du jugement de Dieu. Il se contenta de fouetter la coupable, comme tu sais, et de la faire transporter dans la maison qu'elle habitait avant de venir auprès de lui. Telle est l'histoire de la seconde dame. Mais de toute façon, Dieu est plus savant que nous là-dessus.

Quand le khalife eut confirmation que la jeune dame avait bien reçu de son fils à lui les coups de fouet dont elle portait encore les traces, grande fut sa stupeur. Il ne put que dire :

– Louanges au Dieu Très-Haut qui m'a octroyé la grâce de connaître toutes ces affaires et m'a permis de présider à la délivrance de ces deux femmes, écourtant ainsi le sort malheureux où les contraignaient les tourments de la magie! Louanges à Dieu qui m'a octroyé la grâce d'apprendre l'histoire de la seconde adolescente! Par Dieu! ce que je vais faire, je veux qu'on s'en souvienne encore longtemps après ma mort!

Il manda son fils Al-Amîne et lui fit préciser les détails de l'affaire qu'il connaissait maintenant dans son déroulement général. Il convoqua le juge et les témoins qui avaient conclu le mariage secret, réunit devant lui les trois derviches de l'ordre des qalandars, la première jeune fille avec les deux adolescentes ensorcelées, la deuxième – celle qui était marquée du fouet – et la troisième, l'intendante. Quand tous furent rassemblés en sa présence, il considéra tout ce monde et prononça son verdict. Les deux adolescentes ensorcelées et la première dame, leur sœur, furent données en mariage aux trois derviches qui étaient fils de rois et dont il fit ses chambellans. Il leur donna des troupeaux et les pourvut de tout le nécessaire pour vivre dans le confort. Il leur assigna dans le palais de Baghdad des appartements particuliers et les admit parmi ses familiers. Il confirma dans leur union son fils Al-Amîne et l'adolescente qu'il avait fustigée, en renouvelant leur contrat, en dotant la jeune femme de nombreux biens, et en ordonnant de reconstruire, en plus belle, la demeure qui avait abrité leur mariage. Quant à la plus jeune des trois dames, celle qui faisait fonction d'intendante, il la prit pour lui-même.

Partout, l'on fit grand bruit de la générosité du khalife, de sa merveilleuse capacité à discerner le vrai du faux dans les affaires les plus embrouillées, et l'on dit comme il était bon. Et c'est aussi cette histoire qui se répandit partout, une fois qu'on en connut les moindres détails.

Table

Les Mille et une Nuits

Du même traducteur

Aux Éditions Phébus

Le Livre des ruses, la Stratégie politique des Arabes.
La Prairie parfumée où s'ébattent les plaisirs, par Mouhammad al-Nafzâwî.
Histoires étranges et merveilleuses, par Ahmad al-Qalyoûbî.
Lettre aux Français, par l'émir Abd el-Kader.
Le Voile arraché, l'Autre visage de l'Islam, 2 vol., par 'Abd al-Rahmane al-Djawbarî.
Les Délices des cœurs, par Ahmad al-Tîfachî.
Les Aventures de Sindbad le Marin.
Les Aventures de Sindbad le Terrien.
Les Mille et Une nuits, 4 vol.

En préparation :

Les Fleurs éclatantes dans les baisers et l'accolement, par Ali al-Baghdâdî.

Aux Éditions Albin Michel

Propos des Arabes sur la vie en société.
Nuits de Noces, par 'Abd al-Rahmâne al-Souyoûtî.
La Cuisine arabe.

Chez d'autres éditeurs

Initiation à l'arabe classique (Librairie Samuélian, 51, rue Monsieur-le-Prince, Paris).

Initiation rapide au français (2 vol.) (éd. Alep).
La Poésie arabe (coll. Mélior, sous l'égide de l'Unesco, éd. Seghers; rééd. Marabout-Université, n° 121). Nouvelle édition revue et augmentée (éd. Seghers).
Nouvelles arabes (éd. Seghers).
Propos d'amour des mystiques musulmans (éd. de l'Orante).
Cahiers dramatiques arabes (3 vol.) (éd. Alep).
Contes et légendes du Liban (éd. Nathan).
Histoire du prince Izmir (éd. Magnard).
Romanos le Mélode : célébrations liturgiques du VIe *siècle* (éd. Beauchesne).
Les Aventures de Sindbad le Marin (adaptation pour les jeunes historiens) (éd. G.T. Rageot-Amitié-Histoire).
Notices sur les écrivains arabes contemporains, dans *les Écrivains contemporains* (éd. Mazenod).
Notices sur les œuvres arabes contemporaines, dans *Dictionnaire des œuvres* (éd. Laffont).
La littérature arabe contemporaine (Bibliothèque de la Pléiade, éd. Gallimard).
Le Fantastique et le quotidien, par Ahmad al-Qalyoûbî (éd. Maisonneuve et Larose).
Les Otages de l'Imam, récit d'un témoin, présenté par R. Khawam (éd. Albin Michel).
Mahomet mystique, par al-Mounâwî (éd. de l'Orante).
Le Pouvoir et les Intellectuels, par Ibn al-Mouqaffa' (éd. Maisonneuve et Larose).
Djordjos, roman (éd. de l'Orante).

Cet ouvrage
réalisé pour le compte des Éditions Phébus
a été composé et achevé d'imprimer
par l'Imprimerie Floch, à Mayenne,
le 26 février 1987.
(25256)

Dépôt légal : février 1987
I.S.B.N. 2-85940-071-0
I.S.S.N. 0150-4134